Anna Bochert

PANAMA für Entdecker

Reiseführer für deine individuelle Reise

»For Explorers - not for tourists«

Autoridad de Turismo de Panamá (Tourismusbehörde Panama)

Vorwort

Liebe Leserin, lieber Leser,

ich freue mich, dass du mit meinem Handbuch auf Entdeckungstour im Naturparadies Panama gehst.
Ich habe all die persönlichen Erfahrungen und Recherchen mit viel Sorgfalt in Form von hilfreichen Infos & Tipps für dich in dieses Buch gepackt.
Gemeinsam mit Chris, meinem Mann, habe ich dieses wunderbare Land entdeckt. Daher wundere dich nicht über die »wir«-Form im Buch.
Ich hoffe, du wirst die saftig-grüne Natur, die wunderbaren Landschaften, die vielen Tiere, die Traumstrände und die Menschen Panamas genauso kennen und lieben lernen wie wir beide.
Panama ist an einigen Ecken ein touristisch wenig entwickeltes Land. Gehe auf Entdeckungstour und genieße die Ursprünglichkeit vieler Orte, solange Panama noch nicht bei allen auf der »bucket list« steht.
Das Interesse am Land steigt, daher ändert sich vieles sehr schnell. Informationen können rasch veraltet sein, und gerade Busabfahrtszeiten und Preise können sich schnell ändern.
Solltest du wichtige Änderungen vor Ort bemerken, bin ich für Hinweise sehr dankbar.
Und jetzt genieße Panama!

Anna

Für wen ist dieser Reiseführer und was enthält er?

Dieser Reiseführer ist ein **Handbuch für Backpacker und Individualreisende.** Es ist ein Leitfaden für alle, die gerne selbstständig im Land unterwegs sind und überwiegend die Natur Panamas genießen wollen. Wir sprechen dich mit »Du« an, weil wir dir unsere Tipps wie einem guten Freund übermitteln wollen. Du erfährst, wie du öffentlich **von A nach B** kommst, was du vor Ort unternehmen kannst, wie du es organisierst und was es kostet. **Tipps, Highlights und Routenvorschläge** helfen dir bei der Planung. Informationen zu Touren helfen dir, wenn die Eigenorganisation mal schwieriger ist. Die Bewertungen und Empfehlungen von **Restaurants und Unterkünften** richten sich an Reisende mit **schmalem und mittlerem Budget,** die auch für »kleines Geld« gut essen wollen bzw. schön und / oder besonders übernachten möchten. Es werden dabei nicht alle Möglichkeiten in einem Ort aufgeführt. Das Buch deckt alle Provinzen Panamas ab, wobei kein Anspruch auf Vollständigkeit besteht und die Informationen über die Provinz Darién gering sind.

Die meisten aufgeführten Webseiten für Onlinebuchungen und Hintergrundinformationen sind in englischer Sprache, selten auf Spanisch. In diesem Fall sind sie gesondert gekennzeichnet (ES).

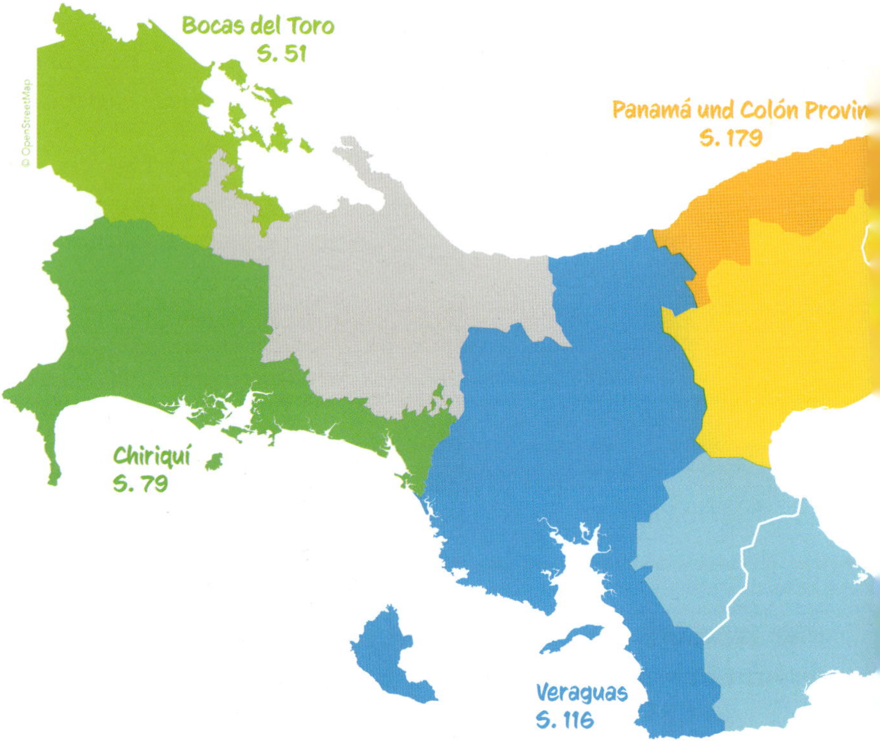

Inhaltsverzeichnis

Vorwort **5**
Für wen ist dieser Reiseführer und was enthält er? **7**
Kurzinfo Panama **12**
Gut zu wissen vor der Buchung deiner Reise **13**
Für wen ist Panama und für wen nicht? 13
Die Highlights Panamas 14
Routenvorschläge 16
Wo findest du was? 20
Reisezeit und Klima 21
Reisekosten 22
Reiseinfos Panama **25**
Anreise (und Ausreise) 25
Essen in Panama: alles Reis und Bohnen? 26
Feste und Veranstaltungen nach Monaten 28
Fortbewegung in Panama 29
Geld 31
Gesundheit 31

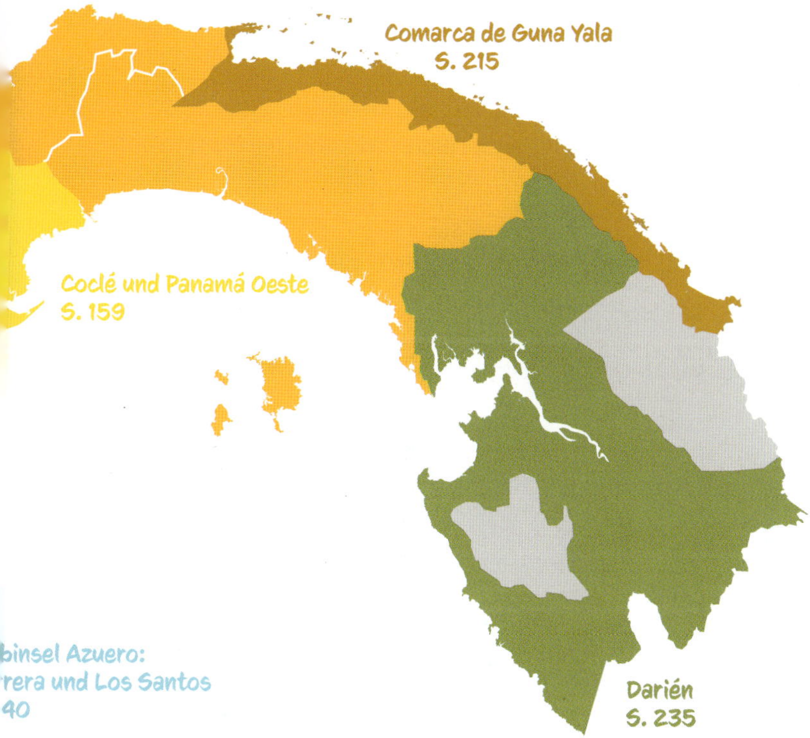

Land und Leute 34
Nachhaltigkeit und Umwelt 35
Nationalparks und Natur 39
Packliste 40
Post 41
Sicherheit 41
SIM-Karten 42
Sprache 42
Telefonnummern und (Notfall-) Kontakte 42
Toiletten 43
Touristeninformation 43
Übernachtung / Unterkünfte 44
Wandern 44
Panama Hintergründe **46**
Indigene Volksgruppen Panamas 46
Panamas Geschichte 49

Bocas del Toro 51

Was macht Bocas del Toro besonders? 53
Archipiélago de Bocas del Toro 54
Isla Escudo de Veraguas (Bocas off the beaten path) 73
Almirante 75
Changuinola 75
Humedal San San Pond Sak 76
Parque Internacional La Amistad 77

Chiriquí 79

Was macht Chiriquí besonders? 81
Valle de Hornito und Umgebung 82
Gualaca 85
David 86
Boquete und Umgebung 87
Parque Nacional Volcán Barú 98
Parque Internacional La Amistad (Las Nubes Eingang) 101
Cerro Punta, Guadalupe und Umgebung 103
Volcán / Nueva California 104
Zwischen Volcán und La Concepción 105
Puerto Armuelles 105
Boca Chica und der Golf von Chiriquí 105
Las Lajas und Playa Las Lajas 111

Veraguas 116

Was macht Veraguas besonders? 119
Santiago 120
Soná 120
Santa Catalina 120
Parque Nacional Coiba 128
Santa Fé 131
Calovébora (Veraguas off the beaten path) 137
Sunset Coast 138

Halbinsel Azuero: Herrera und Los Santos 140

Was macht die Halbinsel Azuero besonders? 143
Chitré 144
Parita 144
Parque Nacional Sarigua 144
Playa El Agallito 145
La Villa de los Santos 145
Las Tablas 145
Pedasí 148
Isla Iguana 150
Playa Venao 151
Reserva Natural de Isla Cañas 157

Coclé und Panamá Oeste 159
Was macht Coclé und Panamá Oeste besonders? 161
Penomené 162
Parque Nacional Omar Torrijos 164
El Valle de Antón und Umgebung 164
Parque Nacional Altos de Campana 174
Pazifikküste westlich von Panama Stadt 174

Panamá und Colón Provinz 177
Was macht Panamá und Colón besonders? 179
Panama Stadt 180
Kanalzone: Der Panamakanal 191
Parque Nacional Soberanía 195
Panama Rainforest Discovery Center 198
Monumento Natural Isla Barro Colorado 199
Chagres Nationalpark 199
Colón 200
Fuerte San Lorenzo 201
Portobelo 202
Isla Grande 207
Inseln im Pazifik: Isla Taboga 208
Inseln im Pazifik: Archipiélago de las Perlas (Perleninseln) 211

Comarca de Guna Yala 215
Was macht Guna Yala besonders? 217
Die Geschichte der Guna von Guna Yala 218
Die Guna heute 218
Zu Besuch in Guna Yala 223
Müllproblematik in Guna Yala 224
Inseln und Orte in Guna Yala 225

Darién 235
Metetí 239
Yaviza 239
El Real de Santa María 240
Rancho Frío und Pirre Station 240
Santa Cruz de Cana 240
La Palma 240
Mogué 241
Playa Muerto 241
Bahía de Piñas 241

Mini-Sprachguide 244
Glossar 248
Index 250
Danksagung 256

Kurzinfo Panama

- **Einreise und Visum (mit deutscher Staatsbürgerschaft):** 180 Tage visumfreier Aufenthalt mit Reisepass (mind. 3 Monate / für Aufenthaltsdauer gültig). Der Nachweis eines Rückreise- bzw. Weiterreisetickets ist für die Einreise notwendig. Ebenso wird ggf. ein Nachweis ausreichender finanzieller Mittel gefordert (> 500 USD auf dem Konto). Prüfe die aktuellen Informationen vor deiner Reise unter https://www.auswaertiges-amt.de/ oder http://www.botschaft-panama.de/
- **Internet:** WIFI ist an so gut wie allen üblichen Reisezielen in den Unterkünften verfügbar.
- **Klima:** Tropisches Klima. Lufttemperatur: ganzjährig ca. 29 °C (Tag) / ca. 25 °C (Nacht) auf Meereshöhe. Wassertemperatur: ca. 27 °C. Genaueres siehe Klima S. 21.
- **Regenzeit:** Von Apr. – Nov. überwiegend auf der Pazifikseite. Genaueres siehe Klima S. 21.
- **Maße:** Metrisches System (selten auch Pfund / Meilen). Benzin in Litern.
- **Sprache:** Spanisch.
- **Strom:** 110 V / 60 HZ. Adapter für Steckdosentyp A & B sind notwendig.
- **Telefonvorwahl:** +507.
- **Tourismus:** Der Tourismus in Panama ist nicht sehr weit entwickelt. Die Informationen für Reisende sind spärlich. Außerhalb der Touristenzentren, wie Boquete und im Bocas del Toro Archipel, muss man häufig selbst organisieren. Spanischkenntnisse erleichtern die Reise erheblich.
- **Trinkgeld:** 10 – 15 % in Restaurants sind üblich. Für Guides sind 5 – 10 $ pro Person empfehlenswert.
- **Währung: Balboa. Zahlungsmittel ist der US-Dollar** (Umrechnung 1:1). Mehr siehe Geld S. 31. **1 € = 1,15 $ | 1 $ = 0,87 €** (Richtwert).
- **Zeitverschiebung:** – 6 h zur deutschen Winterzeit.

Gut zu wissen vor der Buchung deiner Reise

Für wen ist Panama und für wen nicht?

Natur- und Wildtierliebhaber, Abenteuerhungrige, Strandchiller und Badenixen kommen voll auf ihre Kosten. Wer aber ein Land voller kultureller Highlights und faszinierender Städte erwartet, oder wer ein fantastisches Essen an jeder Ecke sucht, der wird in Panama enttäuscht.

Panama ist ein Traumziel für **Naturliebhaber.** Das Land ist reich an saftiger Natur, die von zahlreichen tropischen Tieren bewohnt wird. In diesem **artenreichen Land** kannst du u. a. Brüllaffen, Kapuzineräffchen, Faultieren, Tukanen, Leguanen und Meeresschildkröten begegnen.

Die Küsten ziert ein Traumstrand nach dem anderen, von weiß über gelb bis schwarz. Auf Surfer warten vor der Küste **Weltklasse-Wellen. Taucher** können in kürzester Zeit in die bunten karibischen Gewässer und in den artenreichen Pazifik eintauchen.

Das Hochland ist nie weit von der Küste entfernt und wartet mit milden Temperaturen, Kaffee, Nebelwäldern, Wasserfällen und Wildwasserflüssen darauf, von **Wanderern und Abenteurern** entdeckt zu werden.

In kaum einem Land sind die zahlreichen **indigenen Kulturen** so präsent wie in Panama.

Die Provinzen Colón und Panamá versetzen dich in die Kolonialzeit zurück: in die Zeit, als die Reichtümer Südamerikas über den schmalen Landstreifen transportiert wurden und Piraten sowie Freibeuter anlockten. Dann ist da noch der Panamakanal, die wahrscheinlich bekannteste Abkürzung in der Welt, die dir die Bedeutung dieses kleinen Landes für den globalen Handel erst richtig bewusst macht.

1
2
3
4
5
6
7
8
9
10
11
© OpenStreetMap

Die Highlights Panamas

1 **Archipiélago de Bocas del Toro:** Lass den Alltagsstress hinter dir, während du die raue Playa Bluff mit dem Fahrrad entlangradelst oder die wilden Strände Bastimentos zu Fuß erkundest. Halte dabei u. a. nach Faultieren Ausschau. **S. 51**

2 **San San Pond Sak:** Abseits der Touristenpfade kannst du wilden Seekühen und Meeresschildkröten begegnen. **S. 76**

3 **Wandern auf dem Sendero Los Quetzales:** Lass dich von Vogelgezwitscher begleiten bei einer Wanderung auf dichten Nebelwaldpfaden im Parque Nacional Volcán Barú. **S. 99**

4 **Aufstieg zum Volcán Barú:** Wirf einen Blick auf zwei Ozeane und einen magischen Sonnenaufgang vom höchsten Gipfels Panamas. **S. 99**

5 **Inselhopping im Golf von Chiriquí:** Unternimm einen Strandspaziergang an wilden Traumstränden – nur Palmen, Brüllaffen, Leguane und du. **S. 105**

6 **Unterwasserwelt vor Coiba:** Tauche ein in das artenreiche Blau im Parque Nacional Coiba. Begegne Walhaien und Riesenmantas oder schnorchle mit tausenden Fischen sowie Haien und Schildkröten. Vielleicht hörst du auch Buckelwale unter Wasser? **S. 128**

7 **Ausflüge um das Valle de Antón:** Der blaue Morpho flattert um dich herum, während deine Füße dich durch saftige Landschaften tragen oder du in bezaubernden Wasserfällen badest. **S. 164**

8 **Panamakanal:** Beobachte wie ein Ozeanriese langsam an dir vorbeigleitet, während dir die Bedeutung dieses Ortes für die Weltwirtschaft bewusst wird. **S. 191**

9 **Historische Zugfahrt:** Lass dich von einer Dampflock mit antiken Waggons durch den Regenwald und entlang des Gatúnsees am Panamakanal ziehen. **S. 194**

10 **Panama Stadt:** Schlendere durch die Straßen der fortschrittlichsten Stadt Zentralamerikas und lass die Kontraste der Kolonialzeit und Moderne auf dich wirken. **S. 180**

11 **Archipiélago de San Blas:** Lerne die indigenen Guna kennen und fahre durch das gesamte Inselparadies von San Blas mit einer Bootstour nach Kolumbien. **S. 215**

12 **Tierwelt Panamas:** Erlebe wie Kapuzineraffen von Baum zu Baum springen, wie Kolibris nervös durch die Gegend flattern, wie Faultiere im Geäst von Magroven schlafen und so viel mehr … Beste Orte für Tierbeobachtungen siehe **S. 21**.

Routenvorschläge

6 Tage

Hineinschnuppern in die Vielfalt Panamas

Wer auf Durchreise ist, kann in Tagesausflügen von Panama Stadt aus einen Einblick in die Vielfalt Panamas erhaschen.

An **Tag 1** in Panama Stadt fährst du am Vor- oder Nachmittag zu den **Miraflores Locks,** um Frachtschiffe beim Schleusen durch den Isthmus zu beobachten. Den Rest der Zeit erkundest du **Casco Viejo und die Cinta Costera** zu Fuß. Alternativ wirfst du einen Blick auf Panama Stadt vom **Ancón Hügel.** Vergiss nicht, einen frischen Fisch am Fischmarkt zu essen und abends einen Drink mit Blick auf die Metropole zu genießen.

Stehe am **2. Tag** ganz früh auf, um im **Soberanía Nationalpark** zu wandern und die Wahrscheinlichkeit, Tiere in freier Natur zu erleben, zu erhöhen. Am besten unternimmst du die Tour mit Guide und kombinierst sie mit einer Kajakfahrt auf dem Gatúnsee.

Gönne dir an **Tag 3** einen Strandtag, z.B. auf den **Perleninseln,** auf der **Insel Taboga** oder in einem der westlich von Panama Stadt gelegenen Strandorte wie **San Carlos.**

Am **Tag 4** brichst du zu Höhen oder Tiefen auf, ganz wie es dir gefällt! **Tauche z.B. am selben Tag im Pazifik und im Atlantik.** Wenn dir eher nach Höhe ist, dann steig ein in den Bus und fahre ins Hochland von **El Valle de Antón,** wo du in einer Wanderung die kühle Hochlandluft und zauberhafte Ausblicke genießen kannst.

Am **Tag 5** nimmst du den **historischen Zug** um 7:15. Er bringt dich **entlang des Panamakanals** nach Colón. Das verlässt du schnell wieder, um im verschlafenen **Portobelo** die **Ruinen** des einst so wichtigen Hafens zu bestaunen. Wenn du Lust und Zeit hast, unternimmst du noch eine Bootsfahrt zu den benachbarten Stränden, bevor es zurück nach Panama Stadt geht.

An deinem letzten Tag brichst du schon um 5 Uhr auf zu einem Tagesausflug auf die **San Blas Inseln.**

14 Tage

Strandparadies Panama

Am **Tag 1** erkundest du Casco Viejo in Panama Stadt, isst mittags frischen Fisch direkt am Fischmarkt, bis dein Nachtbus nach Bocas del Toro fährt oder dein Flug dorthin startet.

Tage 2–3: Gib dich voll dem karibischen Vibe in **Bocas del Toro** hin. Lass dich mit einer Bootstour zu den **Cayos Zapatilla bringen** oder tauche in die **bunte Unterwasserwelt** ein. Entdecke die **wilden Strände Bastimentos** auf eigene Faust, radle die ungezähmte Küste an der **Playa Bluff** entlang und genieße die wenig besuchten Strände von Carenero.

Tag 4 bringt dich in langer Fahrt durch das Hochland Panamas nach Boca Chica. Brichst du früh auf, kannst du noch am selben Tag die **palmengesäumten grauen Strände und Brüllaffen Boca Bravas** entdecken.

Lass dich am **Tag 5** auf einer Bootstour zu den Traumstränden im **Parque Nacional Marino Golfo de Chiriquí** mitnehmen – ein noch **wenig besuchtes Juwel** Panamas.

Fahre am **Tag 6** »um die Ecke« zur **Playa Las Lajas** und gehe, fast allein, am wahrscheinlich **längsten Strand Panamas spazieren.**

Tag 7 bringt dich zum Surfspot **Santa Catalina,** wo dich das beste Maracuja Ceviche aus dem Fisch des Tages im Encuentro erwartet.

Am nächsten Tag gehst du tauchen oder schnorcheln im **Parque Nacional Coiba** und entspannst an den **wilden Stränden der Isla Coiba.** Alternativ gehst du surfen, Stand-Up-Paddeln, oder fährst mit dem Kajak hinüber zur Isla Santa Catalina. Du kannst auch einfach die Zeit an der Playa Estero genießen und den Surfern zuschauen.

Tag 9 bringt dich auf einer langen anstrengenden Fahrt mit vielem Umsteigen an den gediegensten Surfer-Spot Panamas, an die **Playa Venao.** Zur Belohnung gönnst du dir – mit Füßen im Sand – einen Drink in der Strandbar Barca.

Stehe am nächsten Tag früh auf, um **Kapuzineräffchen** und **Brüllaffen** in Aktion zu erleben, bevor du dich aufs Brett schwingst oder einfach den Strand genießt. In der **Schildkrötensaison** solltest du unbedingt einen Abstecher zu **Isla Cañas** einplanen.

Tag 11 bringt dich nach **Panama Stadt** zurück. Mache es den Einheimischen gleich und spaziere am Abend mit Blick auf die Skyline und das Meer an der Cinta Costera entlang.

Am **Tag 12** ist frühes Aufstehen angesagt, denn um 5 Uhr startet deine Reise nach Guna Yala. Genieße für zwei Tage die **Traumstrände des San Blas Archipels,** schnorchle in den karibischen Gewässern vor den Cayo Holandeses und lerne die indigenen Guna kennen.

Am **Tag 14** geht es morgens zurück nach Panama Stadt, so dass du am Nachmittag noch zu den **Miraflores Locks** aufbrechen kannst. Da beobachtest du die Giganten der Meere im Panamakanal, bevor es am nächsten Tag zurück in die Heimat geht.

14 Tage

Panama auf wenig besuchten Pfaden

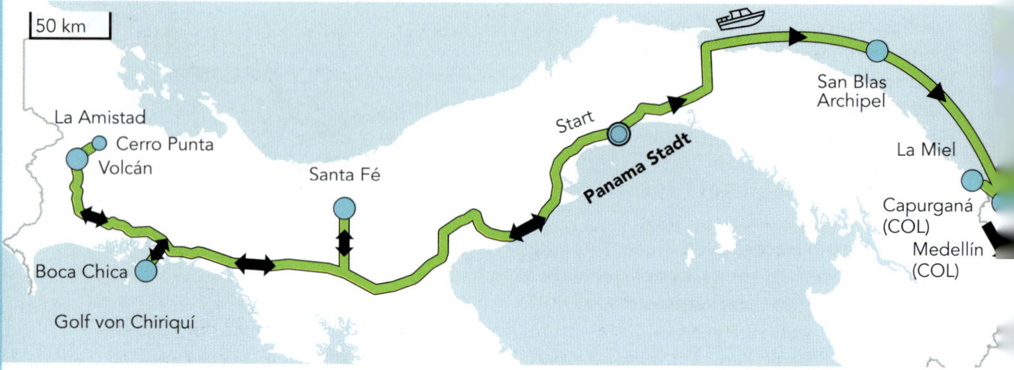

Am **Tag 1** fährst du in das authentische Hochlandstädtchen Volcán. Von »der schöneren Seite des Vulkans« aus entdeckst du den **Amistad Nationalpark** und den **Parque Nacional Volcán Barú.** Alternativ kannst du statt in Volcán gleich im ruhigen Cerro Punta übernachten.

Lass dich an den **Tagen 4 & 5** von **Traumstränden** im **Golf von Chiriquí** verzaubern.

An den **Tagen 6–8** atmest du wieder Hochlandluft beim Baden, Wandern oder Reiten in der wunderbaren Landschaft um **Santa Fé.**

Tag 9 bringt dich zurück nach Panama Stadt. Am Nachmittag kannst du die Stadt und den **Panamakanal vom Ancón Hill** aus bewundern.

An den **Tagen 10–12** fährst du bei einem Bootstrip durch das **gesamte San Blas Archipel** nach **Kolumbien.** Entspanne an Tag 12 im gediegenen **Karibikdorf Sapzurro oder in Capurganá.**

Am **Tag 13** wanderst du auf frequentierten Dschungelpfaden hinüber zum Strand von **La Miel** in **Panama.** Schieß ein Foto am Grenzübergang und genieße den letzten Strandtag.

Tag 14 bringt dich mit Boot und Bus nach **Medellín,** in die Stadt des ewigen Frühlings. Von dort bringt dich ein Flugzeug nach Panama Stadt oder zurück in deine Heimat.

21 Tage

Abenteuer Panama

3 intensive Wochen in Panama erwarten dich auf dieser Route. **Tag 1:** Ein Allradfahrzeug holt dich vor Sonnenaufgang in Panama Stadt ab, und es geht zu den Guna ins San Blas Archipel (1). Tauche in die Kultur der Guna ein und schalte ab. Zwei Tage **ohne Handy und Internet im Inselparadies!**

Am Morgen des **3. Tages** bringt dich das Boot und ein Allrad Fahrzeug wieder zurück nach Panama Stadt, so dass du am Nachmittag einen Bus ins 2,5 h entfernte **Valle de Antón** (2) nehmen kannst. Von dort aus machst du einen Ausflug zu den bezaubernd blauen **Kaskaden des Pozo Azul** und erwanderst die Gegend.

Am Morgen von **Tag 6** startest du in der Früh mit einer langen Fahrt nach **Boquete** (3). Spaziere am späten Nachmittag zum Aussichtspunkt oder genieße die Aussicht von deiner Unterkunft aus.

In den folgenden **Tagen 7–9** startest du dein persönliches Outdoor-Erlebnis. Sauge den Zauber des Hochlands bei einer **Kaffeetour** und **Ziplining** ein und verkoste den lokalen Kaffee auf einer Finca oder in einem der zahlreichen Cafés der Stadt. Beim **Rafting** auf einem der Wildwasserflüsse paddelst du im Takt mit dem Guide und genießt die lebendige Natur, während du durch die Stromschnellen rauschst. Entdecke den märchenhaften **Nebelwald** bei einer Wanderung auf dem **Sendero Los Quetzales** oder dem **Camino Pianista.** Wenn du noch nicht genug hast, dann steigst du um Mitternacht auf den **Vulkan Barú,** den höchsten Gipfel Panamas.

Am **Tag 10** fährst du nach **Bocas del Toro** (4), wo du dich am Strand der **Isla Carenero** von den Reisestrapazen erholst. Gönne dir einen Drink und ein Maracuja Ceviche im Bibi's on the Beach mit direktem Blick auf Fische und Rochen.

Tage 11–13: Nimm an einer **Kakaotour** teil. Beobachte die heimischen **Seekühe** bei einer Tagestour nach San San Pond Sak. In der Saison kannst du an einer nächtlichen **Schildkröten Patrouille** teilnehmen oder **Babyschildkröten** bei ihren ersten Schritten ins Meer begleiten. Erkunde **wilde Strände auf Bastimentos, Cayos Zapatilla und die Playa Bluff.** Entdecke **Faultiere** im Geäst der Mangroven, **Kaimane** in Tümpeln und **Seesterne** unter Wasser.

Am **14. Tag** genießt du bereits die milden Temperaturen der Umgebung des **Valle de Hornitos** (5).

Von dort machst du am **Tag 15** einen Tagesausflug zu den **Cangilones de Gualaca,** wo du es den Einheimischen gleichtust und durch den kleinen **Canyon** driftest.

Tag 16 bringt dich ins Hochland des noch wenig besuchten **Santa Fés** (6). Dort genießt du die hügelige Landschaft auf einem Pferderücken oder gehst Wandern. Schwimme die kleinen Stromschnellen des Río Santa Maria auf einem Reifen hinunter.

Tage 18–19 bringen dich an den Surferort **Santa Catalina** (7). Von dort entdeckst du den **Nationalpark Coiba** unter oder über Wasser. Du kannst dich vor Santa Catalina im Surfen versuchen.

Tag 20 bringt dich zurück nach Panama Stadt, dessen Skyline du am Abend bei einem Spaziergang über die Cinta Costera genießt.

Tag 21 bringt dich zu den **Miraflores Locks am Panamakanal.**

Wo findest du was?

Strände

- **Archipiélago de Bocas del Toro:** Die palmengesäumte raue Playa Bluff und die wilden Strände Bastimentos.
- **Golf von Chiriquí:** Weiße bis graue Strände, Wildnis und Einsamkeit.
- **Archipiélago de San Blas:** Die Erfüllung karibischer Träume.
- **Las Lajas:** Der wahrscheinlich längste Strand Panamas verspricht einsame Strandwanderungen.
- **Pazifikküste von Westpanama:** Beliebte Urlaubsregion nahe Panama Stadt.

Nachtleben

- Isla Colón (Bocas del Toro)
- Panama Stadt

Kultur und Geschichte

- Casco Viejo in Panama Stadt
- Portobelo (Colón)

Wandern und Outdoor

- Erkunde die Hochlandregionen zu Fuß, zu Pferd, beim Rafting oder am Stahlseil: Boquete, Cerro Punta & Valle de Hornitos in Chiriquí, Santa Fé in Veraguas und Valle de Antón in Coclé.
- Gehe wandern im tropischen Dschungel und entdecke dabei viele Tiere im Soberanía Nationalpark.

Tauchen

In Panama kannst du im Pazifischen Ozean und im Karibischen Meer tauchen. Tauchausflüge an einem Tag zur Karibik und zum Pazifik sind ab Panama Stadt möglich (S. 186).

Beste Orte zum Abtauchen

Karibik

- Bocas del Toro Archipel
- Portobelo & Isla Grande (Colón)

Pazifik

- Parque Nacional Coiba (Veraguas)
- Perleninseln (Panamá)

Wildlife

- **Affen:** Die besten Chancen, Brüllaffen und Kapuzineräffchen zu sehen, bestehen im Parque Nacional Soberanía, an der Playa Venao (Halbinsel Azuero) und am Golf von Chiriquí.
- **Faultiere:** Bocas del Toro Archipel.
- **Meeresschildkröten:** An diesen Orten kannst du Meeresschildkröten beim Nisten beobachten oder Babyschildkröten ins Meer lassen: Isla Bastimentos, Isla Colón und San San Pond Sak in Bocas del Toro, Playa Malena (Veraguas), Armila (Guna Yala).
- **Tausende Meeresschildkröten in einer Nacht:** Isla Cañas (Halbinsel Azuero).
- **Seekühe und Meeresschildkröten:** San San Pond Sak (Bocas del Toro).
- **Vögel & mehr:** Parque Nacional Soberanía (Panamá), Darién.
- **Wale:** gesamte Pazifikküste.
- **Walhaie:** Parque Nacional Coiba (Veraguas).

Surfen

- Bocas del Toro Archipel
- Santa Catalina (Veraguas)
- Playa Venao und Umgebung (Halbinsel Azuero)
- Pazifikküste von Westpanama
- Isla Grande (Colón)

Reisezeit und Klima

Klima

Panama ist ein **tropisches Land,** in dem ganzjährig (auf Meereshöhe) durchschnittliche Temperaturen von ca. **29 °C am Tag** und um die 25 °C in der Nacht herrschen. In höheren Regionen (z. B. Boquete, Santa Fé) ist es, je nach Höhe, mit durchschnittlich 20 °C schön mild. Nachts kann hier das Thermometer teilweise bis unter 10 ° fallen.

Das **Meerwasser** ist ganzjährig warm mit einer Temperatur von ca. **27 °C.**

Durch die tropische Lage muss **ganzjährig** mit **Niederschlägen** gerechnet werden. Insgesamt ist es auf der **Karibikseite regenreicher** als auf der Pazifikseite. Dies ist bedingt durch die zentrale Bergkette, die Panama von West nach Ost durchzieht.

Regenzeit herrscht von **April bis Dezember auf der Pazifikseite.** Auf der Karibikseite ist in dieser Zeit wiederum die See meist ruhiger.

Die höchste Niederschlagsmenge fällt auf der **Pazifikseite** meist von September bis Oktober, wobei **Oktober der regenreichste Monat** sein kann. In dieser Zeit kann es jedoch gerade in Panama Stadt und Umgebung zu einer Regenpause kommen.

Reisezeit

Hochsaison ist in Panama von ca. **Ende Dezember bis ca. Mitte April.** In dieser pazifischen »Trockenzeit« hast du in allen Regionen die höchste Wahrscheinlichkeit auf gutes Wetter. Eine Schönwettergarantie gibt es aber trotzdem nicht, und die Unterkünfte sind dann teurer. Von ca. **Mitte April bis Mitte Dezember** kannst du mit **niedrigeren Preisen,** saftiger Natur, sprudelnden und wunderschönen Wasserfällen und **weniger Besuchern** rechnen.

Hochsaison

Mitte Dezember – Mitte April
»Trockenzeit« auf der Pazifikseite.

Weniger Regen, trockenere Luft, aber Hochsaisonpreise.

- Beste Zeit zum Surfen im Pazifik und in der Karibik
- Karneval in Las Tablas
- Ruhigere Gewässer und bessere Sichtweite beim Tauchen (eher Pazifik)
- Dez. – Apr.: **Walhaie** vor der Isla Coiba

Spitzensaison:
Neujahr, Weihnachten, Ostern und Karneval (4 Tage vor Aschermittwoch) bilden den Höhepunkt. Zu dieser Zeit sind Reiseziele durch einheimische Urlauber stark frequentiert, Unterkünfte überfüllt und Preise auf Höchstniveau.

Nebensaison

Mitte April – Mitte Dezember
Regenzeit auf der Pazifikseite.
Ruhigere See auf der Karibikseite.

Großes Sparpotenzial vor allem an den Strandzielen. Gute Reisezeit für:

- Abenteuerliches Rafting im Hochland
- Sprudelnde Wasserfälle im Hochland
- Jul. – Okt. (Hauptzeit): **Wale** an der Pazifikküste
- Jul. – Aug.: Grüne Meeresschildkröten auf Bastimentos
- Aug. – Nov.: Oliv-Bastardschildkröten kommen zu tausenden auf die Isla Cañas. Meeresschildkröten an der Sunset Küste der Isla Azuero
- Mrz. – Sept.: Meeresschildkröten kommen zur Eiablage an die Karibikküste

Reisekosten

Panama ist kein günstiges Reiseland. Mit einigen Berücksichtigungen lässt sich aber auch Panama wunderbar mit kleinem Budget erleben.

Aktivitäten / Eintritte: Viele vor Ort als Tour angebotene Unternehmungen sind auf eigene Faust möglich und dann kostenlos oder deutlich günstiger. Hinzu kommen Eintritte in Nationalparks mit 5 $ pro Person und 10 – 20 $ für Marineparks. Manchmal fallen auch Gebühren für Wanderungen über private Wege an. Eintritte jeglicher Art sind für Einheimische immer günstiger; Studentenrabatte sind häufig möglich.

Aktivitäten über einheimische, kleine Anbieter vor Ort kosten unter 50 $. Aktivitäten über englischsprachige Touranbieter in Touristenzentren kosten meist über 50 $. Für Aktivitäten im Nationalpark Coiba musst du mit ca. 100 $ pro Tag und mehr rechnen.

Fortbewegung: Mit den öffentlichen Bussen kommst du günstig und schnell in fast jede Ecke des Landes. Kurze Strecken, z. B. zu Wanderungen, kosten je nach Bus, Region und Strecke meist unter 1 $ bis 3 $.

Essen: Eine *Comida del Día* erhältst du schon für ca. 5 $. In den panamaischen Buffetrestaurants kann man teilweise für unter 5 $ essen. Trinkbares Leitungswasser gibt es in den *Restaurante* und *Fondas* fast immer kostenlos zum Essen dazu.

Wer selbst kocht und seine Zutaten am Markt kauft, bekommt nicht nur günstige, sondern auch gute Ware. Teuer ist importiertes Obst im Supermarkt wie z. B. Äpfel und Weintrauben.

Unterkünfte: Die unterste Grenze für **Schlafsaalbetten sind 10 $/Nacht,** für einfache, saubere Doppelzimmer ca. **20 $/Nacht.** Ganz selten finden sich auch noch günstigere ordentliche Unterkünfte. Höhere Preise sind jedoch eher die Regel.

Achtung: In der Hochsaison können sich in stark frequentierten Orten, z. B. in Bocas del Toro, die Preise verdoppeln.

Preisangaben für Unterkünfte in diesem Reiseführer gelten für ein Doppelzimmer pro Nacht in der Hochsaison.

- **$:** < 60 $
- **$$:** ca. 60–120 $
- **$$$:** > 120 $. Wer sich wirklich etwas gönnen möchte, der muss mit über 200 $ pro Nacht rechnen.

Budget

Sparfüchse, die das Land trotzdem in vollen Zügen genießen möchten, kommen mit einem Budget von **< 50 $** am Tag aus. Das bedeutet:

- Einfache, schöne und saubere Unterkünfte
- *Comida del Día* in panamaischen Restaurants, selbst kochen und hin und wieder auch etwas Besonderes essen.
- Aktivitäten werden überwiegend auf eigene Faust unternommen. Wenn dies nicht möglich ist, wird eine Tour gebucht.

Wer keine Touren macht, nicht Essen geht und nur in Hostelbetten schläft kommt auch gut mit unter 40 $ am Tag zurecht. Nach oben sind keine Grenzen gesetzt.

Die »Cambombia« Muschel

Eine frische Kokosnuss ist immer eine gute Idee

Reiseinfos Panama

Panamas Tourismus ist noch nicht sehr weit entwickelt, aber blüht nach und nach auf. Die Reise durch das Land fühlt sich sehr authentisch an. Immer mehr Reisende entdecken das Land für sich, und auch die Tourismusbehörde (ATP) scheint mehr für ihr Land zu werben. Die offizielle Informationsversorgung für Reisende ist aber noch nicht ausgereift. In Touristenzentren wie Bocas del Toro und Boquete gibt es viele Touranbieter, lokale Unternehmen und Guides, die ihre Dienste z. B. über Unterkünfte anbieten. Wenige Shuttleservices pendeln zwischen den beliebten Touristenorten. Ansonsten muss man sich mit den öffentlichen Verkehrsmitteln fortbewegen.

Anreise (und Ausreise)

Aus Europa

Mit dem Flugzeug kommst du günstig mit Iberia, Air France / KLM und Condor von verschiedenen Städten in Deutschland und Wien in Österreich nach Panama.

Direktflüge bietet Lufthansa ab Frankfurt am Main an (ca. 11,5 h Flugzeit).

Reisende aus Europa werden meist am Internationalen **Flughafen Tocumen,** etwas außerhalb von Panama Stadt, ankommen. Alles über die Fahrt nach Panama Stadt erfährst du auf S. 187.

Aus Costa Rica

Norden (aus Richtung Puerto Viejo): Wenn du in der Umgebung von Puerto Viejo – Costa Rica – bist, ist ein Grenzübergang im Norden an der Karibikküste in **Sixaola** möglich. Eine Anreise mit dem Bus ist problemlos. In **Guabito** auf der panamaischen Seite des Grenzübergangs fahren regelmäßig Busse nach Changuinola. Von dort kannst du mit Bus und Taxiboot zum Archipel von Bocas del Toro oder nach David und Panama Stadt gelangen.

Süden (aus Richtung Corcovado): Wer im Süden Costa Ricas unterwegs ist, kann zwei Grenzübergänge wählen: entweder den stark frequentierten auf der Interamericana gelegenen **Paso Canoas** oder den weiter nördlich gelegenen ruhigen Übergang bei **Río Sereno.** Von beiden Orten fahren Busse nach David. Von David erreichst du problemlos Boquete, Bocas del Toro, Panama Stadt und alle auf dem Weg liegenden Ziele.

Aus Kolumbien

Eine Überquerung zu Land ist nur etwas für waghalsige Abenteurer mit viel Erfahrung und sehr hoher Risikobereitschaft. Auf dem Landweg kannst du nur zu Fuß durch den Darién Gap. Wir raten stark davon ab.

Die Alternativen, für Reisende ohne Extraleben, ergeben sich per Flugzeug oder zu Wasser.

Direktflüge nach Panama Stadt gehen u. a. ab Bogotá, Cali, Cartagena, Medellín, Pereira, San Andres.

Mit dem **Segel- oder Motorboot** ist eine Grenzüberschreitung über die Comarca Guna Yala möglich. Siehe S. 230.

Essen in Panama: alles Reis und Bohnen?

Zugegeben: Reis und Bohnen dominieren die lokale Küche. Das ***Menú del Día*** besteht meist aus einem Stück Fisch oder Fleisch, einer Gemüsebeilage und Reis oder *Patacones.*

Das Meer ist jedoch nie weit und somit auch die Speisekarten voller **Fisch- und Meeresfrüchte-Gerichte,** die häufig in würzigen Saucen serviert werden.

An der Karibikküste findest du auf jedem Tisch eine **scharfe Sauce** zum Würzen von Fisch und Fleisch. Hier stehen auch einige **kreolische Zubereitungen** auf der Karte, und *Arroz con Coco* (in Kokosmilch gekochter Reis) gibt es als Beilage dazu.

Hühnchen *(Pollo)* ist ein beliebtes Fleisch. Findest du die Bezeichnung *Carne* (Fleisch) auf der Speisekarte, so ist es meist Rind.

Hummer kann in Panama zu einem unschlagbaren Preis gegessen werden. Günstig und köstlich kannst du ihn z. B. in der Fonda Lily in Boca Chica (S. 109) essen sowie in Guna Yala S. 232. In der Zeit vom 1. März bis 30. Juni sollte es aufgrund des Fangverbots keinen Hummer in Zentralamerika geben.

Eine gute Auswahl an **internationaler Küche** findest du meist in Touristenzentren wie Panama Stadt und auf der Isla Colón im Bocas del Toro Archipel.

Essen wie die Einheimischen

Willst du wie die Einheimischen zu Mittag essen, dann setze dich in eines der vielen einfachen panamaischen Restaurants, nur keine Scheu! Diese häufig mit Frauennamen benannten ***Restaurante,* Café** oder ***Fonda*** sind um die Mittagszeit gefüllt mit Einheimischen. Viele *Restaurante* servieren das Essen in Form eines Buffets, von dem ein Mitarbeiter austeilt. So hast du die Möglichkeit, das Essen zu begutachten, bevor du dich entscheidest zu bleiben oder zu gehen. Ein meist reichhaltiges und gutes Mittagessen bekommst du hier schon für 3 – 5 $. Eine *Comida con carne / pescado* (Essen mit Fleisch / Fisch) beinhaltet meist eine große Portion Reis, dazu Fleisch oder Fisch in verschiedenen Variationen. Es kommen Bohnen / Linsen oder andere Beilagen und ein Salat hinzu. Eine gute *Fonda* hat eine kleine Tageskarte, es wird frisch gekocht. Ganz einfache *Fondas* und *Restaurante* servieren täglich vorgekochte Tagesgerichte. Sauberes Wasser wird in diesen einheimischen Gaststätten häufig kostenlos zum Trinken bereitgestellt. Viele à la carte Restaurants bieten mittags ein günstiges *Menú del Día* an. Guten Appetit.

Gefüllte Patacones

Maracuja Ceviche

Wenn Vegetarier in Panama ein vegetarisches Menü bestellen ...

Obst und Gemüse

In Panama werden zahlreiche Obst- und Gemüsesorten angebaut und können im ganzen Land gekauft werden, am besten in kleinen *Fruterias* oder auf dem lokalen Markt. Eine Ananas schmeckt fast nirgends so aromatisch und süß wie in Zentralamerika. Du kannst dich durch Avocadosorten, die nicht nach Europa exportiert werden, durchprobieren. Oder wie wäre es mit neuen Erfahrungen wie: Tamarillo (Tomate de árbol = Baumtomate), Granadille (eine süße Passionsfrucht) oder Cherimoya? Verpasse es nicht, die köstlichen Früchte des Landes zu probieren! Im Hochland um Cerro Punta wird eine große Vielfalt an Obst und Gemüse angebaut, das du von daheim kennst. Du kannst dann alles frisch in Boquete auf dem Markt kaufen.

Tamarillo (Baumtomate)

Vegetarier und Veganer

Vegetarier und insbesondere Veganer haben es in weniger touristischen Ecken schwer, wenn sie nicht selbst kochen. Typische *Restaurante* in Buffetform bieten häufig eine ausreichende und interessante Mischung aus guten Beilagen und Salaten an. In Panama City und im Bocas del Toro Archipel finden Vegetarier dagegen genügend Abwechslung und internationale Küche.

Granadilla

Typische Gerichte und Zubereitungen sowie Besonderheiten

- **Almojábanos** sind S-förmige frittierte Teigstückchen aus Mais und Käse.
  Als Beilage oder als Snack.
- **Arroz con pollo:** Reis mit Hühnchen.
- **Cambombia** ist das Fleisch der in großen Muscheln lebenden Schnecken. Cambombia wird überwiegend kleingeschnitten und in würzigen Saucen zubereitet. Das Fleisch ist von der Konsistenz und vom Geschmack dem Tintenfisch ähnlich.
- **Ceviche:** Der gewürfelte in Limetten- oder Zitronensaft marinierte rohe Fisch kommt ursprünglich aus Peru. Durch die Säure wird das Fleisch denaturiert, also kaltgegart. Gewürzt wird meist mit Salz, Pfeffer und Zwiebeln. Ceviche bereitet man auch aus Meeresfrüchten oder Garnelen zu.
- **Chicheme** ist ein typisch panamaisches Getränk aus süßer Milch mit Maiskörnern, das eiskalt serviert wird.
- **Dulce de Leche** ist eine Creme oder ein beliebter Brotaufstrich in ganz Zentral- und Südamerika. Die karamellartige Creme wird aus süßer Milch hergestellt und in vielen Süßspeisen verarbeitet.
- **Empanadas:** gefüllte gebackene Teigtaschen mit Hähnchen, Hackfleisch, Käse oder Fruchtfüllung. Beliebter Snack in ganz Lateinamerika.

Tipp: Unser Lieblingsceviche findest du im Bibi's auf der Isla Carenero (S. 70) in Bocas del Toro oder im Encuentro in Santa Catalina (S. 126).

- **Hojaldres:** frittierte flache Teigfladen aus Weizenmehl. Typisch fürs panamaische Frühstück. Einfach, aber köstlich.
- **Patacones** sind platt gestampfte frittierte Kochbananenscheiben, die als Beilage serviert werden. Lecker!
- **Patacones rellenos** (=gefüllte Patacones): Die Patacones werden zu einer kleinen Schale geformt, die mit in Sauce zubereitetem Fleisch, Fisch oder Meeresfrüchten befüllt wird.
- **Ropa Vieja** (= alte Kleidung): geschmorrtes zerrissenes Rindfleisch, das meist mit Reis und Gemüse serviert wird.
- **Tamale:** ein im Bananenblatt gedämpfter Snack aus Maisteig und Fleisch.
- **Tortilla de maíz:** ein dicker frittierter Maistortilla vom Durchmesser ca. so breit wie eine Tasse. Wird zum Frühstück gegessen.
- **Yuca** ist ein Wurzelgemüse, das gerne gekocht oder frittiert als Beilage serviert wird. Unbedingt probieren.

Spanische Essensbegriffe findest du in unserem kleinen Sprachguide S. 244.

Feste und Veranstaltungen nach Monaten

Aktuelle Veranstaltungen während deiner Reise kannst du hier nachschauen: http://www.visitpanama.com/events-and-festivals/

Januar

Feria de las Flores y del Café

Volksfest der Blumen und des Kaffees in **Boquete** (bewegliches Datum).

Fiesta del Mar

Kulturfestival auf der Insel **Taboga** (bewegliches Fest).

Februar

Guna Revolution

25. Feb.: Die *Comarca* **Guna Yala** feiert die Guna Revolution von 1925.

Karneval

Am **Freitag oder Samstag vor Aschermittwoch** starten die Karnevalsfestlichkeiten im ganzen Land. Beste Orte zum Feiern sind **Las Tablas, Chitré und Panama Stadt** (bewegliches Datum).

Festival de los Diablos y Congos

Ein ausgefallenes Fest der Nachfahren afrikanischer Sklaven in **Portobelo** (bewegliches Datum).

März

Heilige Woche

Die heilige Woche (Palmsonntag bis Ostern) wird im ganzen Land gefeiert. Am schönsten kann sie in La Villa de Los Santos erlebt werden (bewegliches Fest).

Feria de las Orquídeas

Orchideenmesse in Boquete (bewegliches Datum).

April

Cayuco Race

Wettrennen im Langbaumboot von Ozean zu Ozean durch den **Panamakanal** (bewegliches Datum).

Mai / Juni

Fiesta de Corpus Christi
4 Wochen nach Ostern wird mit dem Corpus Christi Festival in **Los Santos** ein religiöses Fest voller Folklore und Mythologie gefeiert (bewegliches Datum).

Juli

La Pollera
22.Juli: Das Festival der panamaischen Tracht in **Las Tablas.**
Nuestra Señora del Carmen
16. Juli: Ein Wasserfest zu Ehren der Schutzpatronin der Insel **Taboga.**

August

Festival del Manito Ocueño
Folklorefestival in **Ocú** (bewegliches Datum).

Oktober

Nogagope Festival
10–12. Okt.: Traditionelle Tänze auf der Isla Tigre, Guna Yala.
Toro Guapo Festival
2. Oktoberwoche: Beim Festival des schönen Stiers in **Antón** dreht sich mit Umzügen, Musik und Tanz alles um den Stier. https://www.facebook.com/fntoroguapo anton/
Fiesta de Cristo Negro
21. Okt.: Das Fest zu Ehren des schwarzen Christi in **Portobelo.**

November

El Grito de La Villa
10. Nov.: Der Jahrestag des Aufschreis *(El Grito)* von **Los Santos** gegen die spanischen Herrscher wird mit Umzügen, Tänzen und Musik gefeiert.
Día de la Independencia
28. Nov.: Am Unabhängigkeitstag Panamas finden Festlichkeiten im ganzen Land statt (gefeiert wird die Unabhängigkeit von Spanien).

Fortbewegung in Panama

Das Hauptfortbewegungsmittel in Panama ist der Bus. Mit ihm kommst du verlässlich und günstig in so gut wie jedes Dorf in Panama. Dennoch gibt es sehr viele unerschlossene Gebiete, die schwer zu bereisen sind. Hier bieten sich Touren an, auch wenn du kein Anhänger von Touren bist. Alternativ ist ein Bereisen Panamas mit dem Mietwagen gut möglich und bietet dir die Möglichkeit, einfacher in abgelegene Regionen zu kommen.

Busse in Panama

Busse zum gleichen Ziel können so **divers** sein wie die Völker Panamas. Je nach Uhrzeit kann es ein moderner Reisebus mit Klimaanlage und TV, ein Minibus oder ein bunt dekorierter ausrangierter amerikanischer Schulbus sein. Letztere werden auch *diablo rojo* oder auf Englisch *chicken bus* genannt. Wir verwenden dennoch für alle Arten den Begriff Bus. Auf den meisten Mittelstrecken wirst du in einen **Toyota Coaster** steigen. Kurze Strecken in abgelegene Winkel werden meist von ***Colectivos*** (Minibussen oder Sammeltaxis) angesteuert. Das sind Minivans oder mancherorts auch Pickup-Trucks mit Verdeck und Sitzbank, die umliegende Ansiedlungen ansteuern. Womit du aber fast immer rechnen kannst: Reggaeton-Musik während der Fahrt.

Das **Busfahren in Panama ist unkompliziert** und Panama ist gut vernetzt. Du kannst so gut wie überall entlang der Strecke den Bus heranwinken und zusteigen (wenn noch Platz ist), ebenso aussteigen. Das **Ziel steht immer an der Windschutzscheibe.** Fast jeder Bus hat neben einem Fahrer auch einen Begleiter, der für das Abkassieren, das Koordinieren der Zu- und Ausstiege und manchmal auch das Ausrufen der nächsten Haltestellen zuständig ist. Sie lassen dich immer am richtigen Umsteigepunkt aussteigen, wenn du ihnen vorher Bescheid gibst, wohin du möchtest. Die Begleiter sind äußerst hilfsbereit, erwarte aber keine Englischkenntnisse. Im Albrook Terminal (Panama Stadt) kann man alle Fahrscheine vorab kaufen. Ansonsten wird fast immer **beim Aussteigen bezahlt.** Die Preise sind meist nicht angeschrieben, jedoch kassieren die Busbegleiter korrekt ab. Uhrzeiten einiger Busse kannst du hier anfragen: 💻 http://horariodebuses.com/EN/pa/index.php. Für Infos zu Busfahrten innerhalb Panama Stadt siehe S. 189.

Taxi

Taxis in Panama haben kein Taxameter. Der Preis und das Ziel sollten immer vor der Fahrt besprochen werden. Es gibt lokale Richtwerte für Fahrten vor Ort, daher solltest du am besten in deiner Unterkunft nachfragen. Mehr zu Taxis und Preisen in Panama Stadt siehe S. 191.

Trampen

In abgelegenen Regionen bietet sich Trampen an. Viele Panamaer fahren Pick-Up-Trucks und können dich gut mitnehmen. Um zu trampen, solltest du ein wenig Spanisch sprechen können. Wähle deine Mitfahrgelegenheit stets umsichtig. Eine Bezahlung wird selten erwartet auch wenn sich der eine oder andere sicher über einen kleinen Beitrag freut. Du trampst auf eigene Gefahr.

Flugzeug

Air Panama fliegt ab dem Marcos A. Gelabert Flughafen (Albrook) verschiedene Ziele innerhalb Panamas mit kleinen Propellermaschinen an: u. a. die Insel Colón in Bocas del Toro, verschiedene Ziele in Guna Yala und im Darién.

Zug

Es gibt in ganz Panama keine Zugverbindungen außer dem historischen Zug zwischen Panama Stadt und Colón (S. 194). Aufgrund seines Preises dient er jedoch eher touristischen Zwecken und dem Pendelverkehr der höheren Angestellten der Colón Free Trade Zone.

ota Coaster: der häufigste in Panama

So divers können die Busse in Panama sein

Reisende mit Behinderung

Panama ist leider kein Land, das Reisenden mit Behinderung die Reise erleichtert. Weder sind die meisten Busse darauf ausgelegt noch Unterkünfte. In Panama Stadt und an der Pazifikküste Westpanamas kann man jedoch Hotels bzw. Resorts mit rollstuhlfreundlichem Zugang finden. Die Busbegleiter in Panama sind sehr hilfsbereit, so dass es an Unterstützung unterwegs sicherlich nicht mangeln wird.

Geld

Die Landeswährung Balboa ist mit einer Umrechnung von **1:1** an den **US-Dollar** gekoppelt. Der US-Dollar ist das offizielle Zahlungsmittel in Panama (hier abgekürzt $). Vom **Balboa** sind **1, 5, 10** (un décimo), **25** (un cuarto) und **50** (un medio) **Centésimos-**Münzen im Umlauf sowie die **1 Balboa-**Münze. Die Münzen haben alle die gleiche Größe, sind aus dem gleichen Material und haben den gleichen Wert wie die US-Münzen. Münzbeträge können beliebig in beiden Währungen bezahlt werden.

Bankautomaten findest du landesweit in größeren Ansiedlungen. Hier kannst du US-Dollar abheben. In abgelegenen Regionen sind selten Geldautomaten zu finden. Wir weisen im entsprechenden Kapitel darauf hin. Für Geldabhebungen musst du meist eine **Gebühr von 5,25 $** bezahlen (zzgl. eventueller Gebühren deiner Bank). Mit der Santander Kreditkarte erhältst du diese Fremdgebühr zurückerstattet (Stand 06/2019 die einzige Bank, die diese Fremdgebühren erstattet). Mehr dazu erfährst du hier: **https://blogaufmeer.de/weltweit-kostenlos-geld-abheben/**.

Kreditkartenzahlungen sind häufig möglich. Hierfür fällt jedoch meist eine prozentuelle Gebühr an.

Gesundheit

Die Städte Panama Stadt und David verfügen über eine hervorragende ärztliche Versorgung mit hohem medizinischem Standard. Deswegen wird Panama auch gerne zum Medizintourismus aufgesucht. Außerhalb dieser Ballungsräume findet man in größeren Siedlungen meist nur staatliche Einrichtungen wie die *Centros de Salud* (Gesundheitszentren). Sie sind sehr einfach ausgerüstet, gewährleisten der Bevölkerung aber eine kostenlose Grundversorgung.

Am Wasserspender auf der Isla Colón, Bocas del Toro

Mit sehr langen Wartezeiten werden auch Touristen meist kostenlos untersucht. Wir empfehlen, möglichst eine Klinik in Panama Stadt oder David aufzusuchen.

Wasser

Guna Yala und das Archipel von Bocas del Toro können keine ausreichend hygienische Trinkwasserqualität vorweisen. In den überwiegenden Teilen Panamas, besonders in Boquete, Panama Stadt und Valle de Antón, ist das Leitungswasser trinkbar, schmeckt jedoch gewöhnungsbedürftig. Im Zweifelsfall sollte man lieber in der Unterkunft nachfragen oder nur abgekochtes / abgefülltes Wasser trinken. Zum Zähneputzen eignet sich das Wasser in jedem Fall.

Krankheiten und Impfungen

Reisemedizinische Beratung bieten vor der Reise spezialisierte Tropen- und Reisemediziner an (siehe Verzeichnis auf: https://www.dtg.org/). Das Tropeninstitut berät dich ebenfalls, schriftlich oder telefonisch. https://tropeninstitut.de/

Vor der Reise ist der Abschluss einer **Auslandskrankenversicherung** empfehlenswert, die **medizinisch sinnvollen Rücktransport** einschließt. Langzeitreisende sollten auf spezielle Auslandskrankenversicherungen zurückgreifen, die längere Zeiträume abdecken. Mehr Informationen dazu findest du hier:
https://blogaufmeer.de/langzeit-auslandskrankenversicherung/

Das Tropeninstitut empfiehlt allen Reisenden, sich **gegen Tetanus, Diphtherie und Hepatitis A impfen** zu lassen.
Weitere Empfehlungen gelten für folgende Fälle:

- **Gelbfieber:** bei Aufenthalten in Chepo, Darién und Guna Yala Festland
- **Hepatitis B:** bei Langzeitaufenthalten und bei nahen sozialen Kontakten
- **Masern:** alle Kinder
- **Tollwut:** beim Trekking und bei Langzeitaufenthalten in ländlichen Gebieten
- **Typhus:** bei mangelhaften hygienischen Verhältnissen

Im folgenden Abschnitt erhältst du Kurzinformationen über mögliche ansteckende Krankheiten. Für mehr Informationen konsultiere das Tropeninstitut https://tropeninstitut.de/.

Chagas Krankheit (Trypanosomiasis)

Die Erkrankung wird durch Raubwanzen übertragen. Diese leben hauptsächlich in ländlichen Regionen, in Dächern und Wänden einfacher Behausungen. Nach einem – nicht ansteckenden – Stich lassen die Wanzen infektiösen Kot zurück, der über offene Hautstellen oder Schleimhäute den Erreger übertragen kann. Die Einstichstelle schwillt meist an. Eine akute Phase mit grippeähnlichen Symptomen kann auftreten. Nach Monaten oder Jahren kann eine chronische Erkrankung eintreten, die zu starken Komplikationen am Herz und am Verdauungstrakt führen kann. Ansteckungsgefahr besteht für Personen, die in einfachsten Wohnverhältnissen unterkommen. Reisende sind selten betroffen. Moskitonetze sind der beste Schutz gegen die nachtaktiven Wanzen.

Chikungunyafieber
Das Virus wird durch Stechmücken übertragen. Es kann eine Erkrankung mit Fieber und Gelenkbeschwerden, selten mit Blutungen, auslösen. Es gibt noch keine Therapie gegen die Erkrankung. Ein Schutz vor Moskitostichen ist die einzige Vorsorgemaßnahme.
Dengue Fieber
Das Dengue-Virus wird über hauptsächlich am Tag aktive Moskitos übertragen. Sie vermehren sich in stehenden Gewässern und kommen daher überwiegend in Stadtgebieten vor. Zu den grippeähnlichen Symptomen können neben Fieber auch Kopf-, Gliederschmerzen, Übelkeit und Erbrechen kommen. Auf Schmerz- und Fiebermittel, die die Blutgerinnung beeinflussen (z. B. Acetylsalicylsäure), sollte man verzichten, da auch Blutungen auftreten können. Schutz gegen Moskitostiche ist die beste Prophylaxe.
Gelbfieber
Die über eine tagaktive Mücke übertragene Krankheit kann neben erkältungsähnlichen Symptomen eine toxische, lebensbedrohliche Phase hervorrufen. Als Prophylaxe steht eine Impfung zur Verfügung, die bei Aufenthalten in Chepo, Darién und Guna Yala empfohlen wird.
Hantavirus
Dieser Erreger wird durch Nagetiersekrete übertragen und tritt selten auf. Die Symptome ähneln einer Grippe. Ganz selten kann es zu Todesfällen durch Kreislauf-, Lungen- und Nierenversagen kommen. Eine Impfung oder medikamentöse Prophylaxe gibt es nicht.
Hepatitis A
Diese Virusinfektion befällt die Leber und wird am häufigsten über kontaminiertes Wasser und Lebensmittel übertragen. Fieber, Gelbsucht, Übelkeit und Bauchschmerzen zählen zu möglichen Symptomen. Zur Prophylaxe steht ein effektiver Impfschutz bereit.
Hepatitis B
Das Hepatitis-B-Virus wird überwiegend durch Sexualkontakt oder durch Kontakt mit kontaminiertem Blut übertragen. Zur Prophylaxe steht ein effektiver Impfschutz bereit.
Leishmaniose
Die Erreger werden von Sandmücken übertragen. Die Formen, die Geschwüre auf der Haut und auf Schleimhäuten hervorrufen, treten landesweit auf. Ein effektiver Moskitoschutz ist auch hier die beste Prophylaxe.
Leptospirose
Die Erreger gelangen über den Urin infizierter Tiere in Gewässer, über die sich wiederum der Mensch anstecken kann. Es folgen meist grippeähnliche Symptome. In seltenen Fällen gibt es Komplikationen mit Leber und Niere.
Malaria
Der Erreger wird durch Stechmücken übertragen, die überwiegend in der Dämmerung und bei Dunkelheit unterwegs sind. Laut Tropeninstitut herrscht ein geringes Risiko an der Atlantikküste und im kolumbianischen sowie costa-ricanischen Grenzgebiet. Betroffene Provinzen sind Colón, Darién, Panamá, Veraguas und die *Comarca* Ngöbe-Buglé. Die restlichen Landesteile und Stadtgebiete gelten als malariafrei. Malaria äußert sich durch hohe und je nach Erreger unterschiedlich lange Fieberschübe. Zusätzlich können u. a. Übelkeit und Erbrechen sowie Kopf- und Gliederschmerzen auftreten. Die beste Prophylaxe ist es, sich vor Moskitostichen zu schützen. Solltest du auch nach der Reise einen Fieberschub bekommen, so wende dich unbedingt an einen Arzt.

Durchfallerkrankungen

Leitungswasser sollte nur dort unbehandelt getrunken werden, wo es eindeutig als sicher ausgewiesen ist. Obst und Gemüse sollten am besten geschält oder gekocht verzehrt werden.

Typhus

Eine Typhus-Erkrankung kann durch Aufnahme des Erregers über kontaminiertes Wasser oder Essen ausgelöst werden. Häufig tritt neben zahlreichen anderen möglichen Symptomen Fieber auf. Gefährliche Komplikationen sind möglich. Zur Prophylaxe ist eine Impfung verfügbar.

Tollwut

Das Virus, das eine schwere Erkrankung des Zentralen Nervensystems auslösen kann, wird durch den Speichel infizierter Tiere, z. B. durch Bisse oder Ablecken verletzter Haut oder Schleimhäute, übertragen. Eine Impfung wird Reisenden, die wandern gehen und sich in ländliche Gebiete begeben, empfohlen.

Zika

Das Zika-Virus wird über tagaktive Moskitos übertragen. Die Krankheit verläuft symptomlos oder einer Erkältung ähnlich. Das Virus kann jedoch zu schweren Schädigungen an ungeborenen Kindern führen, weswegen Schwangere oder Paare mit aktuellem Kinderwunsch auf einen guten Moskitoschutz achten sollten. Eine Übertragung durch den Partner ist möglich.

Land und Leute

Panama ist ein interessanter Schmelztiegel vieler Kulturen. Neben den Nachfahren der Spanier und afrikanischer Sklaven leben ausgewanderte US-Amerikaner und sehr viele Menschen indigener Abstammung im Land. Auf S. 46 erfährst du mehr zu den indigenen Völkern Panamas.

Die Panamaer sind sehr freundliche und hilfsbereite Menschen. Selbst in Touristenzentren wie Bocas Town in Bocas del Toro bekommst du immer ein nettes *»Buenas«* zu hören. Einheimische werden dich selten von sich aus ansprechen. Wenn du aber ein bisschen Spanisch sprichst und auf die Menschen zugehst, wirst du warmherzige und interessierte Einheimische kennenlernen. Sie helfen dir gerne auf der Suche nach dem Weg oder nehmen dich gleich mit und möchten in Kontakt bleiben. Sie reisen selbst sehr gerne in ihrem Land, so dass du in von Einheimischen frequentierten Unterkünften gut mit ihnen in Kontakt kommen kannst.

Von den indigenen Ngöbe-Buglé wirst du auch immer ein Lächeln erhalten. Die Guna auf den frequentierten Inseln des San Blas Archipels sind aufgrund der vielen Touristen eher zurückhaltend und manchmal kühl. Die Guna sind aber eigentlich ein ausgesprochen nettes und gastfreundliches Volk.

Möchtest du jemanden ansprechen, so leite den Satz mit *»disculpe«* ein.

Voraussetzung, um mit den Einheimischen ins Gespräch zu kommen, sind meist ein paar Worte Spanisch (englisch wird selten gesprochen) sowie Offenheit, Respekt und ein Lächeln im Gesicht.

»Take nothing but pictures, keep nothing
but memories, kill nothing but time,
leave nothing but footprints.«

Nachhaltigkeit und Umwelt

Müll in Panama

Was korrekte Müllentsorgung und Recycling betrifft, hängt Panama noch stark hinterher. Es gibt eine geregelte Restmüllentsorgung und auch Straßenreinigungsprogramme. Die korrekte Abfallentsorgung ist jedoch noch nicht in alle Köpfe vorgedrungen. Entlang von Straßen und an den Küsten wirst du, wie inzwischen in so vielen Ländern der Welt, viel Müll finden. Da helfen die vielen *»no tirar basura«* (Wirf keinen Müll weg) Schilder leider meist nicht viel. Immerhin werden Geldstrafen verhängt, wenn Personen sich nicht an die Entsorgungsregeln halten.

Recycling ist für viele noch ein Fremdwort, und ein geregeltes Recyclingsystem ist nicht vorhanden. Immerhin kann Recyclingmüll in Recyclingzentren wie dem »Center for Collection and Management of Solid Waste« in Panama Stadt zum Recyclen gebracht werden. Viele Unterkünfte trennen den wichtigsten Recyclingmüll wie z. B. Dosen. Initiativen zur besseren Handhabung von Müll gehen meist von engagierten Unterkünften oder Einzelpersonen aus wie z. B. dem Plastic Bottle Village von Robert Bezeau in Bocas del Toro (S. 72).

In Bocas del Toro wurde bereits ein Verbot von Plastiktüten eingeführt. Leider servieren viele einfache Restaurants panamaweit ihr Essen auf Plastik- oder Styroportellern oder geben Plastikbesteck dazu.

Nachhaltiges Verhalten auf Reisen

Wir Reisenden verschärfen vorhandene Umweltprobleme oft oder bringen neue mit. Wir erwarten westlichen Standard in Unterkünften, der nicht immer gut für die Umwelt ist. Mit zunehmendem Tourismus werden häufig unkontrolliert Unterkünfte, Restaurants etc. gebaut, ohne die Auswirkung auf die Umwelt zu beachten. Wir bringen unseren Müll in entlegene Regionen mit, die zwar einen Mülleimer, aber vielleicht keine geregelte Müllentsorgung haben.

Was können wir als Reisende tun?

Müll:

— Sag **»Nein« zu Plastiktüten.** In Supermärkten wird sonst jedes kleinste Teil dreifach in kostenlose Tüten verpackt. Bring doch einfach deine eigene Tasche mit.

— Müssen es viele kleine Packungen Nüsse sein? Kaufe bei Verpacktem lieber die Normalgröße, so entsteht weniger Müll.

— Bringe deine **eigene Trinkflasche** mit **und fülle sie auf.** Das Wasser ist in vielen Regionen Panamas trinkbar. Panamaische Buffetrestaurants bieten häufig einen Nachfüllservice an. Vor allem in Bocas del Toro kann man in manchen Unterkünften und Supermärkten an kostenpflichtigen Wasserspendern auffüllen. Und wenn du doch lieber auf Nummer sicher gehen willst, dann kaufe lieber in großen Kanistern statt in vielen kleinen Flaschen ein.

— Sag bei deiner Getränkebestellung **»Nein« zum Strohhalm** *(sin carrizo por favor).*

— Iss vor Ort, kaufe **kein Essen *to go***.
— Achte bei Buffetrestaurants darauf, dass du zum Metallbesteck greifst, wenn vorhanden.
— Sammle in der Natur Müll ein. Selbst wenn es nur eine Sache ist.

Wasser und Unterkünfte:

— Achte auf deinen Wasserverbrauch. Ganz besonders im Archipel von Bocas del Toro.
— Frag dich bei der Unterkunftssuche: »Brauche ich wirklich einen Pool?«
— Übernachte in Unterkünften, die sich Gedanken um die Umwelt machen, z. B. »eco«-Unterkünfte. Je nach Unterkunft kümmern sie sich z. B. ums Recyclen, haben umweltfreundlich gebaut, verwenden Regenwasser zum Duschen, Strom aus Solarzellen oder verwenden Zutaten aus Bio-Anbau fürs eigene Restaurant.

Natur

— Frag bei Wal- und Delfinbeobachtungen nach tierfreundlichen Touren. Boote sollten immer genügend **Abstand zu den Tieren** halten, sie nicht hetzen und ihnen niemals den Weg abschneiden oder sie anderweitig bedrängen.
— Sonnenschutz: Gehe in T-Shirt und Shorts schnorcheln. Verwende eine korralenfreundliche Sonnencreme.
— Im Wasser und an Land gilt: **nichts anfassen,** nichts füttern, nichts mitnehmen und nichts Mitgebrachtes hinterlassen.

CO_2-Ausstoß

— Reise lieber länger statt kurz und viel.
— Kompensiere deinen CO_2-Ausstoß (z. B. über atmosfair.de).

Angeschwemmter Müll zwischen natürlichem Schwemmgut

Tierwelt

Im artenreichen Panama leben zahlreiche Tiere, die auf der Roten Liste der bedrohten Tierarten stehen (https://www.iucnredlist.org/). So sind alle Schildkröten, die in Panama nisten, akut bedroht. Das Zwergfaultier, das weltweit nur auf der Isla Escudo (S. 73) vorkommt, steht auf der Roten Liste neben vielen Amphibien, Walhaien, Walen, Affen und anderen Säugetieren. Informationen zu akuten Problemen vor Ort findest du in den einzelnen Kapiteln des Reiseführers: Amphibien S. 170; Feuerfisch-Invasion S. 63; Meeresschildkröten S. 66; Seesterne S. 58.

Abholzung

Obwohl über 30 % der Landfläche Panamas geschützt ist, wird gerade in diesen Bereichen illegal abgeholzt. Fehlende Kontrollmaßnahmen setzen den Holzfällern keine Grenzen. Mit jeder Abholzung reichen neue Schneisen tiefer in die bewaldeten Gebiete hinein. Was auf den abgeholzten Flächen anschließend erfolgt, ist meist Brandwirtschaft, so dass der Wald keinerlei Chance mehr auf Erholung hat.

Rohstoffgewinnung

Unter der Oberfläche Panamas werden riesige Vorkommen an Bodenschätzen vermutet. Auf einer großen Fläche Panamas wurde bereits mit dem Abbau begonnen, was teilweise mit schwerwiegenden Konsequenzen für die Umwelt einherging. Folgen können u. a. sein: die Zerstörung von Wäldern, Verschmutzungen von Wasserquellen sowie Umsiedlungen indigener Gemeinschaften. Für einige Landflächen sind bereits Konzessionen zum Abbau vergeben. Bleibt abzuwarten, auf wessen Kosten der Abbau erfolgt.

©Sonja Sofeit

Nationalparks und Natur

Panama ist Teil des **mesoamerikanischen Biotopenverbunds.** Dieser verbundene Lebensraum sichert das Überleben bestimmter Arten. Und davon hat das **biodiverse Panama** sehr viele. Orte wie der Darién und der Soberanía Nationalpark sind Hotspots für Vogelbeobachter. Aufmerksame Reisende werden unterwegs verschiedene Krabben, Echsen, Frösche, Affen, Faultiere, Kolibris und andere tropische Vögel sowie verschiedenste interessante Insekten auch ohne Guide entdecken oder hören. Zahlreiche Strände Panamas sind Brutstätten für verschiedenste Meeresschildkröten. Im Nationalpark Coiba wartet ein artenreiches Unterwasserparadies auf Taucher und Schnorchler.

Ungefähr ein Drittel der Fläche Panamas steht unter Naturschutz. 16 Parks und noch mehr Schutzgebiete verteilen sich auf das kleine Land, davon ist ein großer Teil der Fläche nicht offiziell zugänglich.

In den zugänglichen Abschnitten muss eine **Gebühr von 5 $** gezahlt werden bzw. 10–20 $ für Marineparks. Je nach Park ist das Rangerhäusschen jedoch nicht besetzt. In Nationalparks ist ein Guide per Gesetz verpflichtend. Dies wird selten kontrolliert, und viele Wanderungen sind auch ohne Guide machbar. Wer aber Tiere entdecken und die Pflanzenwelt kennenlernen will, dem ist ein Guide sehr ans Herz zu legen. Die offiziellen Wege der Nationalparks werden meist freigehalten aber die Infrastruktur wie z. B. Unterstände, Brücken, Treppen und Schilder werden nicht instandgehalten. Entlang der Wanderwege findest du keine Toiletten. Ranger, die u. a. auf die Einhaltung der Regeln achten und illegale Aktivitäten unterbinden sollen, sind rar in den Parks.

Das Ministerio de Ambiente verwaltet die Nationalparks Panamas. Die offizielle Website https://miambiente.gob.pa/ (ES) versorgt mit allgemeinen Informationen, jedoch nicht mit Detailinformationen zu den einzelnen Nationalparks. Eine hilfreiche App mit Informationen rund um die Nationalparks in Panama ist für iOS und Android verfügbar. Die englische Version hat jedoch nur ein englisches Menü, die übrigen Informationen sind (noch) spanisch.

Packliste

Unsere kleine Checkliste hilft beim Packen, ist aber lediglich eine Orientierung. Sie enthält nicht alles, v.a. nicht das Grundlegende wie z. B. Zahnbürste, und kann nach Vorlieben ergänzt werden.

Kleidung

- ☐ Kurze Hose
- ☐ Lange Hose
- ☐ T-Shirts (Funktionsshirt)
- ☐ Langarmshirt
- ☐ Fleecejacke / Kapuzenpulli
- ☐ Regenjacke
- ☐ Badesachen
- ☐ Unterwäsche & Socken
- ☐ Flip-Flops (Für Strandausflüge / ggf. zum Duschen in Gemeinschaftsduschen)
- ☐ Festes Schuhwerk (zum Wandern)

Zubehör

- ☐ Schnell trocknendes Handtuch
- ☐ Sonnenbrille
- ☐ Kleiner Rucksack für Wanderungen
- ☐ Trinkflasche zum Auffüllen von Wasser

Sonstiges

- ☐ Taschenlampe
- ☐ Taschenmesser (nicht ins Handgepäck!)
- ☐ Reiseführer
- ☐ Buch oder E-Book Reader
- ☐ Fotoapparat
- ☐ Vorhängeschloss (wer in Schlafsälen schläft)
- ☐ Pack-Safe (wer Wertsachen dabeihat)
- ☐ Steckdosenadapter (A & B)

Dokumente

- ☐ Reisepass (ggf. Studentenausweis)
- ☐ Führerschein + internationaler Führerschein (Wenn Automietung geplant)
- ☐ Flugunterlagen (auch Rückflugticket zum Vorzeigen bei der Einreise)
- ☐ Kreditkarte & Bargeld
  Mit der Santander Kreditkarte bekommst du die 5,25 $ Abhebegebühren in Panama erstattet. Mehr erfährst du hier:
  https://blogaufmeer.de/weltweit-kostenlos-geld-abheben/

Hygiene und Medizin

Apotheken sind im ganzen Land gut ausgestattet und in jedem größeren Ort vertreten, deswegen muss nicht für jeden erdenklichen Fall vorgesorgt werden. Die Apotheker sprechen aber häufig nur Spanisch.

- ☐ Sonnencreme (umweltfreundlich, nicht Korallen schädigend)
- ☐ Gutes Insektenmittel (bevorzugt mit DEET)
- ☐ Nassrasierer für abgelegene Regionen

Post

Alles muss in Panama am Schalter erledigt werden, auch der Kauf von Briefmarken. Wer ein Paket versenden möchte, der muss dieses geöffnet ins Postamt *(Correos)* bringen. Vor Versand muss das Paket in Paketpapier eingepackt werden (mit Kleber befestigen, kein Klebeband verwenden). Die Utensilien müssen alle selbst mitgebracht werden. Das Papier *(Papel manila)* bekommst du in Schreibwarenabteilungen der Supermärkte zugeschnitten.

Postkarten findest du in Panama nur selten. http://www.correospanama.gob.pa/ (ES)

Sicherheit

Panama ist generell ein sicheres Reiseland. Speziell auf Touristen ausgerichtete Überfälle sind in Panama selten. In Regionen, in denen häufiger von Überfällen auf Reisende berichtet wird, haben wir dies gesondert erwähnt. Für mehr Informationen zur Reisesicherheit konsultiere das Auswärtige Amt. https://www.auswaertiges-amt.de/de/

Folgende Gebiete Panamas gelten als unsicher und sollten daher gemieden werden:

- In Panama Stadt die Stadtteile San Miguelito, Tocumen, Juan Díaz, 24 de Diciembre, El Chorrillo, Santa Ana, Curundu, Calidonia und Pacora.
- Der Osten und Süden der Provinz Darién, besonders im kolumbianischen Grenzgebiet.
- Von einer Erkundung Colóns auf eigene Faust ist abzuraten.

Städte Panamas

Die gehobenen Bezirke von Panama Stadt sind im internationalen Vergleich sicher. Von einsamen Spaziergängen nach Einbruch der Dunkelheit sollte am besten trotzdem abgesehen werden.

Um dich keinem unnötigen Risiko auszusetzen, solltest du folgende Punkte immer beachten:

- Trage keinen auffälligen Schmuck oder technisches Equipment offen mit dir herum
- Nimm nur wenig Bargeld und höchstens eine Kreditkarte mit
- Betrete keine unsicher wirkenden Gebiete und mache dich in deiner Unterkunft über unsichere Gegenden schlau.
- Brücken bieten meist schlechte Fluchtmöglichkeit und eignen sich daher, um dir aufzulauern. Sei auf einsamen Brücken in der Nähe unsicherer Stadtteile darum umsichtig.

Alleinreisende Frauen

Auch für Frauen, die allein reisen, ist Panama ein sicheres Land. Wie in vielen Ländern Zentral- und Südamerikas ist hier das »Machotum« präsent. Allerdings ist dieses Verhalten der Männer selten gefährlich. Das beste Mittel dagegen: Ignorieren. Nie darauf eingehen, denn das kann die Situation ggf. nur verschlechtern.

Fortbewegung

Busfahren innerhalb des Landes ist sicher, und Fahrpreise werden (bisher) korrekt verrechnet.

Von Zusteigen in bereits belegte Taxis in Panama Stadt sollte abgesehen werden.

Naturgefahren

In Panama kommt es gehäuft zu **Badeunfällen mit Ertrinken,** die aufgrund von Brandungsrückströmen auftreten. Zum Verhalten in einem Brandungsrückstrom siehe S. 56.

Vor allem in der Regenzeit kommen **Erdrutsche** auf Wanderwegen häufig vor. Ebenso besteht immer die Gefahr, sich zu verlaufen. Eine Rettungsorganisation gibt es in den Nationalparks nicht. Beachte unsere Empfehlungen zu Wanderungen auf S. 45

SIM-Karten

So gut wie jede Unterkunft bietet WLAN an. Wer mobil erreichbar sein will, kann sich eine Prepaid-Karte *(tarjeta prepago)* kaufen (für Handys ohne SIM-Lock).

Panama hat **vier Netzanbieter: +móvil, Claro, Digicel und Movistar.** Alle bieten LTE an und haben unterschiedliche Netzabdeckungen. Welcher Betreiber die beste Netzabdeckung aufweist, dazu gehen die Meinungen auseinander. Die Abdeckung im wenig besiedelten Panama ist allerdings abseits der wichtigsten Städte und Gemeinden eher schlecht. Die SIM-Karten sollten danach ausgesucht werden, welches Gebiet man besucht. Digicel z. B. weist die beste Abdeckung im San Blas Archipel auf.

SIM-Karten können landesweit in Shops oder Ständen der Netzanbieter sowie in Supermärkten gekauft werden. Nur Claro SIM-Karten sollten direkt bei Claro gekauft werden. Beim Kauf ist **keine Registrierung notwendig.**

Eine Prepaid-Karte kann landesweit in Geschäften aufgeladen werden (top up) oder online über die Website des Netzbetreibers, bei manchen Anbietern auch über die eigene App. Viele Anbieter geben einen Bonus beim Aufladen. Ein Guthabentransfer *(Pasa saldo)* auf eine andere Telefonnummer des gleichen Providers ist bei allen Anbietern möglich.

Spar-Tipp: SIM-Karten nicht am Flughafen Tocumen kaufen. Dort sind sie überteuert.

Sprache

Spanisch ist Landessprache. Lokal werden teils indigene Sprachen gesprochen. Englisch wird, außer in Hotels und von international ausgerichteten Touranbietern, kaum gesprochen. Selbst in Panama Stadt kommt man mit Englisch nicht sehr weit. Es ist sehr empfehlenswert sich einen Spanisch-Grundwortschatz anzueignen (siehe Mini-Sprachguide S. 244).

Telefonnummern und (Notfall-) Kontakte

Telefonvorwahl für Panama: +507.

Die Landesvorwahl wird im gesamten Reiseführer bei Angaben zu Telefonnummern nicht zusätzlich hinzugefügt.

Wichtige Telefonnummern
Notarzt: 911
Polizei: 104
Tourismus-Polizei: 511–9260
Feuerwehr: 103

Deutsche Botschaft
World Trade Center, Calle 53 E, Marbella, Panama Stadt. Werktags von 9:00–12:00. info@pana.diplo.de 263–7733 Mo–Do 7:00–15:30, Fr 7:00–12:30 / für Notfälle: 6517–3200 https://panama.diplo.de/

Österreichisches Konsulat
Die Botschaft in Bogotá (Kolumbien) ist für Panama zuständig. +57 310 6191837 (Notfall) https://www.bmeia.gv.at/oeb-bogota/

In Panama Stadt gibt es ein Honorargeneralkonsulat: Villa de las Fuentes Nr. 1, Calle Sevilla Casa F 7b. Werktags 8:00–12:00. austriacon@cableonda.net 260–4525

Schweizer Konsulat
Die Botschaft in San José (Costa Rica) ist für Panama zuständig +41 800 247365 oder +41 58 4653333 https://www.eda.admin.ch/sanjose

Ein Generalkonsulat befindet sich in Panama Stadt: Casa Blanca, Avenida Justo Arrosemena y Calle 44. panama@honrep.ch 395 99 22

Toiletten

Baños findest du unterwegs an allen Busbahnhöfen und Raststationen. Häufig musst du 0,25 $ bezahlen und erhältst am Eingang Toilettenpapier. Die Toiletten sind zum Sitzen und werden meist sauber gehalten. Männer folgen dem Schild *Hombres*, Frauen dem Schild *Mujeres.*

Touristeninformation

Noch sind die Informationen, die du von Informationsstellen der Autoridad de Turismo Panamá (ATP, Tourismusbehörde) oder Nationalparkverwaltung erhältst, sehr spärlich. Flyer zu den Regionen liegen in den Infozentren zur Mitnahme aus oder können online heruntergeladen werden. Die Flyer sind aber recht oberflächlich. Mitarbeiter vor Ort sprechen selten Englisch. Aber auch die Informationsversorgung auf Spanisch ist recht gering. Informationen der Tourismusbehörde findest du online: http://www.visitpanama.com/ (ES/EN). Auch als App verfügbar (nur Spanisch). Standorte von Touristeninformationen findest du hier http://www.atp.gob.pa/oficinas-regionales. Folgende Website (nicht offiziell) ist auch ganz hilfreich: http://panamainfo.com/en.

Übernachtung / Unterkünfte

In den meisten Regionen, außer in Panama Stadt und an der Pazifikküste der Provinz Westpanama, wirst du keine größeren Resorts finden. Häufig bieten **Pensionen, kleine Hotels** oder Bungalowanlagen den Reisenden ein Domizil. Für jeden Anspruch ist etwas dabei. Viele gehobene Unterkünfte richten sich eher an Reisende, die etwas Besonderes und die Nähe zur Natur suchen wie z. B. eine Lodge im Dschungel oder eine Villa / einen Bungalow direkt am Wasser. Daneben findest du viele **Hostels, Homestays** und selten auch Möglichkeiten zum Campen. Aber gerade für das kleine Budget hat Panama viele besondere Unterkünfte im Angebot, die durch ihre Lage, ihre Räume, das Personal oder ihr Programm bestechen.

Besonderheiten bei den **Unterkünften in Guna Yala,** siehe S. 231.

Rechne nicht immer mit warmem Wasser in Unterkünften in der niedrigen bis mittleren Preisklasse an der heißen Küste. Im Hochland sollte das aber Pflicht sein. Das Wasser wird meist durch einen elektrischen Durchlauferhitzer erwärmt.

Über AirBnB findest du im ganzen Land günstige oder auch besondere Unterkünfte wie z. B. eine Übernachtung auf einem Boot.

An manchen Orten wie z. B. Panama Stadt und Boquete kann sich auch eine Unterkunft mittels **House Sitting** ergeben. Mehr zum Thema House Sitting erfährst du hier: **http://blogaufmeer.de/house-sitting/**.

Statt einer Flut an Unterkünften, bietet dir dieser Reiseführer eine feine Auswahl an schönen oder besonderen Übernachtungsmöglichkeiten v. a. fürs kleine bis mittlere Budget.

Die Preisangaben im Buch gelten für ein Doppelzimmer pro Nacht in der Hochsaison:

- **$:** < 60 $
- **$$:** ca. 60 – 120 $
- **$$$:** > 120 $

Wandern

Panama eignet sich wunderbar zum Wandern, und doch ist Wandern im tropischen Panama nicht immer einfach.

In der Regenzeit werden die Wanderwege freigehalten, so dass sie begangen werden können. Die Bedingungen sind jedoch stark erschwert. Die Wege sind matschig, manche verwandeln sich in Bäche. Erdrutsche sind nicht selten, und Flussüberquerungen sind ggf. nicht möglich. Spontane Regenschauer sowie heiße und feuchte Luft erschweren die Wanderung. Plötzliche Wetterumschwünge können vorher noch gut sichtbare Wege schwer erkennbar machen. Eine gute Orientierung und Hilfsmittel sind unbedingt empfehlenswert, da nicht alle Wanderungen mit Wegmarkierungen versehen sind. Es kam auch vor, dass Wanderer auf den Wanderwegen Panamas verschollen sind.

Für Wanderungen in den Nationalparks ist ein Guide verpflichtend. Vielfach werden die Wanderungen jedoch ohne Guide unternommen. Bist du ein unsicherer Wanderer oder unternimmst eine Mehrtageswanderung, so ist ein Guide besonders zu empfehlen.

Ein paar Tipps fürs Wandern

- **Erkundige dich** vor der Wanderungen nach dem Zustand der Wege.
- Sag am besten immer in deiner Unterkunft oder einer Kontaktperson Bescheid, wo und wie lange du unterwegs sein wirst.
- Nimm **viel Wasser** mit und trinke regelmäßig.
- Trage **festes Schuhwerk** und entsprechende Kleidung.
- **Plane deine Zeit** gut ein, brich früh auf und behalte die Uhr im Auge.
- **Plane immer deine Rückfahrt.** Beachte die letzte Busfahrzeit oder arrangiere dir ein verlässliches Taxi, das dich abholt.
- Weiche nie von den **markierten Wegen** ab. Den Rückweg zu finden, kann schwer werden.
- Hinterlasse keinen Müll, auch keine Tücher nach einem Toilettengang.
- Hebe keine Steine, Äste o. ä. an, da sich Schlangen oder giftige Tiere darunter verstecken könnten.

Begegnungen mit Schlangen: Solltest du einer Schlange begegnen oder einem giftigen Tier, so bleibe ruhig, mache möglichst keine Geräusche und weiche sachte zurück. Fange nie an zu rennen! Vermeide abrupte / bedrohliche Bewegungen und wirf nicht mit Gegenständen.

Tipp: Mit der App maps.me (💻 https://maps.me/) hast du immer offline-Karten dabei. Viele der Wanderwege Panamas sind in den Karten verzeichnet. Aber Achtung: Im dichten Regenwald haben Handys häufig keinen oder nur schlechten GPS-Empfang.

Beim Wandern in Westpanama

Panama Hintergründe

Indigene Volksgruppen Panamas

Traditionelle Körperbemalung der Emberá
Gracias ©visitpanama.com

In Panama werden sieben indigene Volksgruppen gezählt. Angehörigen indigener Volksgruppen begegnet man überall im Land. Sie sind ein fester Bestandteil Panamas. In der Geschichte Panamas wurden indigene Völker nie von ihrem Land verjagt, und man hat sich selten in ihren Lebensstil eingemischt. Deswegen konnten bis heute viele ihrer Traditionen und Sprachen gut erhalten bleiben. Die Indigenen wurden aber nicht von Missionaren verschont.

Einigen indigenen Volksgruppen wurde ihr Land als ***Comarca*** zugesprochen. Das ist ein autonomes Gebiet, das einer panamaischen Provinz gleichgestellt ist und den Völkern daher einige Verwaltungsfreiheiten gibt.

Viele Angehörige indigener Volksgruppen verlassen ihre *Comarcas* und ziehen in den Großraum von Panama City, um Bildung, Arbeit und einen modernen Lebensstil zu erhalten.

Bókatás

Diese kleine indigene Gruppe lebt in **Bocas del Toro und nördlich von Veraguas.** Sie leben von der Jagd und vom Fischfang. Häufig tragen Frauen das gleiche Kleid wie die Ngöbe-Buglé und Männer überwiegend Oberteile aus roher Baumwolle. Viele Bókatá haben sich stark mit den Ngöbe-Buglé vermischt.

Bribrí

Die Bribrí leben im Süden Costa Ricas in den Bergen und den Küstenregionen entlang des **Talamanca Reservats** und in Nord-Panama in den Grenzgebieten zu Costa Rica. Heute leben sie vom Jagen, Sammeln und überwiegend von der Landwirtschaft. Dabei bauen sie für verschiedene Zwecke an: Pflanzen zur medizinischen Verwendung oder zum Einsatz als Baumaterial sowie als Lebensmittel zur Eigenversorgung und zum Verkauf. Untereinander betreiben die Bribrí Tauschhandel.

Emberá und Wounaan

Bei den Emberá und Wounaan handelt es sich um **zwei separate indigene Volksgruppen,** die eine ähnliche Kultur haben, aber sprachliche Unterschiede aufweisen. Vor langer Zeit emigrierten sie in den **Darién** aus der **Region Chocó in Kolumbien,** weswegen sie früher auch unter dem Namen Chocó bekannt waren.

1983 haben sich beide Volksgruppen zusammengetan und ihr eigenes Territorium zugesprochene bekommen: die ***Comarca* Emberá-Wounaan.** Die in zwei Bezirke aufgeteilte *Comarca,* Cémaco im Nordwesten und Sambú im Südosten, hat provinzähnlichen Status. Sie liegt, umschlossen von der Darién Provinz, im Osten Panamas und grenzt auch an die *Comarca* Guna Yala.

Die Emberá und Wounaan bekleiden sich in ihrer traditionellen Lebensweise spärlich und verwenden **dunkelblaue Pflanzenfarbe aus der Jagua Frucht zur Körperbemalung.** Traditionelle Frauen tragen nur einen Rock und ggf. Armbänder und Halsketten. Die jüngeren Emberá und Wounaan tragen aber öfters moderne Kleidung.

Die Emberá und Wounaan sind besonders **begabte Holzschnitzer und Korbflechter.** Ihre Kanus, *Piraguas* genannt, sind sehr fein gebaut und für flache Gewässer geeignet. Sie schnitzen auch kleine Tierfiguren aus Holz und stellen hochqualitative Körbe her. Die traditionell hergestellten Produkte bilden heute eine zusätzliche Einkommensquelle.

Die Stämme leben heutzutage häufig in größeren Gemeinschaften und Dörfern. In ihrer traditionellen Lebensweise wohnten die Familien aber verstreut entlang von Flüssen und lebten dort vom Wald, Jagen und Brandrodung. Zum Jagen verwendeten sie **Blasrohre mit Pfeilen, deren Spitzen mit Gift von Fröschen oder Ameisen benetzt** waren.

Die Bildung von Nationalparks in und an den Lebensräumen der Emberá und Wounaan hat ein Verbot der genannten Aktivitäten mit sich gebracht und ihre Lebensweise stark eingeschränkt. Hinzu kamen illegale Holzfällung und Siedler, die ihre Kultur und Lebensart – auch heute – zusätzlich beeinträchtigten.

Einzelne Stämme sind in den 50er-Jahren aus der Darién Provinz in die Nähe der Kanalzone in den heutigen Chagres Nationalpark emigriert. Im damals von den USA besetzten Gebiet, eröffnete eine **Tropic Survival School.** Dort brachten Wounaan u. a. Astronauten, US-Air-Force Piloten und Regierungsmitgliedern der USA das Überleben im Dschungel bei.

Die Emberá und Wounaan, die in der Nähe der Kanalzone wohnen, leben heute überwiegend von ihrem Kunsthandwerk und vom Tourismus, da ihnen ihre ursprüngliche Lebensweise in einem Nationalpark nicht mehr möglich ist.

Viele der Emberá und Wounaan leben nach wie vor im Dschungel des Darién in der Nähe von Flüssen wie dem Río Sambú. Sie versorgen sich dort größtenteils durch eigene Landwirtschaft und Hühnerzucht sowie Fischfang. Aber ihre Situation ist wegen der bereits genannten Gründe nach wie vor schwierig. Abgelegen von Touristenzentren ist im Darién auch der Tourismus keine verlässliche Einkommensquelle. Wenn Familien ihren Kindern Zugang zu Bildung gewähren wollen, dann müssen sie aus dem Wald in die Nähe der Siedlungen ziehen. Das macht sie abhängig von der Versorgung über Supermärkte und setzt das Geldverdienen voraus.

Guna

Die Guna sind das wohl bekannteste Gesicht Panamas. Die Guna Frauen erkennst du an ihren **luftigen Blusen,** die vorne und hinten am Bauch **bunte *Molas*** (traditionell genähte Stoffstücke) eingenäht haben. Dazu tragen sie einen dunklen **Wickelrock,** meist mit gelben oder grünen Mustern. Perlenarmbänder schmücken ihre Unterarme und -beine und rote Kopftücher den schwarzen Schopf. Sie leben überwiegend in drei *Comarcas.*

Die Guna genießen in der bekanntesten ***Comarca* Guna Yala** (früher San Blas) einen semi-autonomen Status. Die beiden ***Comarcas* Madungandí** (Provinz Panamá) und **Wargandí** (Provinz Darién) haben nur Bezirkscharakter und sind der jeweiligen Provinz, in der sie liegen, unterstellt. Mehr zu den Guna erfährst du ausführlich im Kapitel Guna Yala S. 218.

Naso (Teribe)

Das indigene Volk der Naso lebt in kleinen Gemeinschaften im Nordwesten Panamas in **Bocas del Toro, v.a. entlang des Teribe Flusses.** Früher lebten sie vom **Jagen, Fischen, Holzfällen** und von dem, was der Wald hergab. Heute ist der Öko-Tourismus in Wekso eine zusätzliche Einkommensquelle für ca. 20 Naso-Gemeinschaften. Wekso ist eine ehemalige Militärbasis an der Grenze zum internationalen Park Amistad (S. 77).

Die Naso leben noch heute in einer Monarchie. Als ihr König die Pläne zum Bau eines hydroelektrischen Damms bewilligte, entthronten sie ihn und schickten ihn ins Exil. Der Damm hätte auch das Leben der Naso in ihrem Gebiet beeinflusst.

Die Traditionen und Sprache der Naso sind vom Aussterben bedroht, deswegen stecken sie aktuell viel Mühe in die Erhaltung ihres Wissens und ihrer Bräuche. Ihnen wurde ihre *Comarca* bis heute leider nicht offiziell zugesprochen.

Ngöbe-Buglé

Die Ngöbe-Buglé (oder auch Ngäbe-Bugle, je nach Dialekt, früher Guaymí) leben hauptsächlich in ihrer 1997 geschaffenen *Comarca.* Das große Gebiet grenzt an Bocas del Toro, Veraguas und Chiriquí.

Traditionell gekleidete Frauen der Ngöbe-Buglé erkennst du an ihrem Gewand, **Nahua** genannt, das sie im Alltag tragen. Es ist ein **ausladendes Kleid in heiteren Farben und mit geometrischen Stickereien** am Saum.

Die Ngöbe und die Buglé bilden zwei sprachlich getrennte Gruppen. Zusammen bilden sie die **größte indigene Population Panamas.** Man trifft sie sehr häufig im Westen des Landes.

Sie leben vom Fischfang, der Tierzucht, der Landwirtschaft und vom Kunsthandel. Bekannt sind ihre bunten Ketten, **Chaquira** genannt. Früher wurden diese aus Kies, Knochen, Samen und Muscheln gefertigt und eingefärbt. Heute sind sie bunt, da nun industrielle Kunstperlen in allen möglichen Farben und Formen verfügbar sind. Ebenso bekannt ist ihre köstliche Schokolade aus Bocas del Toro. Auf den Plantagen bieten sie auch Kakaotouren an (S. 64).

Emberá Quera Dorf am Río Gatún
Gracias ©visitpanama.com

Panamas Geschichte

- **Präkolumbische Zeit:** Panama wird seit geschätzten 10 000 Jahren bewohnt. Indigene Völker lebten überwiegend vom Sammeln und Jagen.
  Die ersten Dörfer, die Töpferei ausübten, befanden sich in Panama.
- **1501: Entdeckung** durch den spanischen Konquistador **Rodrigo de Bastidas.**
- **1502: Christopher Columbus landet** im heutigen Costa Rica und Panama. Eine Kolonialisierung misslingt.
- **1506:** Nach Columbus Tod wird Diego de Nicuesa ernannt, das neue Gebiet im heutigen Panama zu kolonialisieren.
- **1513: Vasco Núñez de Balboa überkreuzt den Isthmus** und wirft als erster Europäer einen Blick auf den Pazifischen Ozean.
- **1519: Pedro Arias de Ávila gründet die Stadt Panamá,** die zum Drehkreuz des Handels und Basis für weitere Expeditionen wird.
- **Ab 1519:** Das in Südamerika erbeutete Gold und andere Reichtümer werden nach Panama Stadt gebracht und auf dem Camino de Las Cruces (S. 196) über den Isthmus auf die Karibikseite transportiert, von wo aus es nach Spanien verschifft wird.
- **1573: Der karibische Hafen Nombre de Dios wird vom Freibeuter Sir Francis Drake zerstört.** Neuer Ausgangshafen des Goldtransports Richtung Europa wird das in einer Bucht gelegene und mit Wehranlagen versehene Portobelo.
- **1671: Der Freibeuter Sir Henry Morgan zerstört Panama Stadt.** Es wird weiter westlich auf einer Halbinsel wiederaufgebaut und befestigt.
- **1739: Admiral Edward Vernon zerstört die Festung von Portobelo. Spanien gibt die Handelsroute über den Isthmus auf** und segelt nur noch um das südamerikanische Kap Hoorn.
- **1821:** Spanien verliert alle kolonialen Gebiete. Panama wird unabhängig und tritt Großkolumbien (heutiges Kolumbien, Bolivien, Ecuador, Peru und Venezuela) bei. Panama bleibt kolumbianische Provinz nachdem Großkolumbien zerfällt.
- **1855:** Die **transkontinentale Eisenbahnlinie** von Panama Stadt (Pazifik) bis Colón (Atlantik) wird eröffnet. Beim Bau sterben über 10 000 Arbeiter an Malaria und Gelbfieber.

- **1878:** Großkolumbien unterschreibt einen **Vertrag mit Frankreich,** der dem Land den Bau eines Kanals über den Isthmus erlaubt. Der Bau startet 1881 und wird 1889 aufgrund finanzieller und baulicher Probleme abgebrochen.
- **03.11.1903:** Panama erklärt seine Unabhängigkeit von Großkolumbien.
- **18.11.1903:** Unterzeichnung des Hay-Bunau-Varilla-Vertrags, der den **USA** die **Erlaubnis zum Bau des Panamakanals** erteilt und **Hoheitsrecht in der Kanalzone** gewährt.
- **1914: Eröffnung des Panamakanals.**
- **1964:** Eine jahrelange angespannte Lage zwischen den USA und Panama führt zu einem Protest, bei dem mehrere Panamaer getötet und über 500 verletzt werden.
- **1968:** Das **Militär stürzt die Regierung,** der gewählte Präsident wird abgesetzt und der General Omar Torrijos übernimmt die Führung.
- **1977:** Unterschrift der **Torrijos-Carter-Verträge** mit den USA, die u. a. die Übergabe der Kanalzone von den USA an Panama und den Rückzug des US-Militärs bis zum 31.12.1999 regeln.
- **1981: Torrijos stirbt bei einem Flugzeugabsturz.**
- **1983: Colonel Manuel Noriega ergreift die inoffizielle Führung Panamas.** Er stärkt das Militär und bildet eine paramilitärische Truppe, die die Opposition unterdrückt. Noriega soll in den Drogenschmuggel mit dem kolumbianischen Kartell, Ermordungen Oppositioneller und Wahlmanipulationen verwickelt sein.
- **1989: Noriega wird Präsident und erklärt den USA den Krieg.** Als ein US-Marineoffizier in zivil von Soldaten getötet wird, antworten die USA mit einem Luftangriff, Panzern und Truppen in Panama Stadt. Tausende Tote, Obdachlose und die Auslieferung Noriegas an die USA sind das Ergebnis. Noriega wird wegen Verschwörung und Drogenhandel in Miami verklagt und eingesperrt.
- **31.12.1999:** Übergabe des Panamakanals und der Kanalzone an Panama und Abzug der militärischen Truppen der USA.
- **2016:** Eröffnung der Erweiterung des Panamakanals, die jetzt eine Passage größerer Schiffe ermöglicht.

9°20'23.9"N 82°14'26.2"W

Bocas del Toro

Costa Rica
Sixaola
Guabito
Changuinola
Humedal San San Pond Sak
Isla Colón
Bocas Town
Isla de Bastimentos
Parque Internacional La Amistad
Soposo
Almirante
Isla Solarte
Parque Nacional Marino Isla Bastimentos
Isla San Cristóbal
Bocas del Toro
Isla Popa
Isla Cayo de Agua
Isla Escudo de Veraguas
Chiriquí Grande
20 km
Chiriquí
Comarca Ngöbe-Buglé
© OpenStreetMap

B 15062
B 15063

Bocas del Toro

Was macht Bocas del Toro besonders?

Wenn Panama nach Bananen riecht, wie der kleine Bär im Janosch Roman »Oh wie schön ist Panama« glaubt, dann hier. Bocas del Toro ist die Heimat von Bananenarbeitern und riesiger Bananenplantagen. Davon zeugen die Großlaster des Chiquita Konzerns, die – wie eine Blattschneiderameisenkolonie – die einzige Hauptstraße der Gegend entlangziehen.

Bocas del Toro ist auch die Heimat des panamaischen Bio-Kakaos, einer **Seekuhkolonie** und die **Geburtsstätte von Meeresschildkröten.**

Aber Bocas del Toro ist vor allem die Heimat der im Dschungel lebenden Naso-Indianer und der indigenen Ngöbe-Buglé, denen 1997 mehr als die Hälfte des damaligen Bocas Gebiets zugesprochen wurde. (Mehr Infos zu den indigenen Völkern Panamas: S. 46).

Nicht verpassen in Bocas del Toro

- Entdecke wilde Strände auf der Insel **Bastimentos** und fühle dich wie Robinson Crusoe auf **Zapatilla.**
- Koste den köstlichen Bio-Kakao der indigenen Ngöbe-Buglé und lerne in einer **Kakao-Tour** alles über Anbau und Herstellung.
- Beobachte die **Seekühe von San San Pond Sak** und erlebe wie **Meeresschildkröten** Eier ablegen oder schlüpfen.
- Gehe **surfen, schnorcheln oder tauchen** im warmen karibischen Meer.
- Übernachte in einer der erschwinglichen **Unterkünfte mit besonderem Flair:** Genieße in einer Bucht den Blick auf den Sonnenuntergang und Delfine, werde in einer Dschungelhütte von Vögeln geweckt, zelte schick gleich neben einem wilden Strand oder springe direkt vom Steg ins klare Meer.
- Radele mit dem Fahrrad die **rau-wilde Playa Bluff** entlang

Archipiélago de Bocas del Toro: Spüre den karibischen Vibe

Karibische Rhythmen dringen aus Stelzenhütten. Freundliche Menschen grüßen auf der Straße: *»¡Buenas!«*. Frischer Fisch mit scharfer Sauce wartet im Restaurant und die Unterwasserwelt bezaubert mit einer bunten Vielfalt. Während auf der einen Seite der Inseln kräftige Wellen gegen einsame palmengesäumte Strände brechen, wartet auf der anderen Inselseite klares ruhiges Wasser darauf, dich abzukühlen.

Überblick über die Inseln

Jede Insel fühlt sich wie ein Stadtteil des gesamten Archipels an. Die Inseln sind nach der Entfernung von der Hauptinsel Colón geordnet.

Bocas Town und Isla Carenero

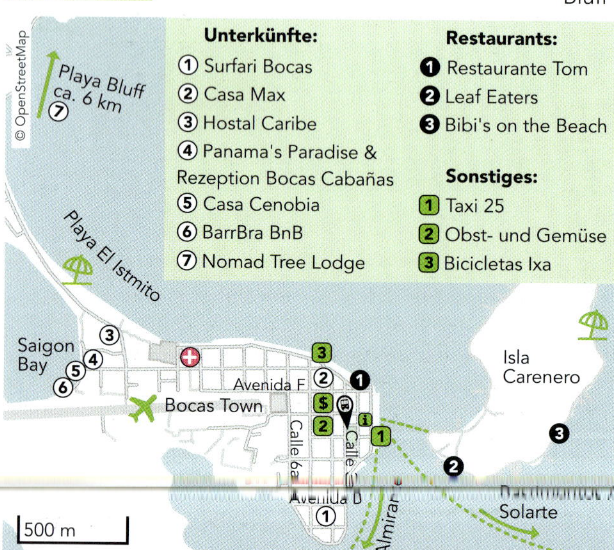

Isla Colón

Die Isla Colón ist die Hauptinsel des Archipels und **Bocas Town** die **Hauptstadt der Provinz Bocas del Toro**. In Bocas Town kommen die **Taxiboote von Almirante** (Festland) an. Hier starten auch die Touren und Taxiboote zu den anderen Inseln. Es gibt zahlreiche Supermärkte, Shops, eine Bank, Tauchschulen, Tourenanbieter, eine Feuerwehr, ein (einfaches) Krankenhaus, Sprachschulen, eine Post etc. Hier bist du mitten im quirligen Alltag.

Bocas Town hat keinen Strand. Das Baden ist zwar bei den direkt am Wasser liegenden Unterkünften möglich, aber aufgrund des lebhaften Bootsverkehrs keine schöne Angelegenheit. Bocas Town bietet sich vor allem als Basis für die Erkundung Colóns und der weiteren Inseln an. Es ist **der touristischste Ort von Bocas del Toro.** Trotzdem hat Bocas Town noch einen karibischen Charme. Wer aber auf Colón bleiben möchte, dabei die Natur vor der Tür erwartet oder auf der Suche nach etwas Ruhe ist, sollte nicht in Bocas Town übernachten. Dafür eignen sich die ruhigeren Unterkünfte etwas außerhalb wesentlich besser: entweder in der Gegend des Paki Point / Bluff Strands (abgeschieden, nah am Strand) bzw. an der Boca del Drago oder in der Saigon Bay (im Westen, noch städtisch aber ruhig). Die Saigon Bay bietet vor allem Budget Reisenden schöne Auswahlmöglichkeiten, ist dabei nah genug an Einkaufsgelegenheiten, dem vorbeifahrenden Bus, den Taxibooten und dem Geschehen. Wenn man eine Unterkunft in der **Saigon Bay** direkt am Meer auswählt, sieht man in der Saison nicht selten **Delfine,** und **Stachelrochen** lassen sich im klaren Wasser ebenso erblicken.

Isla Carenero
Die direkt der Insel Colón vorgelagerte Insel Carenero bietet eine gute Alternative für Ruhesuchende. Sandfliegen können auf Carenero aber besonders lästig sein. Einheimische wohnen in einer Siedlung im Westen. In der Nähe findest du auch einige Unterkünfte. Weitere Übernachtungsmöglichkeiten und wenig frequentierte Strände befinden sich auf der Ostseite der kleinen Insel. Von Carenero bist du schnell und günstig in Bocas Town.

Isla Bastimentos
Außer dem **Dorf Old Bank** im Westen, der Ansiedlung Salt Creek im Osten und verstreuten Unterkünften hier und da ist Bastimentos fast Natur pur. Ein Teil der Insel gehört zum **Parque Nacional Marino Isla Bastimentos.** In Old Bank, der zweitgrößten Siedlung der Gegend, findest du nicht nur die günstigsten Unterkünfte im Archipel, sondern auch den authentischen Einblick in das karibische Leben der Einheimischen. Allerdings ist die Gegend um Old Bank nicht die beste, um allein abends durch die Straßen zu spazieren. Manche Reisenden fühlen sich deshalb hier nicht wohl. Wer Colón erreichen will, muss jedesmal 3 $ fürs Wassertaxi einkalkulieren.

Abgeschiedenheit und Naturnähe findest du am Rande Old Banks oder in den abseits von Old Bank gelegenen Unterkünften auf Bastimentos, wie z. B. an der Playa Red Frog – ein Strand mit Wellen, die auch für Surf-Anfänger geeignet sind. An den Stränden bist du jedoch vor allem auf die Versorgung durch Unterkünfte angewiesen. Die Taxifahrt mit dem Boot ist hierher teurer (5 $). Die meisten Unterkünfte haben keine Gemeinschaftsküchen.

Isla Solarte
Vor Solarte befinden sich die schönsten Schnorchel-Spots des Archipels. Meist kannst du schon direkt von den Bootsanlegern der Unterkünfte schnorcheln und außer den bunten Fischen auch die leuchtenden Seesterne bewundern. Die isolierten Unterkünfte werden von Ruhesuchenden und Naturliebhabern sehr geschätzt, setzen aber meist ein gehobenes Budget voraus. Wer hier übernachtet, ist zudem auf die Verpflegung in den Unterkünften angewiesen (keine Gemeinschaftsküchen) und muss bei Ausflügen und notwendigen Erledigungen die Gebühren für das Wassertaxi nach Colón einkalkulieren.

Isla San Cristobal
Isla San Cristobal liegt südlich unweit des Festlands. Hier kommen diejenigen her, die von einem paradiesisch einsamen Bocas träumen. Außer vereinzelten Behausungen hier und da, finden sich auf San Cristobal nur wenige Unterkünfte und Restaurants: keine Stadt, keine Strände, dafür aber Mangroven und kristallklares Meerwasser direkt vor der Tür. Wer hierher kommt, ist entweder auf die Versorgung durch die Unterkünfte angewiesen oder kann sich vorher in Almirante (Festland) mit Lebensmitteln zum Selberkochen eindecken. Eine reguläre Verbindung auf die Isla Colón gibt es nicht.

Sehenswürdigkeiten

Isla Colón
Playa El Istmito
Bocas Town hat keinen Strand. Der am nächsten an Bocas Town gelegene Strand ist die Playa El Istmito. Mit einer Straße im Hintergrund ist der Strand nicht besonders malerisch.

Verhalten bei Brandungsrückströmen (rip tides / rip currents)

Was sind *rip tides*?
Das Meerwasser trifft mit einer gleichmäßigen Brandung auf die Küste. Durch Hindernisse am Meeresgrund (z. B. Sandbänke, Felsformationen) kann das Wasser jedoch nicht ungehindert zurück ins Meer fließen. Das führt dazu, dass die Wassermassen an Stellen ohne Hindernisse verstärkt ins offene Meer zurückströmen. An diesen Stellen entsteht eine starke Rückströmung des Wassers, die unachtsame Badende weit hinaus ins Meer ziehen und in tödliche Gefahr bringen kann.

Wie soll man sich in einem Brandungsrückstrom verhalten?

Solltest du je von einem Rückstrom aufs offene Meer hinausgezogen werden, so **schwimme niemals gegen den Strom an!** Selbst als Hochleistungsschwimmer wäre das Einzige, was du damit bewirkst, der völlige Kräfteverlust. Dieses Verhalten ist die häufigste Ursache für Todesfälle bei *rip tides*. Denn der Strom zieht dich immer nur hinaus, nie unter Wasser. Solltest du in einer Strömung gefangen sein, mache Folgendes:

- Schwimme parallel zur Küste **(nie Richtung Land!)**, um der Strömung zu entkommen.
- Erst, wenn du spürbar der Strömung entkommen bist, schwimmst du Richtung Küste. Am besten im 45 ° Winkel, um nicht versehentlich wieder in den Strom zu gelangen. Sollte das nicht möglich sein, bewahre Ruhe und mach dich bemerkbar: Winke und rufe nach Hilfe!
- Versuche, dich möglichst kräfteschonend an der Wasseroberfläche treiben zu lassen.

An Stränden, wie der Playa Bluff, findest du Warn- und Hinweisschilder zu Brandungsrückströmen und dem richtigen Verhalten. Sei jedoch überall im Archipel umsichtig.

Die wilde Playa Bluff mit ihrer unbändigen Brandung

Playa Paunch

An der östlichen Küste der Isla Colón findest du den Surfstrand Playa Paunch mit einigen Lokalen in näherer Umgebung. Mit fantastischen Surf-Bedingungen lockt der Strand viele Surfer an. Dementsprechend ist der Strand nichts für Badenixen. Bist du kein Surfer, schau dir trotzdem diese Ecke Colóns an, um das Treiben der Surfer zu bewundern oder den nachfolgenden Bluff Strand zu besuchen.

Playa Bluff

Die 7 km lange Playa Bluff ist wohl der Strand mit der **stärksten Brandung** des Archipels. Siehst du die Wucht und ungebändigte Kraft der Wellen, gehst du nicht freiwillig ins Wasser. Das solltest du auch möglichst lassen, denn die Brandungsrückströme (rip tides / rip currents) sind hier besonders heftig (mehr dazu siehe Box S. 56).

In dieser Gegend ist die Auswahl an Unterkünften und die Anzahl der Touristen gering. Dafür eröffnet sich vor dir eine unglaubliche Naturkulisse: der Zauber des unberührten karibischen Strandes mit gelbem Sand und palmengesäumtem Hintergrund. Für ein wahres tropisches Feeling leihe dir am besten ein **Fahrrad** und **radle** den sandigen **parallel zum Strand verlaufenden Pfad entlang.** An zahlreichen Stellen findest du Abzweigungen zu dem zauberhaften Strand. Aber Achtung: Nach dem Regen sammelt sich Regenwasser in den Unebenheiten des Pfads, teils über die gesamte Wegbreite. Zwar sind die Pfützen mit dem Fahrrad gut passierbar, aber du solltest dich auf eine schmutzige Angelegenheit einstellen. Bedenke auch, dass die Fahrt bis zur Playa Bluff recht hügelig ist und du in der prallen Sonne strampeln musst.

Anfahrt: mit dem Taxi kostet die Fahrt bis zu 25 $ hin und zurück. Alternativ für 3 $ von Bocas Town bis Skully's, wo du dir Fahrräder und Quads leihen kannst. Ein **Direktbus** fährt einige Male täglich die Route parallel zur Playa Paunch entlang (6 $ hin und retour), und der **Boca del Drago Bus** kann dich an der **Abzweigung zur Playa Paunch absetzen**. Von hier sind es noch ca. 2 km bis zu Skully's (Fahrradverleih) oder ca. 5 km zu Fuß bis zum ersten Abschnitt der Playa Bluff. Alternativ direkt mit dem Fahrrad ab Bocas Town, siehe unsere Empfehlungen zum Fahrradverleih auf S. 61.

Von **März bis September** gibt es ein beeindruckendes Naturschauspiel an der Playa Bluff: dort legen nachts **Meeresschildkröten** ihre Eier ab. Siehe auch Abschnitt Meeresschildkröten in Bocas del Toro (S. 66). Schaue dir hier unseren Fahrradausflug zur Playa Bluff an: **https://www.youtube.com/watch?v=Jt4ByfAMTzM**.

Smithsonian Tropical Research Institute

Wer mehr über die wissenschaftliche Arbeit an tropischen Ökosystemen erfahren möchte, sollte das Smithsonian Institut besuchen. **Anfahrt:** Das Institut liegt am Ende der Playa El Istmito auf der gegenüberliegenden Seite. Der Bus nach Boca del Drago fährt direkt am Smithsonian vorbei. Do–Fr 15:00–17:00 https://stri.si.edu/visit/bocas-del-toro

La Gruta

Wer noch nie eine Fledermaushöhle aufgesucht hat, der kann die übersichtliche La Gruta besuchen. Die kleine Höhle ist ein Sanktuarium für die Einheimischen. **Anfahrt:** Sie liegt auf halbem Weg nach Boca del Drago. Fahre mit dem Boca del Drago Bus bis nach Colonia Santena. Dort folgst du dem Pfad bis zum Eingang der Höhle (markiert durch eine kleine Kapelle und eine Statue der Jungfrau Maria). **Eintritt:** 2 $.

Auf dem Pfad zur Playa Estrella

Die Seesterne der Playa Estrella

Einst wurde der Meeresboden vor der Playa Estrella von unzähligen orangefarbenen Seesternen geschmückt. Die Seesterne gibt es noch, aber ihre Anzahl ist stark gesunken. Die grellen Meeresbewohner wurden in der Vergangenheit regelmäßig durch die zahlreichen Strandbesucher zum Fotografieren aus dem Wasser gehoben. Diese kleine, scheinbar harmlose Aktion wurde den Seesternen zum Verhängnis. Die in dieser kurzen Zeit aufgenommene Luft bringt den Seestern um. Die Seesterne sollten deshalb sich selbst überlassen und niemals aus dem Wasser gehoben werden. Solltest du jedoch jemanden dabei beobachten, auch in anderen Weltregionen, so mache ihn unbedingt darauf aufmerksam und beachte Folgendes: Lege den Stern verkehrt herum wieder zurück auf den Meeresboden. So kann die aufgenommene Luft aus seinem Körper entweichen, und er hat vielleicht noch eine Überlebenschance. Der Stern schafft es, sich später von allein umzudrehen. Heute warnen Schilder vor dem Herausnehmen der Seesterne aus dem Wasser.

Schild an der Playa Estrella

Playa Estrella

Der **Seesternestrand** an der Boca del Drago ist nach den orangefarbenen Meeresbewohnern benannt, die man hier früher zahlreich direkt vom Strand aus bestaunen konnte (*Estrella* = Stern). Leider sind diese heute nur noch selten direkt vom Strand aus sichtbar. Schwimmst du wenige Meter hinaus, kannst du sie unter dir leuchtend bestaunen (du kannst sie auch vor der Insel Solarte bewundern).

Die Playa Estrella gehört nicht zu den schönsten Stränden von Bocas. Aber die einheimischen Familien, die hier vor allem am Wochenende zahlreich erscheinen, die karibische Musik und die vielen Hütten mit gutem Essen sorgen für den besonderen Charme dieser Ecke. Das Meer ist sehr ruhig und perfekt zum Baden geeignet. Palmen spenden Schatten. **Anfahrt:** Lokalen Minibus mit Aufschrift »Boca del Drago« nehmen (2,50 $ / 40 Min). Von Boca del Drago kannst du mit dem Wassertaxi zur Playa Estrella fahren (1 $). Wir empfehlen den ca. 1 km langen Pfad (das Meer auf der rechten Seite) zu gehen und nach Tieren Ausschau zu halten. Mit dem Fahrrad nach Boca del Drago zu radeln, mag verlockend klingen. Die meisten Fahrräder haben jedoch keine Gangschaltung und sind in schlechtem Zustand. So verwandelt sich ein sportliches Vergnügen schnell in ein Schiebeabenteuer.

Isla Carenero

Playa Carenero und weitere Strände

Aufgrund der Buchtlage und des Riffs eignet sich die im Südwesten gelegene Playa Carenero sehr gut zum **Schwimmen.** Hier verbringen Familien ihre Sonntagnachmittage. Es ist jedoch weniger los als an der Playa Estrella auf Colón, die auch ein beliebtes Ausflugsziel für Familien ist. Es gibt keine Restaurants direkt am Strand. Nur Palmen säumen den Hintergrund. Draußen auf dem Meer

Familien am Strand der Isla Carenero

brechen **einige gute surfbare Wellen.**

Gehst du weiter Richtung **Norden, wird die Besucherdichte noch geringer.** Das Wasser vor den nachfolgenden Stränden eignet sich hervorragend zum **Surfen für Fortgeschrittene.** The Point ist ein Surfer-Hotspot mit Weltklasse-Wellen an guten Tagen. Siehe Aktivitäten (S. 62). **Anfahrt:** Mit dem Taxiboot zum Anleger ins Wohngebiet auf der Westseite (Aqua Lounge Hostel): 1 $. Von hier sind es ca. 20 Min. zu Fuß (Meer auf der rechten Seite) zum ersten Strandabschnitt. Für 2 $ fährt das Taxiboot von Bocas Town direkt zur Playa Carenero.

Isla Bastimentos

Playa Wizard

Dieser dschungelgesäumte Strand ist von Old Bank über einen Dschungelpfad zu erreichen. Bringe festes Schuhwerk mit. Nach Regen kann es sehr matschig werden. Einheimische raten Touristen von einer Begehung dieses Weges (vor allem allein) ab. Die Polizei ist hier nicht gegenwärtig und es kam schon zu Überfällen. Gehe nicht allein und nimm keine Wertsachen mit.

Kaimane und Faultiere

Unabhängig von organisierten Touren lassen sich bei Spaziergängen auf den Inseln einige Wildtiere beobachten. Die Wahrscheinlichkeit, Faultiere in freier Wildbahn zu erleben, ist besonders hoch auf der wilden Insel Bastimentos. Schaue dich gleich bei der Anlegestelle des Wassertaxis in den Mangrovenbäumen nach ihnen um. Auf dem Weg zur Playa Red Frog (5 $ Weggebühr) kommst du an einem Tümpel vorbei. Dieser beheimatet Kaimane, die zwar schwer, aber mit einer Portion Glück doch zu erspähen sind. Suche nach kleinen Augen in der Nähe der Schwimmpflanzen.

Playa Red Frog

Der palmengesäumte lange gelbsandige Strand ist nach den roten hier lebenden Erdbeerfröschchen *(Oophaga pumilio)* benannt. Die Fröschchen bekommt man jedoch sehr schwer zu Gesicht.

An diesem Strand gibt es nur zwei Unterkünfte und das Punta Lava Café am östlichen Ende. **Weg:** Vom Anlegesteg sind es ca. 15 Min auf einem Pfad (5 $ Weggebühr). Alternativ ist der Strand über einen Dschungelpfad und die Playa Wizard von Old Bank aus zu erreichen. Hier passierten jedoch Überfälle. Gehe daher nicht allein und nimm keine Wertsachen mit.

Playa Tortuga (Turtle Beach)

Durch eine Felsküste (mit kleinem Aussichtspunkt) von der Playa Red Frog getrennt, wartet dieser palmengesäumte Strand, an dem auch das Beach Island Resort liegt.

Kaiman in einem Tümpel auf Bastimentos

Faultier auf Bastimentos

Playa Polo (North Beach)

Dieser schmale, aber unberührte Strandabschnitt lässt karibische Träume wahr werden. An ruhigen Tagen ist das Wasser auch zum Schwimmen und Schnorcheln geeignet. Von der Playa Red Frog führt ein nicht ausgeschilderter Pfad hierher durch den Wald (Trittfestigkeit notwendig). Alternativ kannst du bei Ebbe direkt von der Playa Tortuga den Strand entlanggehen.

Gold Beach

Ein weiterer Tropentraum mit einer kleinen Holzhütten-Ansiedelung.

Playa Larga

Der längste Strand Bastimentos liegt bereits im Gebiet des **Parque Nacional Marino Isla Bastimentos.** Er ist auch ein **Nistplatz für Meeresschildkröten.**

Nivida und Bat's Mouth Höhle

Nur mit einem Guide begehbar. Siehe unter Touren S. 64

Cayos Zapatilla

Das Gefühl, auf diesen wunderbaren, von einem Korallenriff umgebenen Eilanden ein Gestrandeter zu sein, wäre perfekt, wenn da nicht die anderen Besucher wären. Die meisten verbleiben jedoch unweit der Bootsanlegestelle, so dass du dich mit einem ausgedehnten Spaziergang fast in Einsamkeit wähnen kannst. Die Cayos Zapatilla liegen im **Parque Nacional Marino Isla Bastimentos.** Außer den Nationalparkgebäuden (inkl. Toiletten) findest du vor Ort keine weitere Infrastruktur. Hier kann auch gezeltet werden (vorher Genehmigung beim Ministerio de Ambiente in Bocas Town einholen).

Auf dem Programm steht Schnorcheln und Genießen des Strandpanoramas. Aktive können den Bromelienwald erkunden, durch den sich ein Pfad einmal quer durch die Insel zieht, oder die Insel umrunden. **Anfahrt:** Im Rahmen einer Tour wird die 34 ha kleine Zapatilla 2 angesteuert (2 h Aufenthalt). Mit einem gecharterten Boot kannst du deine Zeit individueller gestalten und ebenso die kleinere (14 ha große) Zapatilla 1 erkunden, bzw. ausgiebiger den Charme von Zapatilla 2 genießen.

Boote vor Zapatilla 2

Chris auf dem Weg durch den

Isla Pájaro

Beindruckend bizarr ragen die torförmigen Felsen aus dem Wasser. Ein Anblick, den man nicht schnell vergisst. Doch es sind die Vögel, die die Besucher herlocken. Das felsige kleine Eiland nördlich von Colón ist die Heimat diverser seltener Vogelarten. Beobachtet werden diese vom Boot aus. Die Insel besuchst du am besten im Rahmen einer Tour, z. B. einer Kombi-Bootstour von Hello Travel Panama https://hellotravelpanama.com/.

Aktivitäten

Bocas Ebikes (Colón)

info@bocasebikes.com 6697–7771 https://www.bocasebikes.com/

Fahrräder (Colón)

Fahrräder werden von vielen Unterkünften und kleinen Verleihen verliehen. Wir empfehlen Bicicletas IXA in Bocas Town in der Avenida H. bicicletasixa@gmail.com 757–9585 / 6747–208 (WhatsApp) oder Flying Pirates an der Playa Paunch flyingpirates@yahoo.com 6689–5050 http://flyingpiratesbocas.com/. Beides sind reine Verleihe mit eigener Werkstatt, deshalb ist der Zustand der Fahrräder meist besser als anderswo.

Hochseilgarten und Canopy (Bastimentos)

Bei der Sky Zipline Canopy Tour ist alles dabei: Abseilen, Tarzanswing und Zipline. Die Abholung ab Colón ist inklusive und die Tour dauert 2–3 Stunden (55 $). Buchbar z. B. über die Sprachschule Habla Ya. https://www.hablayapanama.com/de/ecotourism/bocas-del-toro/zipline/

Kajak / Kanu Verleih

In Unterkünften, die direkt am Meer und in ruhigeren Zonen liegen, können manchmal Kajaks ausgeliehen werden (z. B. Bambuda Lodge). BarrBra B & B bietet seinen Gästen kostenlos zwei *Cayucos* (traditionelle Langboote) an. Wer in der Saygon Bay paddeln will, jedoch nicht im BarrBra wohnt, kann dort trotzdem bezüglich des Verleihs anfragen (Gäste gehen vor). Touren mit dem Kajak bietet z. B. Hello Travel Panama an. https://hellotravelpanama.com/

Quad (Colón)

Quads können bei den Flying Pirates (bei Skully's) an der Playa Paunch geliehen werden. Am Ende des Pfades, der parallel zur Playa Bluff verläuft, startet ein **Offroad Quad Trail.** Wer hier entlangfahren möchte, kann sich bei Skully's einen Zugangspass für 25 $ kaufen. Skully's bietet auch geführte Quad-Touren an und hat einen Fahrradverleih. flyingpirates@yahoo.com 6689–5050 Flying piratesbocas.com

Schnorcheln

Schnorchel-Equipment kannst du bei Tauschschulen ausleihen (Maske & Finnen je 2,50 $). **Gute Schnorchel-Spots befinden sich z. B. vor Solarte.** Du kannst direkt vor den Stegen des Blue Coconut Restaurants schnorcheln. Auch ohne etwas zu konsumieren, erlauben die Besitzer den Aufenthalt auf den Stegen. Freitags ist dies aufgrund des Filthy Friday (S. 70) jedoch keine gute Idee. Bei einigen Bootstouren ist das Schnorcheln vor Solarte inklusive. Alternativ kannst du mit einem gecharterten Boot zu interessanten Stellen gelangen.

Spanisch lernen

Habla Ya: Spanisch lernen und mehr. An der Pinnwand werden tägliche Aktivitäten wie Yoga und Ausflüge angeboten. Preise, Datum und Uhrzeit sind angeschrieben. Bei Interesse eintragen. info@hablayapanama.com 7308344 (aus Panama) / 069 25472686 (aus Deutschland) https://www.hablayapanama.com/de/

Surfen

Die Surfsaison dauert von **Dez. bis Mrz. / Apr.** (Hauptsaison) und von Jun. bis Aug. Die Wellengarantie ist in den

Ein Junge auf Isla Carenero bei seinen ersten Boogie Board Versuchen

Sommermonaten jedoch nicht so gegeben wie in der Hauptsaison. Dafür ist der Line-Up dann nicht so voll. Der Swell auf Bocas ist relativ konstant, und du findest sowohl Beach als auch Reef Breaks. Bocas del Toro ist geeignet sowohl für Erfahrene als auch für Anfänger. Surfunterricht ab 50 $ pro Person und Tag. Brettverleih 15 $ / halber Tag.

Isla Colón:

- Playa El Istmito (Waikiki) & Tiger Tail: Beach Breaks, Einsteiger
- Playa Paunch: Reef Break, Fortgeschrittene
- Playa Bluff: Beach Break, Profis

Isla Carenero:

- Old Man's: Reef Break (genügend Wasser über dem Riff), Einsteiger
- Black Rock: Point Break, Einsteiger – Fortgeschrittene
- The Point: Point Break, Fortgeschrittene

Isla Bastimentos:

- Playa Wizard, Playa Red Frog, Playa Larga: Beach Breaks, Einsteiger

Einige Spots sind nur mit dem Boot zu erreichen. Detaillierte Infos zu den Spots sowie zum Bootstransport bzw. Surfshuttles erhältst du in den Surfschulen. Z. B. Mono Loco Surf School 💻 http://monolocosurfschool.com/ oder Escuela Del Mar 💻 http://www.surfschoolpanama.com/.

Tauchen

In Bocas zu tauchen bedeutet sich in eine bunte Unterwasserwelt zu begeben. Auch wenn die Tauchspots vor Bocas mit den beliebten karibischen Orten wohl nicht ganz mithalten können, kannst du hier farbenprächtige Weich- und Hartkorallen und schillernde Fische bewundern sowie Schildkröten, Haien, Rochen, Hummern, Muränen, Seepferdchen und mehr begegnen.

Die **Sichtweite ist am besten von Feb. bis Apr. und im Sep. / Okt.** Die Bedingungen sind jedoch meist ganzjährig gut und die Preise, vor allem für Kurse, moderat. La Buga Dive & Surf hat ein großes Boot, um auch zu weiter entfernten Tauchgebieten zu gelangen, und bietet darüber hinaus Dive & Surf Angebote an.

Tauchschulen findest du überwiegend in Bocas Town (Isla Colón) an der östlichen Wasserfront (Calle 1ra, 3a und G Nte): La Buga Panama 💻 http://www.labugapanama.com/; Bocas Diving Pirates 💻 https://bocasdivingpirates.com/; Bocas Dive Center 💻 https://bocasdivecenter.com/.

Old Bank (Isla Bastimentos): Scuba Eco Diving 💻 https://www.scuba6ecodiving.com/.

Unterwasser-»Flug«

Gezogen durch ein Boot unter Wasser an Fischen vorbeigleiten? Die Schönheit des Meeres kombiniert mit Spaß erleben: Das bietet das **Sking Diving / Anfibia Board.** Machbar auch in Kombination mit anderen Sehenswürdigkeiten im Rahmen einer Bootstour. Buchbar über Hello Travel Panama oder Total Adventures Bocas. 💻 https://hellotravelpanama.com/ 💻 http://www.bocasdeltoroadventures.com/

Touren

Biolumineszenz-Tour

Biolumineszenz ist ein durch Mikroorganismen verursachtes Leuchten. Bei dieser Bootstour wirst du zu Orten gebracht, an welchen du die Biolumineszenz besonders gut erleben kannst. Mit

Feuerfische im Atlantik: Die wahrscheinlich größte umweltzerstörende marine Fischinvasion

Pterois volitans und *Pterois miles.* Das sind zwei Spezies des giftigen, vor allem aus dem indo-pazifischen Raum bekannten Feuerfisches (auch Löwenfisch). Der braun-weiße Fisch mit den fächerförmigen Flossen kommt auch im Roten Meer vor. Im karibischen Bocas del Toro Archipel ist der Feuerfisch ein Invasor und eine große Plage. Leider nicht nur hier.

Vermutlich mit einem Schiff eingeschleppt oder aus einem Aquarium ausgesetzt, ist der Feuerfisch heutzutage eine der größten Bedrohungen für die Biodiversität im westlichen Mittelatlantik. Die erste Sichtung im Atlantik fand Mitte der 80er Jahre in Florida statt. Bis zum Jahr 2000 hatte sich seine Zahl bereits drastisch erhöht, und er breitete sich in der Folge in den Bahamas (2004) aus. 2007 wurde er bereits vor der Küste Kubas und vor den Turks- sowie den Caicosinseln gesichtet. 2008 erreichten die Fische schon die Kaimaninseln, Jamaika, die Dominikanische Republik, Belize und Barbados. Der Karibische- und Yucatanstrom verhalfen den Feuerfischlarven dabei, sich im Golf von Mexiko, sowie weiter südlich Richtung Venezuela, zu verbreiten. 2009 wurde die erste Sichtung in Bocas del Toro dokumentiert.

Der Feuerfisch hat im atlantischen Raum keine natürlichen Feinde und ist aufgrund seiner giftigen Stacheln auch wenig verlockend. Kleine Fische sind für ihn eine besonders leichte Beute. Sie erkennen den Feuerfisch aufgrund seiner Fremdartigkeit selten als Raubfisch. Er vermehrt sich ungehindert und frisst Rifffische und Laich in Massen, so dass die Artenvielfalt in den Riffen stark bedroht ist.

Feuerfische sind auch für uns Menschen giftig (aber nicht tödlich). Allerdings ist ihr Fleisch nach Entfernen der giftigen Stacheln essbar und köstlich. Eine passende Möglichkeit, guten Gewissens Fisch zu essen.

In den Problemzonen versucht man durch gezielte Maßnahmen, wie z. B. die Jagdverpflichtung der Tauchschulen, Jagdkurse für Taucher, Aufklärung der Fischer und Restaurants die Feuerfischpopulation einzudämmen und die Invasion zu unterbinden. Mit ihrer Lage außerhalb des karibischen Stroms sind die Riffe Panamas und Costa Ricas im Vergleich zu anderen Riffen noch relativ verschont geblieben.

Feuerfisch

jeder deiner Bewegungen im Wasser verursachst du das wunderbare Glitzern und Funkeln der kleinen Meereslebewesen. Die Touren finden um Neumond statt, wenn das Leuchten im Meer nur wenig durch Mondlicht gestört wird. Buchbar z. B. über die Selina Hostels oder Hello Travel Panama. https://hellotravelpanama.com/

Bootstouren

Eine der beliebtesten Touren ist die Kombitour zu den Cayos Zapatilla. Kombiniert wird ein Ausflug zur Zapatilla 2 mit einer Delfinbeobachtung (Tümmler) in der Dolphin Bay, einer Faultierbeobachtung auf Sloth Island, Schnorcheln in den Gewässern vor Isla Solarte und einem Stopp bei Starfisch Island, wo man vom Boot aus die orangefarbenen Seesterne bewundern kann. **Achtung:** Bei den **Lockangeboten** für 25 $ ist die Nationalparkgebühr (10 $) meist nicht enthalten. **Hinweis:** Auch wenn du die Delfine am liebsten sehr nah erleben

Tipp: Kaufe den lokalen Kakao oder die Schokolade. Wer noch keinen Kakao gekauft hat, sollte schnell in den nächsten Supermarkt gehen. Fast alle Supermärkte verkaufen die kompakten Brocken aus Bio-Rohkakao, Kakaosplitter oder die pure Schokolade (nur Kakao und Zucker) handgemacht und handverpackt. Außerhalb von Bocas sind diese köstlichen lokalen Produkte nur noch schwer zu finden.

möchtest, bestehe darauf, dass Guides und Bootsführer sie nicht bedrängen, Abstand halten und den Motor in Delfinnähe ausschalten. Die vielen Bootstouren in der Dolphin Bay gefährden die Delfinpopulation, und durch das zu nahe Heranfahren werden diese wunderbaren Säugetiere viel zu oft verletzt. Eine Delfin- und umweltfreundliche Alternative zum motorisierten Boot bietet Bocas Sailing https://www.bocassailing.com/. Zwei empfehlenswerte Anbieter für motorisierte Bootstouren sind HelloTravel Panama https://hellotravelpanama.com/tours-bocas-del-toro-2/ und Total Adventures http://www.totaladventuresbocas.com/.

Höhlentouren

Zusammen mit einem Guide kann man die **Nivida Höhle** oder die **Bat's Mouth Höhle** auf **Bastimentos** erkunden. Beide erreicht man mit dem Boot durch Mangrovenlandschaften und einer nachfolgenden Wanderung. Die Durchquerung der mit mindestens hüfthohem Wasser gefüllten Nivida Höhle bietet Abenteuerfeeling. Buchbar z. B. über Habla Ya https://www.hablayapanama.com/de/.

Kakaotour

Bei einer Kakaotour lernt man über sämtliche Herstellungsschritte wie z. B. Anbau, Ernte, Röstung alles über den Bio-Kakao aus Bocas del Toro. Mehrere Kakaofarmen auf dem Festland oder im Archipel bieten Touren an. Bei der **Oreba Chocolate Tour** nahe Almirante werden die lokalen Kakaofarmen der indigenen Ngöbe besucht. Der Erlös der Tour wird über zugeordnete Prozentsätze verteilt und geht u. a. an örtliche Schulfonds und Projekte. Mehr Informationen und Buchung: http://www.orebachocolatetour.com/ sowie http://www.oreba.bocasdeltoro.org/.

Weitere Schokoladentouren:

- **Green Acres Chocolate Farm** auf dem Festland südlich der Dolphin Bay http://www.greenacreschocolatefarm.com/
- **La Loma Lodge** auf Bastimentos http://www.thejunglelodge.com/
- **Up in the Hill** auf Bastimentos http://upinthehill.com/

Meeresschildkrötentour

Je nach Jahreszeit können Meeresschildkröten beim Ablegen ihrer Eier oder die Babys beim Schlüpfen beobachtet und ins Meer entlassen werden. Die Schildkröten kommen an die Playa Bluff oder Playa Larga. Brutzeit ist von Mrz. – Sep. mit Höhepunkt im Jun. / Jul. Zu buchen z. B. über die Sprachschule Habla Ya für 25 – 35 $ pro Person am Bluff Beach. https://www.hablayapanama.com/de/ecotourism/bocas-del-toro/sea-turtles/

Quadtouren

Bei Flying Pirates siehe Quad S. 61.

Salt Creek (Quebrada Sal)

Wer Einblicke in die Gemeinschaft der Ngöbe (Ureinwohnerstamm) von Salt Creek auf Bastimentos erhalten will, kann Touren zu Salt Creek buchen. Die Hintergrundinformationen zur traditionellen Lebensweise der Ngöbe vermitteln ein tieferes Verständnis für diese Kultur. Buchbar zum Beispiel bei Hello Travel Panama https://hellotravelpanama.com/packages/el-big-tour/.

Segeln im Archipel
Segeltouren an unterschiedlichen Orten rund um den Archipel bietet https://oceantrips.com/sailingareas an.

Schlummern

In der Hauptsaison am besten vorbuchen. In der Nebensaison lohnt es sich, die Unterkünfte selbst zu inspizieren und die Zimmerpreise zu verhandeln. Am günstigsten sind zwar die Unterkünfte in Old Bank auf Bastimentos, sie sind aufgrund der Lage und Sicherheit aber nur bedingt zu empfehlen. Neben unseren Empfehlungen findest du zahlreiche weitere Unterkünfte verstreut im Archipel. Um auszuwählen auf welcher Insel du übernachtest, findest du mehr Infos zu den Inseln und den Vor- und Nachteilen bezüglich Übernachtung im Anfangsteil des Kapitels (S. 54).

Isla Colón
Bocas Town
Surfari Bocas $
Surfari ist unsere Empfehlung für alle, die günstig und in ruhiger Lage direkt in Bocas Town bleiben wollen. Die Zimmer sind sauber und der Innenhof und die Dachterrasse bieten nette Aufenthaltsmöglichkeiten. Die Unterkunft hat sowohl Schlafsäle als auch Doppelzimmer und liegt mitten in einem authentischen Wohngebiet. **Booking.com**

Casa Max $$
Saubere, klimatisierte Doppelzimmer, einige mit einem kleinen Balkon. Die Casa Max liegt direkt an einer der Hauptstraßen, aber doch im etwas beruhigteren Bereich von Bocas Town. Im Vorhof gibt's Liegestühle. **Booking.com**

Playa Istmito
Hostal Caribe $
Das Caribe liegt am Anfang der Playa del Istmito auf der gegenüberliegenden Straßenseite. In einer Gartenanlage befinden sich eine Hängemattenplattform und Steinhäuser, die sehr enge aber saubere Zimmer mit Privatbad oder Gemeinschaftsbad enthalten. **Booking.com**

Saigon Bay
Bocas Cabañas
Bocas Cabañas verwaltet einige Unterkünfte rund um die Saigon Bay. Ob Zimmer mit geteiltem oder privatem Bad, eine ganze *Cabaña* am Wasser oder im Garten, alles ist dabei. Die Unterkünfte sind gepflegt und nett eingerichtet. Sarah von Bocas Cabañas spricht auch Deutsch. 6446–0787 https://www.bocascabanas.com/. Ausgewählte Beispiele:

Casa Cenobia $
Casa Cenobia ist ein Stelzenhaus aus Holz am Wasser ganz im lokalen Stil. Mit zwei Doppelzimmern, einem Dreibettzimmer (alle mit Ventilator), einer geteilten Küche und Bad (mit Warmwasser) sowie einem Gemeinschaftsbalkon mit Hängematten. Zimmer 2 & 3 öffnen ihre Fenster direkt zum Wasser, so dass auch eine schöne Brise ins Zimmer weht. Die Casa Cenobia liegt zwar direkt am Wasser, aber der Blick auf die Bucht ist versperrt. Man kann das Plätschern des Wassers im Zimmer hören. Im Wasser selbst ist viel Müll sichtbar. **Booking.com**

Panama's Paradise Saigoncito $
Die *Cabañas* vom Saigoncito verstecken sich im Garten, sind urig eingerichtet und geräumig. Allerdings sind die Zimmer aufgrund ihrer Gartenlage ziemlich düster.

Jon's Place $
Wer Zimmer und Hängematten direkt am Wasser mit Blick auf die Bucht sucht, ist bei Jon's Place richtig.

BarrBra $–$$
Der freundliche kanadische Besitzer Marco hat aus einem karibischen Stelzenhaus eine kleine Oase gezaubert. Eine Holzterrasse am Wasser mit offe-

Meeresschildkröten in Bocas del Toro

Frisch geschlüpfte Babyschildkröte vor ihrem Weg ins Meer

Vier unterschiedliche Meeresschildkröten kommen zur Eiablage nach Bocas del Toro. Die **Echte Karettschildkröte** (Hawksbill), die **Unechte Karettschildkröte** (Loggerhead), die **Lederschildkröte** (Leatherback) und die **Grüne Meeresschildkröte** (Green).

Eine Eiablage oder die ersten Schritte einer Babyschildkröte ins Meer zu beobachten, ist ein emotionales Highlight, das du unbedingt erleben solltest. Nutze die Möglichkeit, wenn sie sich anbietet!

Meeresschildkröten werden nicht nur durch ihre natürlichen Feinde, sondern vor allem durch den Menschen bedroht. Aufgrund fehlender Einnahmequellen ist der Handel mit Schildkröteneiern oder -fleisch weltweit ein lukratives Geschäft. Das Umdenken in Bocas del Toro fand statt, weil der heutige Ökotourismus die lokalen Gemeinschaften unterstützt und Aufklärung betreibt. Kaum jemand greift hier auf diese (heutzutage) illegale Form der Geldeinnahme zurück. Nächtliche Patrouillen dienen hauptsächlich der Sicherstellung der Eier vor natürlichen Feinden wie z.B. Vögeln. Weltweit wird nach wie vor in vielen Regionen Handel mit den Eiern der bedrohten Meeresschildkröten betrieben.

Brutzeit (März-September)

Die Brutzeit der Meeresschildkröten in Bocas del Toro reicht – je nach Art der Schildkröte – von **März bis September,** wobei der Höhepunkt in der Regel auf Juni / Juli fällt. Die Lederschildkröte brütet ca. von Anfang März bis Mitte Juli. Die Brutzeit der Karettschildkröte reicht von ungefähr Anfang Mai bis September. Juli bis August ist eine wichtige Migrationszeit für die Grüne Meeresschildkröte, die die Küste von Tortuguero in Costa Rica bis zur Isla Colón in Panama zum Brüten entlangzieht.

Die Brutzeit ist die einzige Phase, zu der die Meeresschildkröten ans Land kommen. Sie kommen nachts, denn die Nacht schützt sie und ihre Eier nicht nur vor Raubtieren, sondern auch vor Überhitzung.

Die Schildkröten legen ihre Eier an der **Playa Bluff** (Isla Colón), an der **Playa Larga** (Bastimentos) oder an der ca. 20 km langen **Playa Soropta** auf dem Festland beim San San Pond Sak Feuchtgebiet. Während der Brutzeit sollten die Strände nie nachts ohne Guide und entsprechende Einführung betreten werden. Im Eifer, eine Schildkröte selbst zu entdecken, kannst du einen großen Schaden anrichten, indem du sie z.B. mit Licht verschreckst oder in eine falsche Richtung leitest. Tagsüber erkennst du die Spuren einer Schildkröte daran, dass sie aussehen, als ob ein dickbereiftes aber kleines Fahrzeug ins Meer gefahren wäre. U.a. am Bluff Beach sind geführte Touren möglich. Siehe Touren S. 64

Babyschildkröten (Mai – November)

Die **Lederschildkröten** schlüpfen etwa 50 bis 78 Tage nach der Eiablage, also ca. zwischen **Mai und September.** Die **Karettschildkröten** etwa 50 bis 70 Tage, nachdem die Eier gelegt wurden, also Ende **Juni bis November.**

Ein Guide informiert dich, wenn Schildkröten geschlüpft sind und ins Meer entlassen werden können. Eine unglaubliche Erfahrung, diesen kleinen Wesen ins große unbekannte Leben zu verhelfen. Die Winzigkeit der Babyschildkröte wird noch durch die scheinbare Unendlichkeit des Meeres unterstrichen. Die Frage, ob der Winzling überlebt, bleibt für immer offen, und es sieht nicht gut aus für das kleine Lebewesen. Leider überlebt nur ein Bruchteil der Schildkröten die Phase bis zum Erwachsensein. Über die Zeit zwischen dem ersten Kontakt einer Babyschildkröte mit dem Meer bis zur ausgewachsenen Schildkröte ist bisher sehr wenig bekannt.

Freiwilligenarbeit

Es werden Freiwillige für nächtliche Patrouillen benötigt, um die Markierung und Vermessung der ankommenden Meeresschildkröten vorzunehmen sowie die Eier zu sichern. Dazu ist ein Training von mind. zwei Tagen und eine Aufenthaltsdauer von sieben vollen Nächten notwendig. Die Teilnahme an einem Freiwilligenprogramm kann z. B. über die Sprachschule Habla Ya koordiniert werden. Ebenso die Teilnahme an einer Schildkrötentour.

💻 https://www.hablayapanama.com/de/volunteer/
💻 https://www.hablayapanama.com/de/ecotourism/bocas-del-toro/sea-turtles/

ner Gemeinschaftsküche, großem Tisch, Hängematten und Schaukeln lädt neben dem Steg mit Stühlen zum Entspannen ein. Sonnenuntergangsliebhaber sind hier genau richtig. Man genießt einen großartigen Ausblick auf die Bucht. Für Abwechslung sorgen zwei *Cayucos* oder ein Surfbrett (beides für Gäste kostenlos). Das BarrBra hat drei Doppelzimmer mit eigenem Bad im Obergeschoss und drei kleine Zimmer mit nach oben offenem Gemeinschaftsaußenbad direkt auf der Terrasse. Die Toilette befindet sich im Haus. Ein ausgezeichnetes Frühstück ist inklusive. Auf Anfrage kocht der Ex-Koch Marco auch Abendessen oder mixt köstliche Cocktails aus frischen Früchten. 💻 https://www.barrbrabnb.com/

Booking.com

Playa Paunch

👍 Nomad Tree Lodge $–$$

Das freundliche amerikanische Ehepaar Amanda und Asher haben hier ihren Traveller-Traum verwirklicht. Sie wollten eine Unterkunft errichten, in der sie selbst gerne übernachtet hätten und zu einem Preis, den sie selbst gerne gezahlt hätten. Beides ist ihnen mit ihrer Dschungel-Lodge gelungen. Die kleinen Holzhütten sind über das waldige Grundstück verteilt und durch Brücken, sowohl miteinander als auch zum Gemeinschaftsbad, verbunden. Ein größerer Bungalow mit privatem Bad ist auch vorhanden. Geduscht wird mit Regenwasser. Ein Pool, Gemeinschaftsbereich und -küche sind auch verfügbar. Dies ist der richtige Ort, um morgens **vom Vogelgesang oder von Brüllaffen geweckt zu werden.** Wer gerne surft, kann auch hier übernachten, denn der Paki Point ist nicht weit entfernt. Die beiden Gastgeber verleihen auch Fahrräder, mit denen man die Playa Bluff erkunden kann und schnell in Bocas Town ist.
💻 https://nomadtreelodge.com/

Isla Solarte

Bambuda Lodge $–$$

Hier hat man das Meer vor sich und den Dschungel um sich. Ob Bett im Schlafsaal, Zimmer mit geteiltem oder eigenem Bad, alles ist sauber und schön. Aber man ist hier bei der Verpflegung komplett auf das Hostel angewiesen. Es gibt keine Küche oder Restaurants / Geschäfte in der Umgebung. Das Essen ist jedoch köstlich (Abendessen 14–15 $). Wer schnorcheln, abschalten oder einfach Spaß auf der Wasserrutsche und mit anderen Gästen haben will, der ist hier genau richtig. Auch ein spontaner Dschungel-Trek kann direkt unternommen werden. Schnorchel-Equipment und Kajaks werden vor Ort verliehen. 💻 http://bambuda.net/ **Booking.com**

Aqui hoy Cabañas $$$

Im Chalet direkt über dem Wasser kannst du übernachten oder einfach einen Drink schlürfen, den Meeresduft genießen und vom Steg aus in der Unterwasserwelt vor Solarte schnorcheln; diese Unterkunft des Niederländers Heiner lädt Gäste mit etwas gehobenem Budget dazu ein. **Booking.com**

Hunde gibt es in Bocas viele. Sie sind alle ganz lieb

Isla Bastimentos

Old Bank

Bocas Cabañas $

Bocas Cabañas vermietet neben den Unterkünften in der Saigon Bay auch günstige Unterkünfte auf Bastimentos in Old Bank.

Playa Red Frog

Palmar Lodge $$–$$$

In der Palmar Lodge zu übernachten, bedeutet Glamping am Red Frog Beach. Ventilatoren und Schließfächer sind in den Zelten vorhanden. Im Zelt werden die Sachen jedoch sehr feucht. Wer kein Fan von gehobenem Zelten ist, kann auch in Bungalows oder Betten im Schlafsaal übernachten. Willst du Wellen und Brüllaffen am Morgen und einen Traumstrand direkt vor der Nase haben, dann komm hierher. Mehr als nach dem Frühstück die anderen Strände Bastimentos zu erkunden oder zu surfen, gibt es hier nicht zu tun. Du bist auf die Verpflegung der Unterkunft, der wenigen anderen umliegenden Unterkünfte oder des Punta Lava Cafés angewiesen. Keine Gemeinschaftsküche. 💻 https://www.palmarbocas.com/ **Booking.com**

Isla San Cristobal

Cocovivo $$–$$$

Wer **Abgeschiedenheit** im Paradies sucht, ist im Cocovivo richtig. Geschlafen wird in verschiedenen rustikalen Holzhütten über oder am Wasser oder am Hügel. Die meisten haben transparente Wände, die einen wunderbaren Rundumblick ermöglichen (Vorhänge sind dennoch vorhanden). Der Strom kommt aus Solarpanels, und drum herum befinden sich nur das türkisfarbene Meer und der Dschungel. Die Gegend lässt sich mit dem Kajak oder beim Schnorcheln erkunden. Das Cocovivo hat ein kleines Hausriff und stellt Kajaks und Schnorchelausrüstung zur Verfügung. Wandern ist auch möglich. Man kann an organisierten Touren teilnehmen oder ein Boot chartern. Es gibt keine regulären Wassertaxis, die Cristobal mit dem Festland oder dem Rest des Archipels verbinden. Der Transport ist daher in der Buchung inklusive. http://www.cocovivo.com/

Schlemmen und Trinken

In Bocas ist die Auswahl an Restaurants groß und international. Für jeden Geschmack ist etwas dabei. Abgelegene Unterkünfte, z. B. auf Solarte, Cristobal oder an der Playa Red Frog (Bastimentos), haben ihre eigenen Restaurants. Die größte Auswahl findest du in Bocas Town. Wir listen hier nur eine kleine Übersicht an Empfehlungen auf.

Isla Colón

Bocas Town

Toms Place

Über dem Markt auf der Terrasse mit Ausblick aufs Meer lässt sich wunderbar die Mittagszeit mit einem sättigenden und günstigen lokalen Essen verschönern. Ein Fisch mit *Patacones* oder Pommes gibt es für 7 $ oder Hühnchen für 6 $. Dazu gibt's karibische scharfe Sauce, köstlich ist es auch, was will man mehr?

Playa Estrella

An der Playa Estrella bieten **viele Essenstände** hausgemachte lokale Küche mit Hühnchen, Fisch, Garnelen und Hummer an. Das Essen ist frisch von Einheimischen zubereitet, köstlich und wird in großen Portionen serviert. Preise liegen bei > 10 $ für Fischgerichte.

Playa Paunch

Skully's (nahe Paki Point)

Skully's hat zwar auch eine Speisekarte (z. B. passable Fleisch- und Thunfischburger), doch man kommt eher wegen der Lage z. B. auf einen Nachmittagsdrink hierher. Die Tische direkt im Sand, die Mehrpersonenschaukel mit Blick aufs Meer und die Hängematratze über dem Wasser verleiten dazu, länger zu verweilen. So entspannt ist die Stimmung im Skully's.

Isla Carenero

Leaf Eaters

In Bocas erfahren Vegetarier Glück wie selten im Land. Gewöhnlich stehen einem Vegetarier lediglich Beilagen oder

Strand auf Zapatilla 2

Eine Wohngegend am Wasser auf der Isla Colón

Selbstgekochtes als Auswahl zur Verfügung. Im Leaf Eaters kann man endlich die gute vegetarische Küche genießen. Hinzu kommt eine Terrasse direkt am Wasser. Aufgrund der angebotenen Vielfalt – es gibt mehr als nur Blätter – ist das Lokal auch als Abwechslung für experimentierfreudige Fleischesser absolut empfehlenswert.

Bibi's on the Beach

Von seiner Terrasse über dem Meer und den dazugehörigen Liegen aus kann man das Treiben im Wasser beobachten, während man auf das Essen wartet. Das Bibi's ist auf Fisch und Meeresfrüchte spezialisiert. Komme also nicht auf die Idee, Fleisch zu bestellen! Das köstlich erfrischende Maracuja Ceviche gehört unbedingt zu jeder Bestellung dazu! Genau die richtige erfrischende Mahlzeit bei karibischer Hitze (auch als Hauptmahlzeit ausreichend). Die Schrimps in karibischer Sauce sind ebenso ein echtes Highlight, doch wenn du es eher einfach magst, machst du mit einem Fischburger nichts falsch.

Nightlife

In Bocas Town findet ein Nachtmensch ausreichend Bars. Am Filthy Friday steigt die Party schon am Vormittag.

Filthy Friday

Am Freitag bleiben die Einheimischen lieber zu Hause, denn da lockt der Filthy Friday zahlreiche Reisende zur Massentrinkerei und das schon zu früher Morgenstunde. Der Filthy Friday ist ein Insel Pub Crawl. Jeden Freitag um 11:30 geht es im Barco Hundido los. Ein 35 $ Ticket beinhaltet den Boottransport von Insel zu Insel, Eintritt in drei Bars sowie Shots, ein Shirt und eine Tasche. Tickets sind online verfügbar oder in einigen Hostels (z. B. Selina) zu erwerben. Unterhält man sich mit Einheimischen, so hört man nichts Positives über dieses wöchent-

Bus in der Boca del Drago

liche Trinkgelage. Wir empfehlen es daher nicht. https://filthyfridaybocas.com

Barco Hundido

Pizzeria und Disco. Auf der Tafel draußen ist jeweils das Programm für Mittwoch, Freitag und Samstag angeschrieben. Samstags meist karibische Nächte.

Bocas Bambu

Hier findest du jeden Abend Live Musik sowie Feuershows.

... und viele mehr!

Fortbewegung vor Ort

Zwischen den Inseln

Wassertaxi

Viele Bootsfahrer bieten ihre motorisierten Boote als Wassertaxi an (nicht verwechseln mit Taxi 25). Gehst du Richtung östliche Wasserfront (Calle 1ra) in Bocas Town, so werden dich die Bootsfahrer schon selbst finden. Ansonsten bei den Stegen rumfragen oder ein Boot heranwinken. Bist du nicht in Bocas Town oder auf einer anderen Insel, so kannst du ein Wassertaxi immer von der Küste aus heranwinken. Der Preis sollte vor der Fahrt festgelegt werden, vor allem, wenn es sich um Sonderrouten handelt. Hier ein paar Preisbeispiele ab Bocas Town, wenn nicht anders angegeben pro Person und Richtung.

- Carenero: Pier gegenüber (Aqua Lounge) 1 $ | Bibi's on the Beach 1,5 $ | Strand 2 $
- Bastimentos: Old Bank 3 $ | Steg zur Playa Red Frog 5 $ (+ 5 $ Weggebühr auf Privatgrund, nur in eine Richtung zu bezahlen)
- Solarte: z. B. Blue Coconut: 5 $
- Ab Boca del Drago: Playa Estrella 1 $

Auf den Inseln

Auf allen Inseln außer Isla Colón sind die eigenen Beine das Hauptfortbewegungsmittel. Alternativ auch das Wassertaxi. Die Boote verkehren jedoch nicht so häufig um die anderen Inseln herum. Auf der Isla Colón kannst du dich wie folgt fortbewegen.

Bus

Der Bus (Van) fährt jede halbe Stunde von Bocas Town (Parque Simón Bolivar) bis Boca del Drago. Du kannst überall unterwegs zusteigen. Letzter Bus fährt um 18:30 von der Boca del Drago zurück. Kosten: 5 $ hin und retour.

Einige Male am Tag fährt auch ein Shuttlebus die Playa Bluff hinauf und hinunter. Die Uhrzeiten für die Rückfahrt sind am Endpunkt angeschrieben. 6 $ hin und retour.

Taxi

Auf Colón verkehren gelbe Pickup-Taxis. Preise gelten pro Person und sollten vor Fahrtantritt geklärt werden. Ein paar Preisbeispiele ab Bocas Town.

- Playa Bluff: 25 $ hin und retour
- Paki Point (Nomad Tree Lodge / Skully's): 3 $

Fahrrad

Viele Unterkünfte verleihen Fahrräder. Auch E-Bikes können geliehen werden. Unsere Empfehlung zu Fahrradverleihen findest du unter Aktivitäten (S. 61).

Quad

Siehe S. 61.

Anfahrt und Abreise

Boot

Taxiboote von **Taxi 25** (17–18 Personen):

Ab Bocas Town nach Almirante: 6:00–18:00 jede halbe Stunde in 30 Min. für 6 $.

Vom Pier in Almirante sind es noch 1,5 km bis zur Bushaltestelle. Reguläre direkte Taxiboote ab Almirante auf die anderen Inseln gibt es nicht, du musst über die Insel Colón. Kommst du direkt von Panama City, kannst du bereits in Panama City zusammen mit dem Busticket einen Voucher fürs Boot kaufen. Der Preis ist mit 6 $ gleich hoch.

Fähre

Eine Autofähre fährt täglich außer Montag um 6:00 (ab Almirante) zwischen dem Festland und Colón.

Shuttle

Shuttles (Kombi Boot + Bus) fahren zum Lost and Found Hostel, nach Boquete und Costa Rica. Z. B. über Hello Travel Panama https://hellotravelpanama.com/daily-shuttles/. Das Fahren mit den öffentlichen Bussen in Panama ist jedoch einfach, authentisch und günstig.

Bus (ab Almirante)

Auf dem Festland ab Almirante verkehren Busse nach David (Anschluss z. B. an Boquete, Volcán), Changuinola (Richtung Costa Rica) sowie direkt nach Panama City. Mehr Infos siehe Almirante S. 75.

Häuser aus Plastik

Als der Kanadier Robert Bezeau nach Bocas del Toro immigrierte und das große Müllproblem sah, kam er auf eine Idee. Er sammelte Plastikflaschen aus der Gegend, baute ein Schloss aus 40 000 Plastikflaschen und stellte das Projekt des »Plastic Bottle Village« auf die Beine.

Das Plastic Bottle Village ist eine öko-freundliche Wohnsiedlung mitten im Dschungel auf Isla Colón. Die Häuser werden aus Drahtkörben, die mit den Plastikflaschen Colóns gefüllt werden, gebaut. Von außen und innen ist später jedoch nichts von diesem Baumaterial zu sehen.

Die Vorteile laut Bezeau sind, dass man das Haus aufgrund des Luftpolsters der Flaschen nicht kühlen muss. Die Häuser sind erdbebensicher und im Falle eines Tsunami schwimmen die Wände. Beim Kauf eines Hauses, das aus ca. 15 000 Flaschen besteht, lebt man »flaschenneutral«, wenn man berücksichtigt, dass eine Person im Alter von 78–80 Jahren durchschnittlich 14–15 000 Plastikflaschen verbraucht haben wird.

Bezeaus Vision ist es, ein Trainingscenter zu kreieren, um Menschen den Bau von Plastikhäusern beizubringen. Er hat noch mehr Ideen, wie z. B. Warnschilder auf Plastikflaschen einzuführen, analog jenen auf Zigarettenpackungen, um die »Invasion« der Plastikflaschen zu unterbinden. Eine weitere seiner Ideen ist folgende: Da viele ärmere Bevölkerungsschichten zwar ein Handy besitzen, sich jedoch meist kein Guthaben zum Surfen oder Telefonieren leisten können, würde er ein Motivationssystem einführen, das es ermöglicht, sich Guthaben durch die Rückgabe von Plastikflaschen zu kaufen.

Das Schloss aus Plastik kann für 5 $ besucht werden. Im Eintrittspreis sind eine Führung und ein Blatt mit 25 Carbon Footprint Aufklebern enthalten. Ebenso ist eine Übernachtung im Schloss möglich. Mehr Infos unter 💻 http://www.plasticbottlevillage-theline.com/. **Anfahrt:** Das Schloss befindet sich auf der Fahrt Richtung Boca del Drago wenige Minuten nach der Abzweigung Richtung Playa Bluff auf der linken Seite. Der Busfahrer kann dich direkt hier rauslassen.

Flugzeug

Mehrmals täglich von und nach Panama City (Flughafen Albrook) mit Air Panama 💻 https://www.airpanama.com/.

ⓘ Weitere hilfreiche Informationen

Das **Wasser in Bocas ist rar.** Wie überall sonst gilt: Gehe sparsam damit um. Auf Bocas vielleicht noch ein bisschen mehr als sonst. In einigen Unterkünften wird z. B. darum gebeten, nicht nach jedem kleinen Geschäft zu spülen. Bitte auch **kein Toilettenpapier in die Toilette werfen.**

Trinkwasser: Fülle dein Trinkwasser lieber auf (siehe weiter im Text bei Umweltschutz), statt Plastikflaschen zu kaufen. Das Leitungswasser auf Bocas ist kein Trinkwasser, zum Zähneputzen aber geeignet.

Umweltschutz: Die Inseln von Bocas del Toro haben ein großes Müllproblem. Ein geregeltes Müllsystem existiert nicht. Aber es tut sich letztens doch etwas auf Bocas. In den Supermärkten werden **keine Plastiktüten mehr verteilt.** In einigen Supermärkten (z. B. Super Gourmet) und in vielen Unterkünften findet man **Trinkwasserspender** zum Auffüllen eigener Trinkflaschen. Dies ist meist deutlich günstiger (ab 0,25 $ für 2 L) als abgefülltes Wasser im Supermarkt. Mit einem »Carbon Footprint« Aufkleber versehene Plastikflaschen können von Einheimischen im Toto Supermarkt gegen Lebensmittel und Schulsachen getauscht werden (Wert eines Aufklebers: 5 Cent). Durch Spenden kann jeder die Initiative unterstützen, damit noch mehr Sticker gekauft und zur Verfügung gestellt werden können. Es handelt sich um eine Initiative des Plastic Bottle Village, mehr dazu auf der Website des Plastic Bottle Village. Siehe unter »Häuser aus Plastik«.

Bank: Eine Filiale der Banco Nacional befindet sich in Bocas Town und stellt den einzigen Geldautomaten im Archipel zur Verfügung. Der nächste liegt in Almirante (Banco Nacional) bzw. in Changuinola (diverse Banken).

Supermärkte / Obst & Gemüse gibt es in Bocas Town im Überschuss. Direkt gegenüber der Bank in der Avenida E befindet sich ein Früchteladen, der eine sehr gute Auswahl an Obst und Gemüse bietet und meist auch entsprechende Sorten noch im Vorrat hat, wenn sie in anderen Supermärkten bereits ausverkauft sind.

Isla Escudo de Veraguas (Bocas off the beaten path)

Diese 3 ha große Insel, auf Spanisch Schutzschild von Veraguas genannt, ist ein ökologisches Schutzgebiet. Sie gehört zur Provinz Bocas del Toro liegt aber in der Nähe des **Golfo de los Mosquitos,** der zur Comarca der indigenen Ngöbe-Buglé gehört und damit fernab der touristischen Gebiete des bekannten Bocas del Toro Archipels. Eine Reise hierhin ist ein absolutes »off the beaten path« Erlebnis.

Ihre Isolation und Entfernung vom Festland (17 km) und anderen Inseln führte dazu, dass auf der Insel einige einzigartige Tiere leben. Das vom Aussterben bedrohte **Zwergfaultier** lebt auf

Strand auf der Isla Escudo
©Jerry Moreno

Drohnenaufnahme der Isla Escudo
©Jackson Groves

Bocas del Toro

der Insel und war der Star im Dokumentarfilm »Unsere Erde 2«, welcher auf der Insel Escudo gedreht wurde. Die Insel ist umgeben von Korallenriffen und Seegrasflächen. Die unglaubliche Küste mit Mangroven, ihrer interessanten Tierwelt, traumhaften Stränden, Buchten und kristallklarem Wasser werden dich verzaubern. Durch ihre abgeschiedene Lage ist die Isla Escudo ein teures Ziel, aber es lohnt sich!

Touren

Am besten reist du im Rahmen einer Tour an, da die selbstständige Organisation aufwändig und trotzdem teuer werden kann.

Wir empfehlen eine Tour mit dem Guide Jerry Moreno. Ein freundlicher Panamaer, der immer ein Lächeln auf dem Gesicht hat. Er spricht Englisch und achtet sehr auf die Umwelt. Die Tour startet in Panama Stadt. Es ist aber möglich sich mit dem Guide vorher auf eine Abholung direkt in Chiriquí Grande zu einigen.

Höhle auf der Isla Escudo ©Jerry Moreno

Zwei Nächte (Zelten) inklusive Transport ab Panama Stadt, Verpflegung, Getränke, schnorcheln und eine komplette Tour zur Isla Escudo, Isla Tiburon und Playa Guacamayo sowie ein Besuch bei den Ngöbe-Buglé an der Küste von Tobobe kosten 325 $ ab zehn Teilnehmern. Bei weniger Teilnehmern 500 $. jerrymoreno16@icloud.com 6153–8924

Weitere hilfreiche Informationen

Beste Monate: Sept. & Okt. Auch möglich von Mrz.–Aug. & Nov. Jedoch ist das Wetter dann wechselhaft und unberechenbar.

Vor Ort gibt es keinerlei Infrastruktur, gezeltet wird in der Wildnis.

Anfahrt und Abreise

Es ist nicht unmöglich sich selbst die Anreise zur Isla Escudo zu organisieren aber die Organisation ist schwierig und auch teuer. Dazu musst du nach **Chiriquí Grande** fahren und von dort aus ein Boot bis zur Insel chartern (Dauer der Fahrt ca. 2 h). Spanischkenntnisse sind Voraussetzung, da am Hafen von Chiriquí Grande wenige Personen Englisch sprechen. Bis Chiriquí Grande fahren öffentliche Busse. Ab Chiriquí Grande musst du mit ca. 375 $ pro Boot und Fahrer pro Tag rechnen.

Alternativ kannst du auch ein Boot direkt von der Isla Colón chartern. Wenn die See ruhig ist, dauert die Fahrt ca. 3–4 h.

Bocas del Toro Festland

Almirante

Es gibt nicht wirklich einen Grund, in Almirante zu bleiben, außer man möchte an der Kakaotour teilnehmen (siehe Touren S. 64). Diese lässt sich aber problemlos auch von den Inseln in einem Tagesausflug erreichen. Almirante ist Ausgangspunkt, um auf die Inseln des Bocas del Toro Archipels zu kommen oder zurück von Ihnen in allerlei Richtungen des Landes.

Anfahrt und Abreise

Boot

Taxiboot nach Isla Colón: 6:00–18:00 jede halbe Stunde für 6 $ (30 Min.).

Fähre

Eine Autofähre fährt täglich außer Montag um 6:00 zwischen dem Festland und Isla Colón.

Bus

Anfahrt: Wer früh morgens mit dem Nachtbus von Panama City ankommt, wird an der Bushaltestelle rausgelassen. Taxis (1 $) warten schon. Der Hafen ist aber nur 1,5 km vom Pier entfernt und kann gut zu Fuß erreicht werden.

Abreise:

- David: alle 30 Min. für 9 $ (4 h).
- Changuinola: alle 15–30 Min. für 1,50 $ (ca. 40 Min.).
- Panama City: 2xtgl. Je ein Bus am Morgen und einer am Abend für 27,80 $ (ca. 11 h).
  Die Fahrscheine für den Bus nach Panama City kannst du auch direkt auf der Isla Colón am Pier von Taxi 25 kaufen.

Minibus

Nach Ankunft mit dem Taxiboot am Pier warten mehrere Minibusse. Mit ihnen kannst du einen Shuttleservice vereinbaren, wenn du nicht auf den Bus warten willst (z. B. zur Grenze nach Costa Rica, nach David etc.). Wie immer gilt auch hier: Preise vorher verhandeln.

Taxi

Vom Bootsanleger zur Bushaltestelle 1 $ pro Person für ca. 1,5 km.

Changuinola

Changuinola ist eine kleine aber recht weit in die Länge gezogene Stadt mit Bananenplantagen rechts und links. Um sich in Changuinola fortzubewegen, lohnt es sich daher, das Taxi zu nehmen. Innerhalb der Stadt kostet die Fahrt je nach Strecke 0,70 $.

Bank: Verschiedene Bankfilialen befinden sich rund um das Busterminal.

Schlemmen

Im Zentrum an der Kreuzung der Calle Central, schräg gegenüber dem Friedhof, befinden sich Restaurants mit gutem lokalem Essensangebot zu günstigen Preisen. Ausgewählt wird vom Buffet und serviert durch die Mitarbeiter.

Anfahrt, Abreise und Fortbewegung vor Ort

Bus

- Nach David (Umsteigen nach Boquete): ab 3:30 alle halbe Stunde (außer mittwochs, da jede Stunde) für 9,70 $ (4 h). Die Busse nach David warten an der kleinen Haltestelle hinter dem großen Terminal. Hast du die Hauptstraße im Rücken, so gehst du rechts am Terminal vorbei und hältst dich danach rechts. Willst du zum Lost & Found Hostel, so kaufe einen Fahrschein nur bis nach Hornito für 8,45 $.

- Richtung Almirante: alle 15–30 Minuten für 1,5 $ (ca. 40 Min.).
- Panama City: Je ein Bus am Morgen.
- Costa Rica: täglich ein Fernbus nach San José oder jede halbe Stunde ein Bus an die Grenze Guabito-Sixaola (ca. 30 Min) zur Weiterfahrt nach Puerto Viejo.

Taxi

Taxis innerhalb der Stadt sollten immer unter 1 $ kosten.

Humedal San San Pond Sak

Im Jahr 1994 wurde das 16 ha große **Feuchtgebiet** San San Pond Sak zum Schutzgebiet erklärt. San San ist der größte Fluss, der diese Wetlands nährt. Seit 1998 gehört San San Pond Sak zum **Biosphären Reservat La Amistad** (RBLA) und liegt im Changuinola Distrikt auf dem Festland unweit der Isla Colón. Die AAMVECONA *(Asociación de Amigos y Vecinos de la Costa y la Naturaleza)* kümmert sich darum, die natürlichen Ressourcen des San San Pond Sak Feuchtgebiets zu erhalten und die Lebensqualität der Einwohner des Gebiets zu verbessern. Sie fördert u.a. nachhaltige Landwirtschaft. Das San San Pond Sak Feuchtgebiet wird **sehr selten durch Touristen aufgesucht.** Es ist deine Chance auf ein Abenteuer abseits der Touristenpfade.

Aktivitäten

Manati- und Schildkrötentouren

Die AAMVECONA bietet geführte Manati (Rundschwanzseekühe)- und Schildkrötentouren an. Die **Manatitour** ist ein **Halbtagesausflug.** Dabei wartet man auf einer **Beobachtungsplattform** auf die Manatis. Leider zeigen sie sich nur, weil sie mit aufgehängten Bananen und Bananenblättern angelockt werden. Mit Geduld kannst du sie erblicken und beim Knabbern beobachten.

Wer jedoch **Meeresschildkröten bei der Eiablage** (Mrz.–Sep.; Mehr zu den Meeresschildkröten in Bocas del Toro

Zieht sich ewig: Playa Soropta beim Humedal San San Pond Sak

Das Gemeinschaftshaus der AAMVECONA in San San Pond Sak

auf S. 66) beobachten und einen Einblick in die Arbeit der AAMVECONA vor Ort haben möchte, der sollte über Nacht bleiben.

Die **Unterkunft ist sehr einfach.** Ein in die Jahre gekommenes Stelzenhaus verfügt nicht über eine übermäßig zivilisatorische Ausstattung: Geduscht wird mit Eimer und Regenwasser, so wird auch die Toilette gespült. Dafür wartet der ewig lange graue und breite Soropta Strand in nur wenigen Schritten Entfernung.

Für die Organisation sollte man die AAMVECONA kontaktieren. Leider ist die Kommunikation nur auf Spanisch möglich. Der Guide spricht sehr wenig Englisch, wird aber sein Bestes tun, sich mit Händen und Füßen verständlich zu machen und dir alle Informationen zu liefern. Lebensmittel können mitgebracht und vor Ort zubereitet werden. Optional kann man individuell gekochte Mahlzeiten vorbestellen. Laken und Räucherstäbchen werden gestellt. Taschenlampe, Handtücher und Repellent unbedingt mitbringen. info@aamvecona.com 6547–7214 (Büro), 6679–7238 (Mobil) http://www.aamvecona.com

Unsere persönlichen Einblicke zu einem Ausflug nach San San Pond Sak erhältst du hier: **https://blogaufmeer.de/seekuehe-san-san-pond-sak/**

Seekuh im Fluss San San

Parque Internacional La Amistad

La Amistad bedeutet **»Die Freundschaft«** und ist der Name des internationalen Parks, der auf Basis einer gemeinsamen Erklärung der panamaischen und costa-ricanischen Regierung von 1979 entstand. Den Anfang für den Park machte 1982 Costa Rica mit einigen angrenzenden Gebieten, die 1983 auf die UNESCO-Weltnaturerbeliste gesetzt wurden. 1988 wurde der panamaische Teil des Amistad gegründet und im Jahr 1990 auf der UNESCO Liste ergänzt. Der Park ist auch unter dem Kürzel **PILA** bekannt und erstreckt sich über ein **207 000 ha** großes Gebiet innerhalb Panamas, das **mehr als 400 geschützte Spezies** beherbergt und Heimat indigener Stämme ist. Der Park liegt u. a. auf dem Massiv der zentralen Bergkette Panamas, die die beiden Regionen Bocas del Toro und Chiriquí trennt.

Der größte Teil des Parks ist nicht zugänglich. Ein Zugang befindet sich in Bocas del Toro bei Wekso, ist jedoch für Reisende am besten von Las Nubes (S. 101) in der Nähe von Cerro Punta in der Provinz Chiriquí erreichbar (beschilderte Wanderwege vor Ort). Wekso ist eine verlassene US-Militärbasis, einst Panajungla genannt.

Anfahrt: Von Changuinola nimmst du den weißen Bus Richtung El Silencio. In El Silencio fährst du mit dem Boot bis zur Parkstation bei Wekso. Wer in Soposo übernachtet (siehe weiterer Text) kann einen Transport vereinbaren.

Aktivitäten und Übernachtung

Soposo

Das Soposo Rainforest Adventure liegt am Amistad Park und bietet Touren an, in denen sowohl der angrenzende Dschungel als auch die traditionelle Lebensweise der Naso-Indianer erlebt werden können. Gegessen und geschlafen (optional) wird bei den Naso, die die Touren organisieren. Man lernt etwas über die Kultur der Naso, ihre Tradition, Sprache und Landwirtschaft. Aktivitäten reichen von traditionellen Tänzen, Kochkursen, Floß bauen und Fischen bis hin zum Lernen traditioneller Handarbeit. Buchbar als Tagestrip oder mit Übernachtung in einfachen Holzhütten inklusive Transportes ab Changuinola. info@soposo.com 6631–2222 / 6875–8125 http://www.soposo.com/. Der Kontakt sollte möglichst weit im Voraus stattfinden, da nicht immer eine baldige Antwort erfolgen kann. Nach Möglichkeit am besten anrufen.

8°26'03.0"N 82°25'20.7"W

Chiriquí

Parque
Internacional
La Amistad
Cerro Punta
Barú
Río
Sereno
Volcán
Boquete
Parque
Nacional
Volcán Barú
Reserva
Forestal
Fortuna
Hornito
Comarca Ngöbe-Buglé
Costa Rica
Chiriquí
Paso Canoas
La Concepción
Gualaca
David
Chiriquí
San Félix
Horconcitos
Interamericana
Puerto Armuelles
Playa Barqueta
Boca Chica
Las Lajas
Isla
Boca Brava
Playa Las Lajas
Parque Nacional Marino
Golfo de Chiriquí
20 km

Chiriquí

Was macht Chiriquí besonders?

Von saftig grünen Nebelwäldern, Vulkanen mit atemberaubenden Aussichten über Wasserfälle und Wanderungen in der Wildnis sowie köstlich frischem Kaffee und palmengesäumten Traumstränden scheint es Chiriquí an nichts zu fehlen.

Diese Region sollte unbedingt auf deinem Reiseplan stehen. Egal, ob du ins Hochland fährst, um dich einige Tage von der Hitze in tieferliegenden Regionen zu erholen, oder an die Traumstrände im Golf von Chiriquí, um die Sonne genießen. Auch Abenteuerhungrigen wird in Chiriquí sicher nicht langweilig, denn zahlreiche Wanderungen, Tierbeobachtungen, Ziplining, Rafting und Touren bieten für fast jeden Geschmack etwas.

Wer unterwegs etwas erledigen muss, wird in David – der zweitgrößten Stadt Panamas – sicher den richtigen Ort dazu finden.

Nicht verpassen in Chiriquí

— **Sendero Los Quetzales:** Gehe wandern auf bezaubernden Nebelwaldpfaden
— **Volcán Barú:** Begrüße den Sonnenaufgang auf dem Gipfel des höchsten Bergs Panamas
— Hab Spaß wie ein Kind und drifte durch den kleinen **Gualaca Canyon**
— Erlebe Kaffee von der Blüte bis zum Getränk bei einer **Kaffeetour**
— Lass das Adrenalin durch deine Blutbahn rauschen, während du einen Wildwasserfluss beim **Rafting** bezwingst
— Entdecke den Regenwald aus einer anderen Perspektive beim **Ziplining**
— Du glaubst du träumst, wenn dich die Brüllaffen an den Paradiesstränden des **Golfs von Chiriquí** begrüßen
— Genieße das bezaubernde Agrarhochland rund um **Cerro Punta**
— Wandere durch den Regenwald auf fast einsamen Pfaden im **Parque Internacional La Amistad**

Chiriquí

Valle de Hornito und Umgebung

Für alle, die nicht die ganze Strecke zwischen Bocas del Toro und Boquete auf einmal fahren wollen, bietet sich ein Stopp in der Umgebung des Valle de Hornito an. In der Cordillera Central gelegen punktet das Valle de Hornito aufgrund der Höhe mit gemäßigten Temperaturen, saftigen Nebelwäldern und unglaublichen Aussichten.

Aktivitäten

Reserva Forestal Fortuna

Viele **Wanderwege** führen durch die Reserva Forestal Fortuna. Am besten fragst du in deiner Unterkunft nach Wegbeschreibungen und interessanten Routen in deiner Nähe. Du kannst zum Beispiel:

- den in Kaskaden verlaufenden Río Hornito entlanggehen oder
- zum Celestine Wasserfall wandern (zum Ausgangspunkt kommst du mit dem Bus Richtung Changuinola) oder
- die gekennzeichneten Wege des in der Region bekannten Lost & Found Hostels benutzen (siehe Beschreibung im weiteren Text). Es sind keine Privatwege und du kannst sie, auch wenn du nicht dort wohnst, nutzen.

Lost & Found Hostel Schatzsuche

Das Lost & Found Hostel bietet eine Indiana Jones Schatzsuche für seine Gäste an (siehe Lost & Found Hostel). Willst du sie machen, auch wenn du nicht dort übernachtest, kannst du einfach vorher auf einen Drink im Lost & Found vorbeischauen und nach den Anweisungen fragen. Alternativ kannst du den Wegweisern der Wanderung (Startpunkt beim Lost & Found Hostel) auch ohne zugehörige Schnitzeljagd folgen.

Touren

Einige Unterkünfte bieten verschiedene Touren in der Umgebung an. So kannst du über das Lost & Found Hostel eine **Nachtwanderung** (auf Trinkgeldbasis) machen, in der Umgebung reiten gehen, gemeinsame Ausflüge zum Gualaca Canyon (S. 85) unternehmen sowie eine empfehlenswerte **Kaffeetour zum lokalen Bio-Kleinbauern** Don Kune machen.

Schlummern

Neben dem weit über die Region bekannten Lost & Found Hostel finden sich auch zahlreiche weitere Übernachtungsmöglichkeiten in der näheren Umgebung.

Auf demselben Pfad, der bergauf zum Lost & Found führt, liegen die Jilguero Cabins 💻 http://www.jilguerocabins.com/ ($–$$, 4–6 Personen Cottages, 📞 6211–0318). Auf der Hauptstraße Richtung David befindet sich das Refugio la Brisa del Diablo ($$) und für den kleineren Geldbeutel das rustikale Roots Hostel 💻 https://rootshostal.com/ ($, 📞 6808–7164).

Lost & Found Hostel $

Dieses Hostel liegt mitten im Nirgendwo, ist aber bei Backpackern im ganzen Land bekannt. Mit einem kleinen Labyrinth vor Ort, zahlreichen Touren im Angebot und Schatzsuchen in der Umgebung weiß das Hostel seine Gäste zu bespaßen. Bei der Indiana Jones Schatzsuche wird im umgebenden Dschungel gewandert, nach versteckten Hinweisen gesucht, und es werden Rätsel gelöst. Eine Sherlock Holmes Schnitzeljagd findet mittels einer Smartphone-App auf dem Gelände des Hostels statt.

Das Hostel befindet sich mitten im Nebelwald der Reserva Forestal Fortuna und bietet einen fantastischen Ausblick auf die umgebenden Wälder und den

Großer Baum, kleiner Chris (im Regenwald des Valle Hornito)

Volcán Barú. In einer anstrengenden ca. 20-minütigen Wanderung bergauf von der Hauptstraße (abends Taschenlampe mitbringen!) erreichst du das Lost & Found. Das Hostel bietet täglich gutes Abendessen (vegetarische Option vorhanden) zu fairen Preisen an, was aufgrund der abgelegenen Lage eindeutig ein Plus ist. Basislebensmittel können vor Ort ebenfalls gekauft werden. Eine Bar abseits der Schlafsäle und Zimmer schenkt auch außerhalb der Happy Hour günstige Drinks aus. Es gibt heißes Wasser, was in dieser Höhenlage goldwert ist. Die Duschen und zusätzliche Toiletten sind jedoch etwas höher und abseits der Schlafsäle und Zimmer gelegen. Sie sind bei Regen nicht zu erreichen, ohne nass zu werden. Die Zimmer sind einfach ausgestattet aber sauber. Den Gästen stehen ein Fernsehraum, ein Aussichtspunkt, Hängematten, Ponchos für kühlere Abende und eine Küche zur Verfügung. https://www.thelostandfoundhostel.com/

Schlemmen

Die Unterkünfte rund um das Valle de Hornito bestechen durch ihre Abgeschiedenheit. Daher muss selbst gekocht oder in den Unterkünften gegessen werden. Ein Café und ein Restaurant befinden sich entlang der Hauptstraße Richtung David (vom Lost & Found kommend).

Weitere hilfreiche Informationen

Bank:
Vorher mit Bargeld eindecken, denn es gibt **keine Bank** in der Nähe. Im Lost & Found kann mit Karte gezahlt werden (mit Zusatzgebühr und problematisch bei schlechter Internetverbindung).

Supermärkte:
Der nächste Supermarkt befindet sich, vom Lost & Found in Richtung David fahrend, nach ca. 1,5 km auf der rechten Straßenseite direkt vor der Abzweigung nach Valle Mina. Danach kommt erst wieder einer in Gualaca. Auf der Hauptstraße Richtung David befindet sich gleich neben dem Pfad zum Lost & Found (großes Lost & Found Plakat auf der Straße) linkerhand ein Obst- und Gemüsestand. Im Lost & Found selbst können Basislebensmittel (Nudeln, Bohnen, Instantsuppen etc.) gekauft werden.

Anfahrt und Abreise

Anfahrt

Ab David nimmst du den **Changuinola Bus** und lässt dich an der Hauptstraße in der Nähe deiner Unterkunft absetzen. Falls der Busfahrer dich im Changuinola Bus nicht mitnehmen sollte, weil er lieber Personen für die ganze Strecke mitnimmt, dann gibt es folgende Alternative: Nimm den **Bus nach Gualaca** und sage Bescheid, dass du nach Hornito willst. So wirst du vor dem El Chino Supermarkt rausgelassen (2 $). Dort fährt der Bus mit der Aufschrift »Hornito« los (2 $). Gib wieder Bescheid, wo du aussteigen willst.

Aus Boquete kommend nimmst du einen der häufig in Richtung David fahrenden Busse. Dann folgst du den unter »ab David« beschriebenen Anweisungen.

Aus Richtung Panama City kommend nimmst du den David Bus bis nach Chiriquí. Dort steigst du in einen Changuinola oder Gualaca Bus. Für das weitere Vorgehen mit dem Gualaca Bus siehe oben »ab David«.

Vom Bocas del Toro Archipel kommend nimmst du ab Isla Colón das Taxiboot 25 bis zum Almirante Pier. Du kannst zu Fuß bis zur Busstation gehen (1,5 km) oder dir ein Taxi (1 $) nehmen. Von dort fährt jede halbe Stunde (mittwochs jede Stunde) ein Bus Richtung David. Sag Bescheid, wo du bei Hornito aussteigen möchtest (8,45 $).

Abreise

Busse fahren in 20-30-minütigen Abständen die Hauptstraße entlang:

Nach David für 3 $ (zum Umsteigen nach Boquete).

Steige in Chiriquí aus, um in einen Bus **nach Panama Stadt** umzusteigen.

Nach Gualaca kommst du für 2 $ mit dem Gualaca Minibus oder dem David Bus.

In die entgegengesetzte Richtung fahren Busse **Richtung Changuinola.** Steige in Almirante aus (8 $), um in das Bocas del Toro Archipel zu kommen.

Das Lost & Found Hostel bietet 1xtgl. **Shuttles** nach Bocas del Toro (20 $ inkl. Boot) und Boquete (15 $) an. Mit den Öffentlichen bist du jedoch flexibler, günstiger und authentischer unterwegs.

Gualaca

Die meisten Reisenden fahren durch Gualaca lediglich auf dem Weg von und nach David. Wer jedoch in der Gegend wohnt, sollte an dem kleinen Canyon von Gualaca zum Baden vorbeischauen.

Sehenswürdigkeiten

Los Cangilones de Gualaca

Der Río Esti fließt nördlich von Gualaca durch eine ca. 50 m lange Felsformation und hat hier eine 2–3 m hohe Felsenschlucht gebildet. Reinspringen, sich durch den Mini-Canyon treiben lassen, rausklettern und nochmal. Mach es einfach den Einheimischen nach. Hier wird schon seit Kindertagen geübt. Während man selbst noch auf dem Felsen steht und zögert, vollziehen die Einheimischen einen Salto und Kopfsprung nach dem anderen. Auch in das aufgewühlte Wasser am Anfang der Schlucht wird gerne hineingesprungen. Das Wasser ist zwar an allen Stellen des Canyons tief genug, es ist trotzdem größte Vorsicht geboten,

Reinhüpfen, treiben lassen und dann das Ganze nochmal!

vor allem beim Auftauchen, damit du nicht gegen die Felswand stößt.

Die Felsen oberhalb des Flusses bieten eine ausgedehnte Fläche zum Sonnenbaden. Es finden sich aber auch genügend Schattenflächen. Dieser kleine Canyon ist ein beliebtes Ausflugsziel der Einheimischen. Unter der Woche hast du meist dieses Plätzchen für dich allein. Wer genug vom Baden hat, kann auch eine ganze Weile entlang des Flusses gehen.

Schlemmen

An der Hauptstraße findest du einen Supermarkt (El Chino) und ein panamaisches Restaurant. Am Cangilones selbst befindet sich nichts dergleichen.

Anfahrt und Abreise

Anfahrt: Aus Richtung Hornito nimmst du einen Bus nach David oder Gualaca und steigst beim El Chino Supermarkt aus (2 $). Gib einfach Bescheid, dass du zu den Cangilones de Gualaca willst. Das kennt der Busbegleiter. **Ab David** nimmst du einen Bus Richtung Gualaca oder Changuinola und gibst ebenso Bescheid, dass du bei den Cangilones de Gualaca aussteigen möchtest. **Von Boquete** gibt es öffentlich leider keinen direkten Weg. Du musst über David.

Angekommen beim El Chino Supermarkt in Gualaca, folgst du der Straße links vom Supermarkt und vom Restaurant bis zum Schluss. Den kleinen Canyon findest du die Treppe hinunter auf der rechten Seite.

Abreise: Ab dem El Chino Supermarkt fahren Busse Richtung Hornito oder David, und vorbeifahrende Changuinola oder David Busse können angehalten werden.

David

David ist die zweitgrößte Stadt Panamas und gleichzeitig die Hauptstadt Chiriquís. Sie ist ein Drehkreuz für Reisende in die umliegenden Regionen. Für die Einwohner der Region ist sie ein zentraler Ort, um alles Notwendige zu erledigen.

Aktivitäten und Sehenswertes

Playa Barqueta

Wenn du in David bleiben möchtest, kannst du es als Ausgangspunkt für die Region nutzen, um zum Beispiel an den langen grauen Strand von la Barqueta zu fahren. Aufgrund der Strömungen ist das Meer dort meist nicht zum Baden geeignet. Am Wochenende ist die *Playa* ein beliebtes Ausflugsziel.

Die Playa Barqueta geht im Osten in das Schutzgebiet **Refugio de Vida Silvestre de Playa Barqueta** über, wo **von Juni bis November Meeresschildkröten zur Eiablage landen.**

Im Westen liegt das **Mangrovengebiet Manglares de Chiriquí Viejo. Anfahrt:** Mehrmals täglich fährt ein Bus nach Guarumal. Von dort aus musst du ein Taxi bis zum Strand nehmen. 2–3 x tgl. fährt ein Bus von David direkt bis zum Strand.

Anfahrt und Abreise

Busse ab David fahren in alle bei Reisenden beliebten Orte.

- **Boquete** (Seccíon C): amerikanischer Schulbus oder klimatisierter Reisebus. Fährt alle 20 Min. in 1–1,5 h (1,75 $).
- **Cerro Punta:** Kleinbus oder klimatisierter Reisebus fährt alle 15–30 Min. über **Volcán** (3 $) bis nach

Sonstiges:
1 Touranbieter
2 Handwerkermarkt
3 Post
4 Dienstagsmarkt
5 Romero Supermarkt
6 Bauernmarkt
7 Minibus-Haltestelle

Restaurants:
❶ Sugar & Spice
❷ Punto de Encuentro
❸ Las Orquídeas
❹ Fischstand
❺ Big Daddy's Grill
❻ El Sabrosón #3

Busse nach David

Unterkünfte:
① Downtown B. Apartments
② Mamallena
③ Bambuda Castle

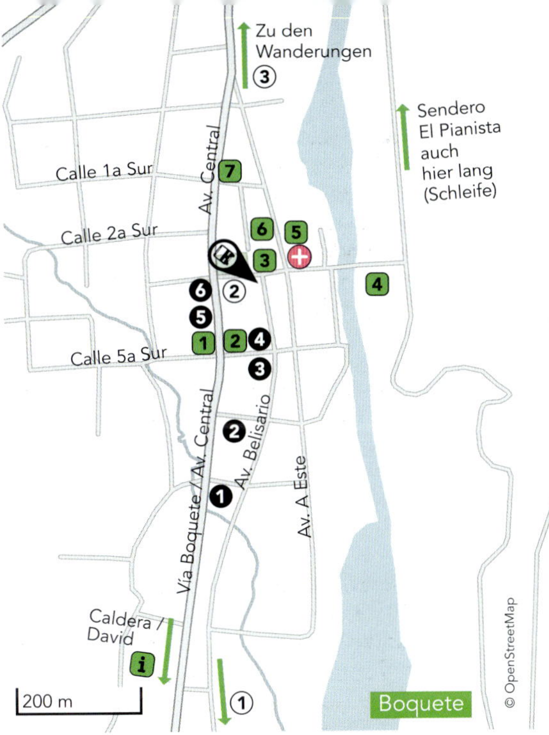

Cerro Punta und **Guadalupe** (3,5 $) in 1,5–2 h.

- **Changuinola** (nach Puerto Viejo in Costa Rica oder ins Bocas del Toro Archipel): alle 30 Min. in 4 h (9 $).
- **Frontera:** (Seccíon A) nach Costa Rica (Richtung Corcovado).
- **Gualaca** (zu den Cangilones de Gualaca S. 85; Seccíon A): mehrmals täglich in 45 Min.
- **Horconcitos** (nach Boca Chica S. 105; Seccíon A): 2xtgl. in 45 Min. (2 $).
- **Panama Stadt** (Seccíon G): mehrmals täglich in 7–9 h oder in 6 h mit dem Nachtexpress (18,15 $).
- **Santiago** (Dort umsteigen nach Soná für Santa Catalina): stündlich in ca. 3,5 h (9 $).

Flugzeug: Air Panama fliegt Mo–Fr 3xtgl. und Sa–So 2xtgl. vom Albrook Flughafen in Panama Stadt nach David.

Boquete und Umgebung

Ein Tal, ein Städtchen in der Mitte, durch das der Río Caldera verläuft, drum herum saftige Hügel voller Kaffeeplantagen, Nebelwälder und der höchste Berg Panamas: der Vulkan Barú. Boquete – schon lange nicht mehr das verschlafene Städtchen – ist Panamas Zentrum für Aktivitäts- und Outdoor-Junkies. Du kannst dort tagelang bleiben und wirst immer etwas finden, um deinen Tatendrang zu stillen.

Aufgrund des milden Klimas und der schönen Lage ist die Stadt auch ein beliebtes Ruhestandszentrum für US-Amerikaner. Die Häuser der Ruheständler befinden sich meist auf den Hügeln rund um Boquete.

Boquete selbst hat keinen besonderen Charme. Es ist die Umgebung, die die Rentner und die vielen Besucher anzieht. Neben den neuen Zuwanderern kommen Ngöbe-Buglé nach Boquete, um ihre Einkäufe zu erledigen. Mit ihren bunten, weit ausladenden Kleidern zieren die Frauen und Kinder die Straßen. Manche verkaufen ihr Handwerk auf dem lokalen Handwerkermarkt.

Feste und Veranstaltungen

Feria de las Flores y del Café

Jährlich im Januar kleidet sich Boquete in ein buntes Blütengewand, wenn das Blumen- und Kaffeefest *Feria de las Flores y del Café*, ansteht. Das genaue Datum der Blumenausstellung ist beweglich. Mehr Informationen und aktuelles Datum unter 💻 http://feriadeboquete.com/ (ES).

Feria de las Orquídeas

Orchideenmesse in Boquete (bewegliches Datum).

Aktivitäten

Wanderungen

Weitere Wanderungen, die ebenfalls von Boquete aus machbar sind, siehe Parque Nacional Volcán Barú S. 98.

Sendero El Pianista

Durch üppigen Nebelwald, einem Märchen gleich, schlängeln sich die Pfade des Pianista Trails bis zu einem Aussichtspunkt an der **kontinentalen Wasserscheide.** Der Weg ist hier das Ziel. Es kann daher – zum Reinschnuppern in den Nebelwald und für weniger Sportliche – nur eine kleine Teilstrecke des Trails begangen werden. Nach Regen kann der Pfad sehr matschig und mühsam werden. Unbedingt vorher den Zustand erfragen oder ggf. umkehren. **Anfahrt:** An der Minibushaltstelle Bescheid geben, dass du zum Restaurant Il Pianista möchtest. Dort beginnt die Wanderung, die zu Beginn über offene Feldflächen führt, später aber im Wald mündet. An der ersten Abzweigung im Wald rechts Richtung Bach halten (links geht es bergauf). **Länge:** Ca. 4 km bis zum Aussichtspunkt. Dort muss umgekehrt und auf demselben Weg zurückgegangen werden. **Hinweis:** Immer in Begleitung wandern und am besten jemandem (z. B. im Hostel) Bescheid geben, wohin du dich begibst. Aus Sicherheitsgründen wird empfohlen, nicht über den Aussichtspunkt hinaus zu gehen. Die Wege dahinter sind nicht Teil des offiziellen Wegenetzes, werden nicht gewartet und sind, vor allem nach Regen, sehr tückisch.

Wunderbare Hügellandschaft in der Umgebung von Boquete

Aussicht auf der »lost waterfall« Wanderung

»Las Holandesas« – Das blutige Geheimnis des Pianista Trails

Seit 2014 umgibt den Pianista Trail ein blutiges Geheimnis. Zwei junge Holländerinnen (21 und 22) begaben sich an einem sonnigen Vormittag auf den Pianista Trail und kehrten nicht mehr zurück. Wochen später fand eine Frau der Ngöbe in der Nähe des Dorfes Alto Romeo einen Rucksack mit u. a. zwei Handys der beiden Frauen. Er lag einen Fußmarsch von ca. 12 h vom offiziellen Ende des Pianista Trails entfernt. Das Ende des Pianista Trails befindet sich auf dem Gipfelpunkt und gleichzeitig der kontinentalen Wasserscheide. Heute ist das Ende des Pfades mit einem Hinweis *»Fin del sendero no pase retornar«* (»Ende des Weges, kein Rückweg«) beschildert. Damals stand dort kein Schild. Vom Gipfelpunkt zieht sich aber ein eindeutiger Pfad weiter bergab, der zum Weitergehen verleitet. Er führt in das weitverzweigte Wegenetz, das nicht gewartet wird, tückisch und vor allem nach Regen gefährlich ist. In der Regenzeit würden anscheinend selbst die indigenen Ngöbe die Wege nur bei absoluter Notwendigkeit nutzen. Nachdem der Rucksack der Mädchen gefunden worden war, fand man einige Tage später auch Überreste der Mädchen in der Nähe des Río Culebra (Schlangenfluss). Bis heute wurden nur weit verstreute Knochenteile gefunden und die Todesursache ist unklar. Das letzte gemeinsame Foto vom Handy zeigt die beiden lächelnd bei bestem Wetter an einem Aussichtspunkt des Trails. Bereits einige Stunden später versuchten sie, vom Handy aus, die Notrufnummern zu erreichen. Die Versuche setzten sie mehrere Tage lang fort, was leider misslang. Kreuze auf dem Gipfel erinnern an die »Holandesas«.

Lost Waterfalls Trail

Beginnend in einem gepflegten Garten mit Hortensien und Ausblicken auf die umliegenden Berge, führt diese Wanderung auf steilen Dschungelpfaden zu insgesamt drei Wasserfällen. Der erste Wasserfall kann nur von einer Plattform von oben bewundert werden. Bei den anderen beiden kannst du auch ein erfrischendes Bad nehmen. **Eintritt:** Leider kostet diese schöne Wanderung 7 $. **Anfahrt:** Nimm einen Minibus nach Bajo Mono (2 $) bzw. einfach an der Bus-Sammelstelle Bescheid geben, wohin du willst.

Pipeline Trail

Diese 3 km lange, einfache Wanderung führt an einer Pipeline entlang, die immer wieder zu sehen ist. Auf dem Weg erhältst du einen schönen Einblick in die Natur, kommst an einem ca. 1000 Jahre alten Baum vorbei und wirst mit einem Wasserfall belohnt. **Eintritt:** 3 $. **Anfahrt:** Nimm einen lokalen Bus nach Bajo Mono (2 $) bzw. einfach an der Minibushaltestelle Bescheid sagen, wohin du willst. Der Weg beginnt beim Cascada Escondida Schild und ist ab dort nicht zu verfehlen.

Weitere Aktivitäten

Boquete Aussichtspunkt

Etwa 2 km vom Stadtzentrum entfernt liegt ein Aussichtspunkt, von dem man auf ganz Boquete, den Fluss und die eingrenzenden Berge schauen kann. **Hinkommen:** Richtung Süden der Hauptstraße bergauf folgen (es gibt einen Fußweg auf der linken Seite), bis du beim Kotowa Café ankommst. Dort befindet sich der Aussichtspunkt. Alternativ den Bus nach David nehmen und direkt gegenüber dem Café absetzen lassen.

Eigene Schokoladenherstellung

2018 plante das Café Perfect Pair (S. 97), Kurse zur Schokoladenherstellung anzu-

Einer der drei »lost waterfalls«

bieten. Der Besitzer wartete jedoch noch auf die Genehmigung, gewerbefremde Personen in die Manufaktur hineinlassen zu dürfen. Der Starttermin und die Kurspreise standen noch nicht fest.

Heiße Quellen

Wer zur Abwechslung entspannen will, kann zu den Heißwasserbecken bei Caldera fahren. Zwei natürliche Becken warten dort mit >36 °C warmem Wasser. Die Becken sind mit Steinen gesäumt, und in der Nähe befindet sich ein Fluss, in dem du dich nach einem heißen Bad abkühlen kannst. **Eintritt:** 2 $. **Anfahrt:** Nimm den Caldera Minibus und gib Bescheid, dass du zu den *Aguas termales* willst (3 $). Dann steigst du an einer Kreuzung aus und hast noch mindestens 30 Min. zu Fuß vor dir. Die Thermalquellen werden auch im Rahmen von Touren mit dem Quad oder Pferd angeboten.

Rafting

Rafting ist in Boquete sehr populär und sollte auf der Liste jedes Adrenalinjunkies stehen, vor allem in der Regenzeit, wenn die Flüsse mehr Wasser führen. Die meisten Rafting-Operatoren steuern den Río Chiriquí Viejo an, der das ganze Jahr über befahren werden kann. Er entspringt der vulkanischen Umgebung des Vulkans Barú und verläuft größtenteils auf der anderen Seite des Vulkans, vorbei an Cerro Punta und Volcán. Daher muss, je nach Fluss, mit mind. einer Stunde Anfahrt gerechnet werden.

Der Chiriquí Viejo (II–III+) ist der populärste Fluss, er wird nahe der Grenze zu Costa Rica befahren und hat einen Level von II–III und bis zu IV in der Regenzeit (Mai–Nov., aber vor allem im Okt. und Nov.). Er führt durch Dschungel, vorbei an mehreren Wasserfällen und durch Canyons.

Folgende Flüsse werden seltener und nur während der Regenzeit befahren, wenn sie genügend Wasser führen:

— Das Rafting auf dem **Río Fonseca** (II–III) beginnt bei einem Ngöbe Dorf und führt durch unberührte meist weit geöffnete Landschaften aber nicht durch Canyons.
— Der **Río Gariche** (II) führt vorbei an Wasserfällen und reicher Vegetation, die Tiersichtungen ermöglicht, und ist daher sehr gut für Familien geeignet.
— Der **Río Majagua** (II) eignet sich perfekt für Familien und Personen, die vorerst nur ins Rafting reinschnuppern wollen.

Bei Buchungen von Touren solltest du beachten, dass:

— du entweder Spanisch oder Englisch sprichst und im zweiten Fall der Guide auch Englisch kann, um die Anweisungen des Guides zu verstehen und ggf. Fragen zu stellen.
— die Guides in Wildwasserrettung ausgebildet sind.
— ein Bei-Kajak mitfährt.

Touren können z. B. über Boquete Outdoor Adventures gebucht werden 💻 https://www.boqueteoutdooradventures.com/

Spanisch lernen

Die Sprachschule Habla Ya ist panamaweit vertreten und bietet auch in Boquete Sprachkurse an 💻 https://www.hablayapanama.com/.

Zip Line / Canopy / Hängebrücken

Auf einem Stahlseil über das dichte Grün gleiten, vorbei an Flüssen und Wasserfällen, so lässt sich die wunderbare Natur des Nebelwaldes in Kombination mit Spaß erkunden. Mit Boquete Tree Trek geht es 3,5–4 h lang auf insgesamt 4,5 km und zwölf verschiedenen Stahlseilen durch die Natur des Hochlands. Ziplining / Canopy Touren können zwar auch über andere Veranstalter gebucht werden, Boquete Tree Trek ist jedoch der einzige Zip Line Anbieter in der Gegend. Also am besten gleich direkt dort buchen. **Kosten:** 65 $ (30 $ für Hängebrücken). reservas@boquetetreetrek.com 720–1635/832–5918 http://boquetetreetrek.com/. Auch in Kombination mit Kaffee- oder Teetouren möglich.

Touren

An einigen der vorherigen Aktivitäten kannst du auch im Rahmen einer Tour teilnehmen. Die Büros einzelner Touranbieter findest du in den Passagen an der Kreuzung Calle 5a Sur und Avenida Central hinter dem Kotowa Café und der Banco General. Viele Anbieter bieten auch Mehrtagesausflüge und Kombitouren an.

Boquete Bees

Geführte Tour durch die Bienenfarm von Boquete Bees inklusive Besuch des Schmetterlingshauses, Honigverkostung und Probe von Honigwein oder -likör. **Dauer:** ca. 2,5–3 Stunden. **Kosten:** 35 $. Anmeldung am besten online. info@boquetebees.com 720–2939 http://boquetebees.com/.

Kaffeetouren

Ein Besuch Boquetes wäre ohne eine Kaffeetour unvollständig. Beim Besuch einer Kaffeefarm erfährst du alles über eine unserer Lieblingsgenusspflanzen: wie der Kaffee wächst, wie man die Früchte erntet, wie man daraus den Samen gewinnt und später zur Kaffeebohne verarbeitet. Natürlich kannst du vor Ort eine frische Tasse Kaffee genießen. Buchbar z.B. über Hello Travel Panama https://hellotravelpanama.com/, Boquete Tree Trek (auch Kaffeeverkostungen) http://boquetetreetrek.com/ und weitere Anbieter oder direkt bei einigen Kaffeefinkas: **Café Ruiz** https://www.caferuiz-boquete.com/, **Finca Lerida** http://fincalerida.com/ und **Finca dos Jefes** https://boquetecoffeetour.com/. **Kotowa** http://www.coffeeadventures.net/ bietet seit Anfang

1. Kaffeeblüte und -frucht
2. Traditionelles Entfernen der Kaffeesamenhülle durch Stampfen
3. Getrocknete ungeröstete Kaffeesamen
4. Frisch gerösteter Kaffee

Die teuerste Kaffeesorte der Welt

Als Produzent spielt Panama auf dem Kaffeemarkt eine eher unbedeutende Rolle. Und doch hat es das kleine Land geschafft, die teuerste Kaffeesorte der Welt hervorzubringen: den **Geisha-Kaffee.** Die Kaffeesorte ist nach der Geisha-Bohne aus Äthiopien, aus der Umgebung des Berges Geisha, benannt. Somit war nicht die japanische Geisha, die ja traditionellerweise Tee ausschenkt, namensgebend.

Nach Panama kam die Kaffeesorte – die übrigens keine eigene Art ist, sondern zur Arabica-Pflanze gehört – aus Costa Rica. Aber erst die Hacienda Esmeralda in der Nähe von Boquete in Panama machte die Sorte weltberühmt.

Der Anbau des Geisha-Kaffees ist dabei auf seine besonderen Eigenschaften zurückzuführen: Die Sorte Geisha ist im Vergleich zu anderen Kaffeepflanzen resistent gegen einen Pilz, der Kaffeesträucher in Costa Rica und Panama mit Kaffeerost ansteckte und vernichtete.

So rückte diese robuste Kaffeesorte aus der Not heraus ans Licht. Sie wurde vermehrt gepflanzt, auch auf verschiedenen Höhenlagen, um ihre optimalen Anbaubedingungen zu ermitteln. Zuvor erntete man und röstete die Bohnen alle gemeinsam ohne Rücksicht auf Sortenunterschiede und ohne das völlig andere Aromabild der Geisha zu entdecken. Nun wollte man sortenrein produzieren.

Nach erfolgreichen Anbauversuchen ließ die Hacienda Esmeralda 2004 ihren Kaffee professionell verkosten und versteigern. Bei der Versteigerung erzielte der Geisha einen Preis von 600 $/Pfund (rund 1 320 $/kg). Ein bis heute ungeschlagener Rekord auf dem Kaffeemarkt. Geboten wurde dieser Preis von Asiaten, die die Sorte weiterhin sehr schätzen.

Der Geisha-Kaffee ist andersartig. Sein besonderes, sehr mildes, blumig-fruchtiges Aroma soll an alles, nur nicht an Kaffee erinnern. Heute liegt der Preis mit im Schnitt 80 $/Pfund (rund 176 $/kg), nicht geröstet und ab Haus immer noch im sehr exklusiven Bereich. Die Finca versteigert ihre besten Chargen online.
💻 http://haciendaesmeralda.com/

2017 keine Kaffeetouren mehr an, dafür weiterhin alle anderen Touren wie zum Beispiel Kaffeeverkostungen und kulturelle Touren.

Klettern und Klettertouren

Die Boquete Rock Climbing School bietet Klettertouren, Bouldern, Abseilen und Wasserfall-Slacklining an 💻 https://boqueterockclimbing.com/rock-climbing-school/. Klettertouren können auch über Boquete Mountain Safari gebucht werden. 💻 http://boquetemountainsafari.com/.

Organic Farming Touren

Hello Travel Panama bietet auch informative Touren über die Bio Agrarwirtschaft in der Region an. 💻 https://hellotravelpanama.com/packages/tour-la-granjerita/

Touren an den Golf von Chiriquí

- **Walbeobachtungen** (Jul. – Okt.) sind z. B. über Hello Travel Panama 💻 https://hellotravelpanama.com/packages/whale-watching/ und Boquete Outdoor Adventures 💻 https://www.boqueteoutdooradventures.com/boquete-tours.html buchbar. Diese beinhalten meist auch Ausflüge zu den Inseln des Golfs und Schnorcheln.
- Weitere mögliche Touren: Ausflüge zu den Inseln im Golf von Chiriquí, Sportangeltouren, Seekajaktouren

Wandertouren

Die unter Aktivitäten (S. 88) gelisteten Wanderungen und die Wanderungen im Parque Nacional Volcán Barú (S. 98) können auch als geführte Tour gemacht werden. Buchbar z. B. über Boquete Mountain Safari 💻 http://boquetemountainsafari.com/ oder Hello Travel Panama 💻 https://hellotravelpanama.com/.

Weitere Touren und Ausflüge

- **Reiten** z. B. mit Boquete Mountain Safari 💻 http://boquetemountainsafari.com/ oder Beyond Adventure Tours 💻 https://www.beyondadventuretours.com/.
- **4 x 4 Touren auf den Volcán Barú** z. B. mit Beyond Adventure Tours 💻 https://www.beyondadventuretours.com/.
- **Quadtouren** buchbar über Boquete Mountain Safari 💻 http://boquetemountainsafari.com/ oder ATV Adventures Boquete 💻 https://www.facebook.com/atv4x4boquete/.
- **Fahrradtouren** rund um Boquete. Buchbar z. B. über 💻 https://hellotravelpanama.com/.
- Tour zum Los Cangilones de Gualaca Canyon (S.85) bietet Boquete Outdoor Adventures an 💻 https://www.boqueteoutdooradventures.com/.
- **Teetouren:** Über Boquete Tree Trek 💻 http://boquetetreetrek.com/

Schlummern

In der Hochsaison, vor allem während der *Feria de las flores y del Café*, sollte man unbedingt vorbuchen. Die beste Option für bequemes und günstiges Übernachten in Boquete sind Buchungen über AirBnB. Viele AirBnB-Unterkünfte sind etwas außerhalb des Zentrums. Meist erreicht man das Zentrum in weniger als 30 Min. zu Fuß.

Downtown Boquete Apartments (von Julie) — AirBnB $

Eines der vielen AirBnBs. 15 Min. zu Fuß vom Markt entfernt bietet Julie 4 saubere, einfache, voll ausgestattete, aber etwas hellhörige Apartments an. Eines der Apartments befindet sich im oberen Stockwerk. Ein weiteres hat einen kleinen Holzbalkon direkt über einem Bach mit Blick auf den gepflegten Garten des panamaischen Nachbarn. Das dritte liegt auch ruhig zum Garten, hat aber keinen Balkon. Das vierte ist zur Straße ausgerichtet, daher könnte es dort laut werden.

Hostel Mamallena — $

Das altbewährte Backpackerhostel Mamallena trumpft mit seiner Lage mitten im Zentrum direkt am Park. Die Zimmer sind einfach und sauber und es gibt zahlreiche Möglichkeiten zum Entspannen oder Leute kennenlernen. Die freundlichen Mitarbeiter helfen gerne und haben Antworten auf alle deine Fragen. Pfannkuchenteig zum Selbermachen deines Frühstücks ist inklusive. Kaffee und Tee den ganzen Tag kostenlos 💻 http://www.mamallenaboquete.com/. **Booking.com**

Bambuda Castle — $–$$

Kaum ein Backpacker, der in Boquete war, hat nicht vom Bambuda Castle geschwärmt. Der Hochlandableger der beliebten Bambuda Lodge in Bocas del Toro verfehlt auch hier nicht sein Ziel, etwas Besonderes zu bieten. Es lädt damit nicht nur Backpacker zu einer Übernachtung ein. Geschlafen wird in Bungalows oder einem Schloss. Die Doppelzimmer sind Turmzimmer, und die Aussicht ist nicht nur von den oberen Zimmern wundervoll. Dafür nehmen viele Backpacker gerne die fußläufig weite Entfernung zum Zentrum in Kauf (2xtgl. Shuttle). Bis ins Zentrum dauert es ca. eine Stunde zu Fuß. Zur Hauptstraße, an der die Busse zu beliebten Wanderzielen vorbeifahren, sind es ca. 20 Min. Alles ist sauber.

Im Whirlpool lässt es sich entspannen, wenn ein Platz frei ist. Die Sportlichen können ein paar Bahnen im überdachten Pool ziehen oder die Kletterwand am Turm nutzen. 💻 http://bambuda.net/boquete/ **Booking.com**

Schlemmen

Boquete bietet eine überschaubare Auswahl an internationalen Restaurants. Hier findest du eine kleine Auswahl überwiegend lokaler und günstiger Restaurants.

Sugar & Spice
Eine Abwechslung zum zentralamerikanischen Gebäck findet man im Sugar & Spice. Von den leckeren Muffins schwärmen Reisende schon fernab Boquetes. Die Muffins empfehlen wir aber nur frisch, denn gegen Abend werden sie meist sehr trocken. Gute Brote, Kuchen, Sandwiches, Tagessuppe und weitere süße Leckereien verwöhnen hier den Reisemagen.

Café Punto de Encuentro
Zum Encuentro kommt man am besten zum Frühstücken. Ob eine große Portion Blueberry Pancakes, Joghurt, Eier oder panamaisches Frühstück, hier beginnt der Tag mit einem zufriedenen Magen. Gesessen wird auf einer von Pflanzen umgebenen, halb offenen und überdachten Terrasse; auf den Tisch kommt Hausmannskost.

Restaurante las Orchídeas
Im Orchídeas wird lokale Hausmannskost serviert. Ein festes Menü gibt es nicht. Auf den Tisch kommt das, was tagesfrisch gekocht wird. Was die Küche aktuell anbietet (3–4 Gerichte), wird mündlich vorgetragen. Gesessen wird innen oder auf der kleinen überdachten Terrasse an Vierertischen.

Fischbude
Fast jeden Tag ohne feste Uhrzeit macht der Wagen an der Kreuzung Calle 5a Sur und Avenida Belisario Porras auf. Im Angebot sind i.d.R. frittierter Fisch mit *Patacones* (4 $) und vorbereitetes *Ceviche*. Keine Besonderheit, aber ein schnelles und günstiges Mittel gegen Hunger.

Big Daddy's Grill
Die Tacos, ob Fisch oder Fleisch, sind köstlich. Das Fleisch kommt direkt vom Grill. Die Atmosphäre in der Front ist kalt und ungemütlich. Deshalb unbedingt im Hinterhof Platz nehmen. Da warten in gemütlicher Gartenpartyatmosphäre viele weitere Tische und eine Bar, wo man gerne den Abend mit einem Cocktail ausklingen lassen möchte.

Restaurante El Sabrosón
In den Filialen des Sabrosón kann authentische panamaische Küche in Buffetform ausgewählt werden. Das typische *Restaurante*, eher ein Café, ist sehr beliebt bei den Einheimischen und dementsprechend voll zur Mittagszeit. Das Restaurant #3 punktet mit seiner etwas erhöhten Lage und der Außenterrasse mit Blick auf die Avenida Central.

Cafés

Rund um Boquete gedeiht der Kaffee prächtig. Aus einer guten Barista Maschine schmeckt der braune Extrakt wesentlich besser als aus der Filtermaschine im Apartment oder der Kaffee-Socke im Hostel. Daher listen wir dir hier ein paar Cafés rund um das Zentrum auf, in denen du in netter Atmosphäre das erquickende Getränk genießen kannst. Listung von Norden nach Süden sortiert.

Darüber hinaus findet man in Boquete noch Filialen der Kotowa und Duran Café-Ketten.

Gelateria la Ghiotta
Eher eine **Eisdiele** denn ein Café. Wer aber zu seinem Kaffee gerne ein Eis genießen will, der findet bei la Ghiotta leckere Sorten. Geschlürft und gegessen wird innen. Kein Außenbereich aber weit offene Front.

La Casa del Café

Die Einrichtung des kleinen Cafés ist aus Brettern zusammengezimmert. Alles ist auf Kaffee gepolt, sobald man an der Casa del Café vorbeigeht. Gesessen wird draußen oder drinnen. Auch Kaffeesouvenirs werden angeboten.

La Viuda del Café

Ein kleines, nettes Kaffee unweit des Zentrums, das auch handgemachte Souvenirs verkauft. Im Angebot gibt es auch eine Rarität: Tee aus Kaffeeblüten. Unbedingt probieren!

Perfect Pair

Alles hier ruft: »Ich will Schokolade!«. Ob die Fassade oder die Inneneinrichtung, die Schokoladentöne verleiten einen förmlich dazu, Schokolade zu genießen. Wie der Name des Cafés schon sagt, sind Kaffee und Kakao solch ein perfektes Paar, dass hier sicher jeder eine leckere Praline zum Kaffee bestellt. Zur Zeit der Recherche waren Kurse zur Schokoladenherstellung in Planung.

Café Bistro Rustica

In diesem klimatisierten, eher einer Kaffeekette gleichendem, Café gibt es auch italienische Snacks.

Café Misionero

Neben dem Super Barú steht dieser kleine Stand, an dem die Einheimischen ihren Espresso genießen.

Debora Café Culture

An Tischen auf einer kleinen Terrasse mit Schirmen oder im kleinen etwas kühl wirkenden Innenbereich können guter Kaffee und Snacks in einer ruhigen Seitenstraße genossen werden.

Weitere hilfreiche Informationen

Handwerker Märkte:
Jeden Dienstag von 9:00–11:30 findet ein **Markt** im BCP Events Center statt (vom Zentrum aus über die Brücke, dann auf der rechten Seite http://www.eventsboquete.org). Verkauft werden handgemachte Accessoires und Kleidung, lokal hergestellte Lebensmittel wie Schokolade (Kakao aus Bocas del Toro), Käse und Honig (von Boquete Bees S. 93) sowie Bio-Ware von Einheimischen und Einwanderern.

Auf der gegenüberliegenden Straßenseite der Banco General findest du die **Boquete Artisan Village,** einen lokalen Markt für Handgemachtes, der täglich geöffnet hat.

Bauernmarkt:
Gegenüber vom Romero Supermarkt findest du viele kleine nummerierte Buden, die lokales Obst und Gemüse anbieten. Hier findest du fast alles an Obst und Gemüse. Sollte etwas an einem Stand fehlen, dann gibt es das sicher an einem anderen. Die Händler sind sehr freundlich, und helfen dir gerne bei der Auswahl der Früchte mit dem richtigen Reifegrad.

Touristeninformation:
Eine Touristeninformation befindet sich außerhalb des Zentrums beim Aussichtspunkt an der Hauptstraße Richtung David. Hier halten alle Busse, die Richtung David fahren. Gesprochen wird nur Spanisch, und die Informationen der Mitarbeiter sind eher spärlich. Kostenloses Infomaterial der Tourismusbehörde ist ausgelegt.

Fortbewegung vor Ort

Minibus

Mit dem regionalen Minibus kommst du zu allen wichtigen Highlights. Die Minibusse fahren beim Bruña Supermarkt los (nord-westlich des Bauernmarkts, rechts der Kreuzung 1a Sur und Avenida Central). Einfach einem der Fahrer vor Ort sagen wohin du möchtest, dann wirst du schon zum richtigen Bus geführt. Bzw. wird dich sicherlich bereits beim Vorbeigehen jemand ansprechen. Für die Rückfahrt kannst du die Busse überall auf ihrer

Strecke anhalten und zusteigen (wenn Platz) sowie flexibel überall aussteigen. Preisbeispiele: Fahrt zum Startpunkt der Wanderung des Sendero Los Quetzales (Volcán Barú Nationalpark) 2 $.

Taxi

Gezahlt wird pro Person. Innerhalb des zentralen Stadtgebietes sollten die Strecken ca. 0,60 $ kosten.

Roller

Roller können bei Boquete Mountain Safari (Büro liegt neben der Banco General) auf 4- und 8-Stundenbasis geliehen werden. http://boquetemountainsafari.com/

Auto

Die Gegend lässt sich auch prima mit dem Auto erkunden. Beispielweise über Cowboy Dave's 657–18627.

Anfahrt und Abreise

Bus

Anfahrt: Wenn du aus Richtung Panama City bzw. aus Bocas del Toro kommst, nimmst du einen Bus nach David. In David steigst du am Busbahnhof in der Sección C in den Bus nach Boquete (1,75 $). Je nach Fahrplan handelt es sich um ausrangierte amerikanische Schulbusse ohne Klimaanlage oder um klimatisierte moderne Überlandbusse.

Abfahrt: Der Bus nach David fährt ca. alle 20 Minuten südöstlich des Parque Central Domingo Médica beim Kiosk los (1,75 $; Dauer: 1-1,5h). Er fährt langsam die Avenida Belisario Porras hinunter und hält nach Zusteigenden Ausschau. Erster Bus um 4:30, letzter um 19:45 (Mo–Sa) bzw. erster um 5:00 und letzter um 19:45 (So). Der Fahrplan ist am Kiosk, neben dem der Bus hält, ausgehängt. Wer nach Bocas del Toro fahren möchte, sollte in David in den Bus nach Changuinola umsteigen.

Shuttles

Shuttles bringen dich nach Bocas del Toro (30 $ inkl. Boot; 3,5 h) und nach Santa Catalina (35 $; 4 h), buchbar z. B. über Hello Travel Panama (Boot ist hier im Preis inklusive). info@holapanamatravel.com 6282–2484 https://hellotravelpanama.com/

Parque Nacional Volcán Barú

Der Parque Nacional Volcán Barú erstreckt sich über eine Fläche von **14 325 ha.** Im Park leben ca. **250 verschiedene Vogelarten.** Der namengebende **Volcán Barú** ist mit **3 475 m** der höchste Punkt Panamas.

Aufgrund der kleinen Nord-Süd-Ausdehnung Panamas kann man vom Gipfel gleichzeitig sowohl den Pazifik als auch das Karibische Meer sehen. Der Barú ist ein **ruhender Vulkan,** der geschätzt vor ca. 400–550 Jahren das letzte Mal ausbrach.

Der **Eintritt** in den Nationalpark Volcán Barú kostet Nichtansässige 5 $, für Studenten sind es 3 $. In den National-

Cris im Dickicht des Quetzal Trails

parks Panamas ist ein Guide gesetzlich verpflichtend. Es wird jedoch selten jemand vom Wandern abgehalten, weil er keinen Guide hat.

Aktivitäten

Sendero Los Quetzales

Ein Highlight für Natur- und Wanderliebhaber ist diese anspruchsvolle Wanderung. Sie führt auf schmalen Pfaden entlang der Flanke des Volcán Barú durch **dichten Nebelwald** und mitten durch das **Gebiet des Quetzal Vogels.** Auch wenn man die Vögel nicht leicht sichtet, so wird die Wanderung (v.a. zur Paarungszeit) durch zahlreiche Vogelgeräusche begleitet. Ein Guide ist hier nicht nur verpflichtend, sondern auch empfehlenswert.

Die Wanderwege sind teilweise **durch Erdrutsche zerstört.** Die Infrastruktur (Sitzbänke, Aussichtspunkte) ist größtenteils in schlechtem Zustand. Der Mirador las Rocas kann begangen werden; ein zweiter Aussichtspunkt ist jedoch zerfallen.

Dauer & Länge: Der Sendero Los Quetzales selbst ist **7 km lang.** Kommst du **mit dem Bus, so solltest du mit insgesamt mind. 13 km und ca. 5 Stunden** rechnen + 3 h Busfahrt. Die Wanderung kann von Boquete (S. 87) aus (von Ost nach West) oder von Cerro Punta (S. 103) aus (von West nach Ost) begangen werden. Aus Boquete kommend (Alto Chiquero) führt der Weg steil bergauf über eine Schotterpiste und nachfolgend über schlüpfrige Waldpfade und modrige Treppen. Auf der anderen Seite angekommen, geht es bergab über Geröll und Asphalt. Wer sich die lange Busfahrt sparen will, kann auch einen Abschnitt hineinwandern und auf demselben Weg zurückgehen. Am besten von Boquete aus.

An- und Rückfahrt ab Boquete zum Osteingang (Boquete, Alto Chiquero): Nimm aus Boquete einen Minibus. Sag Bescheid, dass du zum Sendero Los Quetzales willst, dann wirst du in den richtigen Minibus gesteckt (2 $) und beim Osteingang der Wanderung ausgesetzt. Bist du nach der Wanderung auf der anderen Seite angekommen, so kannst du dort, wo die herabführende Asphaltstraße in einer querenden Straße endet, einen beliebigen Bus für die Rückfahrt nehmen. Dieser fährt entweder direkt bis nach David, oder du wirst in Cerro Punta in den richtigen Bus nach David versetzt (3,5 $). In David nimmst du den Bus nach Boquete.

An- und Rückfahrt ab Boquete Westeingang (Cerro Punta, Respingo): Solltest du in Boquete wohnen, aber den Sendero Los Quetzales von West nach Ost begehen wollen, so gehst du wie folgt vor: Du nimmst einen Bus nach David (1,75 $). Von David nimmst du den Bus nach Cerro Punta und gibst Bescheid, dass du am Sendero Los Quetzales aussteigen willst (3,5 $). Dann wirst du an der richtigen Abzweigung, an der es zum Orchídeas Hotel geht, abgesetzt. Folge der abzweigenden aufsteigenden Straße (später Schotterpiste), vorbei am Las Orchídeas Hotel. Es sind mehrere Kilometer bis zum Nationalpark.

Folge der Anleitung ab der Cerro Punta Beschreibung für eine Anfahrt von dort.

Rechne mit 3–4 h für die gesamte Hin- und Rückfahrt und brich rechtzeitig auf, um vor Sonnenuntergang zurück zu sein!

Einen persönlichen Einblick zu unserer Los Quetzales Wanderung erhältst du hier: **https://blogaufmeer.de/sendero-los-quetzales/**

Volcán Barú von Boquete (Ostanstieg)

Möchtest du nach einer anstrengenden Wanderung mit einem traumhaften Rundblick auf die Umgebung und

Geschafft! Chris kurz nach Sonnenaufgang auf dem Gipfel des Volcán Barú.

der Aussicht auf zwei Ozeane belohnt werden? Da bist du hier richtig! Und mache bitte eine Nachtwanderung daraus, dem Sonnenaufgang entgegen. Die Landschaft einiger Abschnitte des Wanderwegs wird erfahrene Wanderer nicht umhauen. Die Tour-Anbieter fahren die Schotterpiste sogar bequem mit Allrad-Fahrzeugen hoch. Eine Nachtwanderung bietet daher viel mehr: nicht nur einen magischen Sternenhimmel, nicht nur den zauberhaften Sonnenaufgang, sondern auch den Reiz, diese Strecke auf zwei unterschiedliche Arten zu erleben. Die Wanderung ist nur etwas für fitte Personen.

Dauer/Länge: 13,5 km und ca. 1600 Höhenmeter müssen auf einem Schotterweg in eine Richtung überwunden werden. Bei km 12,3 befindet sich eine kleine Schutzhütte (Sitzfläche zerfallen). Das letzte Stück ist das steilste und führt über rutschiges Geröll zu Antennenmasten. Lass dich nicht beirren, die Masten befinden sich noch nicht auf dem Gipfel. Ein schmaler Pfad rechts führt zum höchsten Punkt. Das letzte Stück muss geklettert werden. **Eintritt:** 5 $. Nachts ist keiner da, um Geld einzusammeln. Am Morgen nach dem Abstieg wird meist kein Eintritt von den müden Wanderern kassiert. **Anfahrt:** Tagsüber lokalen Bus nördlich des Marktes zum Nationalpark nehmen. Für die Nachtwanderung bestelle dir ein Taxi vor, um zum Startpunkt der Wanderung zu gelangen. Ein Nachttaxi kostet 20–25 $. Am besten fragst du in deiner Unterkunft nach einem verlässlichen Taxiservice. Suche dir Mitfahrer (in Hostels rumfragen), dann kostet die Fahrt ab 5 $ pro Person.

Rückfahrt: Warte auf einen Bus dort, wo der Asphalt beginnt, ein Stück hinter der Ranger Hütte. Hier sammeln Busse ca. jede halbe Stunde Passagiere von und nach Boquete ein (3 $).

Tipps zur Nachtwanderung: Packe eine Taschenlampe, Snacks, ausreichend zu trinken (du bist mind. 9 h unterwegs) und warme Kleidung ein, auch Handschuhe, wenn vorhanden (alternativ Socken). Fahre spätestens um Mitternacht los. Kontrolliere beim Wandern deine Geschwindigkeit anhand der km-Schilder. Wer zu schnell ist, friert länger!

Persönliche Einblicke zu unserem nächtlichen Aufstieg auf den Barú erhältst du hier: **https://blogaufmeer.de/volcan-baru/**

Volcán Barú ab Cerro Punta (Westanstieg)

Diese kürzere, 8 km lange, dafür aber steilere und deutlich anstrengendere Wanderung führt über Waldpfade zum Gipfel des Barú. Sie ist idyllischer als der Aufstieg von Boquete aber auch gefährlicher und sollte daher nur mit Guide begangen werden.

Touren

Verschiedene Unternehmen bieten die beschriebenen Aktivitäten auch als Tour an (meist nicht in der Regenzeit). Siehe Wanderungen im Kapitel Boquete S. 94. Der Sonnenaufgang am Volcán Barú wird auch in Kombination mit Camping angeboten, z. B. über Hello Travel Panama https://hellotravelpanama.com/packages/baru-volcano-camping/.

Parque Internacional La Amistad (Las Nubes Eingang)

Der Parque Internacional La Amistad (die Freundschaft), kurz PILA, ist ein gemeinschaftlich mit dem Land Costa Rica gegründeter Park und UNESCO Naturerbe. Er erstreckt sich über die Grenzen der beiden Länder und deckt in Panama große Flächen von Bocas del Toro (s. S. 77) und Chiriquí ab. Den größten Teil des Parks bildet eine unzugängliche wilde Natur. Der Abschnitt in Chiriquí beträgt mit einer Fläche von nur 6,2 ha 3 % der Gesamtfläche des Parks auf Panamaseite. Hier befindet sich der für Wanderer erschlossene kleine »Las Nubes«-Abschnitt des Parks (5 $ Parkgebühr). Er zeichnet sich durch **Nebelwald** aus und beheimatet **viele Vögel,** u. a. den **Quetzal,** die **Harpyie,** den Nacktkehl-Glockenvogel sowie **zahlreiche Säugetierarten** wie den **Jaguar, Puma, Tapir, Paka** und viele andere. Also Ohren offenhalten, was dort zwitschert und kreischt! Mit ein bisschen Glück kannst du die Abdrücke einiger Tiere am Boden erkennen. Drei kürzere und ausgeschilderte Wanderungen führen dich durch die tierreiche Nebelwaldregion. Die Infrastruktur des Parks ist leider nicht mehr in bestem Zustand, aber die Wege werden gewartet. Es geht **bis auf 2 490 m** hinauf und kann daher recht frisch werden.

Aktivitäten

Alle Wanderwege beginnen unweit der Rangerstation, die ca. einen halben Kilometer vom offiziellen Parkeingang entfernt ist. Ein gemeinsamer Weg führt zum Sendero la Cascada und El Retoño, bevor eine Abzweigung beide trennt und der Retoño in einer Schleife zurück zum Rangerhaus verläuft.

Sendero El Retoño

Diese Wanderung (Rundweg) schlängelt sich 2,4 km durch einen Sekundärwald, der einen Einblick in **verschiedene Ökosysteme** gewährt.

Sendero La Cascada

Der La Cascada Pfad (3,2 km hin und zurück) führt dich stetig bergauf über unebene Waldwege bis zum **Mirador El Barranco**. Von dort geht es steil bergab über modrige dicht bewachsene Treppen zum **Wasserfall.** Der Weg endet direkt am Fluss ohne weiterführende Wege. In der Regenzeit kann der gesamte Pfad bis hinauf zum Mirador El Barranco zu einem Rinnsal werden, was die ohnehin anspruchsvolle Wanderung zu einer sehr rutschigen Partie macht.

Chiriquí

Wanderung im Parque Internacional La Amistad

Die Aussichtsplattform des Mirador la Nevera ist zusammengestürzt. Auch die Schutzhütte am Mirador El Barranco ist nicht mehr in bestem Zustand (Achtung vor rostigen Nägeln!).

Sendero Panamá Verde

Ein relativ eben verlaufender 400 m langer **Waldlehrpfad** (Rundweg) durch Sekundärwald gibt auf verblichenen Schildern (nur Spanisch) Einblicke in die Flora der Gegend.

Anfahrt und Abreise

Von David nimmst du in der Seccíon A einen Bus Richtung Cerro Punta (3,5 $) und sagst Bescheid, dass du zum las Nubes willst. Du wirst an einer Kreuzung aussteigen. Links zeigt ein Schild Richtung Nationalpark. Von hier sind es noch ca. 6 km bis zur Rangerhütte. Taxis fahren häufiger vorbei, für die Rückfahrt solltest du aber etwas ausmachen. Auf der regelmäßig befahrenen Straße nehmen dich auch freundliche Einheimische sehr gerne mit.

Cerro Punta, Guadalupe und Umgebung

Wer keine Zeit zum Wandern oder Aufhalten in dieser Region hat, sollte zumindest einmal mit dem Bus nach Cerro Punta hinauffahren. Nimm dabei am besten einen Fensterplatz links bzw. rechts auf der Rückfahrt. Die Luft wird langsam kühler, während du einen Ausblick auf die umgebenden Berge genießt. Vorbei an Volcán schlängelt sich die Straße durch die Bambito Highlands entlang des Río Chiriquí Viejo, der durch ein grünes Felsental fließt. Neben Stromschnellen und steilen Felsen geht es stetig bergauf. Diese Landschaften sind das »Obst- und Gemüseherz« der Region. Bilderbuchhafte Felder dominieren die hügelige Landschaft, und Obst- und Gemüsestände stehen entlang der Straße. Angekommen in Guadalupe, lohnt es sich, einen kleinen Spaziergang durch das blumengespickte Örtchen sowie die Felder und Gärten der umgebenden Berglandschaft zu unternehmen. Gönn dir einen Snack vom Grill und zum Nachtisch lokale Erdbeeren mit Sahne, bevor dich der Bus zurück nach David fährt.

Aktivitäten

Wanderungen im Parque Internacional La Amistad (S. 101) und der Sendero Los Quetzales (S. 99) sind von Cerro Punta sehr gut zu erreichen. Siehe dort.

Schlummern

In der herrlichen Umgebung von Cerro Punta zu übernachten, ist eine wunderbare Idee. Denn rund um Cerro Punta finden sich einige schöne Unterkünfte, wie z. B. das EcoTreat in Guadalupe ($$ |

Straße im liebenswerten Ort Guadalupe

Booking.com), das an der Grenze zum Amistad Park liegt oder das abseits auf der Straße Richtung Quetzal Trail gelegene Las Orchídeas ($$ | **Booking.com**). Preiswerte Alternativen gibt es in Cerro Punta und Umgebung jedoch leider nicht.

Anfahrt und Abreise

Ab David (Seccíon A) fährt ein Direktbus (3,5 $ / ca. 1,5 h) alle 15–30 Min. nach Cerro Punta. Dieser fährt auch noch weiter bis nach Guadalupe. Ggf. ist Umsteigen in Cerro Punta angesagt, das aber koordiniert der Busfahrer.

Volcán / Nueva California

Volcán ist die größte Siedlung westlich des Volcán Barú. Der Ort ist jedoch lange nicht so ein Touristenmagnet wie Boquete. Er eignet sich wunderbar als Ausgangspunkt, um die fabelhafte Landschaft westlich des Barú zu entdecken und Ausflüge z. B. in den La Amistad Nationalpark zu unternehmen. Man hat dabei alle Notwendigkeiten vor Ort und genießt gleichzeitig die Authentizität einer panamaischen Kleinstadt.

Aktivitäten

Reserva Forestal Humedal Laguna de Volcán

Südwestlich von Volcán liegt dieses Feuchtgebiet, das aus zwei Seen besteht. Beide sind von Wald umgeben mit Blick auf die dahinterliegende Hügellandschaft des Hochlands. Die Wälder beheimaten neben zahlreichen Vögeln u. a. Beutelratten und Gürteltiere. In der näheren Umgebung befinden sich noch drei kleinere Seen. Sie werden jedoch nicht zum Reservat gezählt. Das Reservat liegt ca. 4 km außerhalb des Stadtzentrums. Es gibt keine öffentliche Anbindung, daher ist die Anfahrt nur mit dem Taxi möglich.

Schlummern

Schöner als direkt in Volcán schläft es sich etwas außerhalb des Zentrums in Nuevo Bambito. Das liegt auf der Busstrecke Richtung Cerro Punta.

Schlemmen

Da Volcán nicht übermäßig von internationalen Touristen angesteuert wird, findet man vor Ort v. a. auf Einheimische ausgerichtete Restaurants. Panamaische Küche, aber auch eine Pizzeria, Italiener, Mexikaner, eine Sushi-Bar und typisch panamaische Bäckereien prägen die Auswahl vor Ort. Im rustikalen Holzambiente und mit Veranda bietet das **Café Volcán** – am Rande von Volcán bei der Ausfahrt nach David – abwechslungsreiche Küche in einer netten Atmosphäre.

Weitere hilfreiche Informationen

Vor Ort: Apotheke, Bank, Polizei, mehrere Supermärkte, u. a. ein großer Romero und der Super Mercado Miki.

Anfahrt und Abreise

Alle 15–30 Min. fährt ab David in der Seccíon A ein Direktbus nach Cerro Punta und hält auch an mehreren Haltestellen (oder nach Wunsch) in Volcán.

Zwischen Volcán und La Concepción

Die Straße steigt an, die Landschaft ist geprägt von Bergen, und es wird kälter. Viel ist zwischen La Concepción und Volcán nicht zu finden. Doch die Landschaft hier ist herrlich und ein guter Ort für Ruhesuchende.

Arte Cruz Souvenirs

Hier werden alle möglichen Gegenstände (Schilder, Figuren, Tische, Stühle, Türen und Türverzierungen) **händisch aus Holz** gefertigt und mit tropischen Mustern versehen. Es lohnt sich, die Handwerkskunst zu bewundern. Der freundliche Künstler zeigt gerne und stolz seine Arbeit. Wer nach handgemachten Souvenirs Ausschau hält, der sollte unbedingt vorbeischauen. Vor Ort werden auf Wunsch auch kleine Einzelanfertigungen gemacht. 📞 6622–1502.

Puerto Armuelles

Die meisten Reisenden treibt es nicht bis nach Puerto Armuelles. Es gibt auch nichts Spektakuläres in der ehemaligen Chiquita Stadt. Nur die in die Jahre gekommenen aber schönen tropischen Kolonialhäuser zeugen heute noch von der Vergangenheit der früheren Unternehmensstadt. Chiquita hat die Häuser für ihre damaligen Mitarbeiter gebaut. Sie machen einen Spaziergang durch die Viertel interessant. Puerto Armuelles ist die einzige Stadt in Panama, die über einen tatsächlichen Stadtstrand verfügt.

Anfahrt und Abreise

Mehrmals täglich fährt ein Bus von und nach David (Abfahrt in der Seccíon A).

Boca Chica und der Golf von Chiriquí

Kannst du deine Vorstellung von einem karibischen Traumstrand auch mit braun-grauem Sand vereinen? Dann findest du hier dein ganz persönliches Juwel. Und noch viel mehr: auch die feinsten weiß-gelben Strände warten auf dich. Das wahre Paradies!

Dennoch, nicht viele verirren sich nach Boca Chica. Sei einer von ihnen! Alles, worum es sich in der Gegend um Boca Chica dreht, ist tropisches Feeling an Traumstränden. Lass die Seele baumeln, mache eine Bootstour zu **weißen Stränden, schnorchle** im **Marine Parque Nacional Golfo de Chiriquí,** spaziere an **grauen Stränden** und halte Ausschau nach Affen. **Brüllaffen,** Leguane und **Totenkopfäffchen** im Golf von Chiriquí zu erblicken, ist keine Seltenheit.

Boca Chica – eine kleine Ansiedlung direkt am Meer gegenüber der Insel

Anna auf den Felsen vor der Playa Coco

Boca Brava – ist kein besonderer Ort, eher eine Eingangspforte zum Paradies. Kein Strand, eine Tankstelle, ein Minimarkt, wenige Restaurants, ein paar Nebenstraßen um eine ruhige Hauptstraße, die am betonierten Bootsanleger endet: fertig! Von dem Bootsanleger schaut man auf die Insel Boca Brava hinüber. Erwarte also nicht gleich bei deiner Ankunft, den Garten Eden vorzufinden.

Investieren für den Aufenthalt

Die Straße von der Interamericana nach Boca Chica führt an der hügeligen Landschaft des Chiriquí Tieflands vorbei. Nach einer Weile wirst du Teakholzplantagen rechts und links entdecken. Eine der Plantagen – so erzählt man sich hier – hat ein chinesischer Investor gekauft, um eine Aufenthaltsgenehmigung zu erhalten. Der Gewinn aus dem Holz war ihm wohl nicht so wichtig wie der legale Aufenthalt in Panama, denn die Teakbäume auf seinem Grundstück wurden zu eng gepflanzt und haben daher nicht ausreichend Platz, um prächtig zu wachsen. Die Bäume sind zu dünn, und das Holz wird zu Schleuderpreisen als Heckenholz verkauft.

Sehenswürdigkeiten und Aktivitäten

Boca Brava

Die Insel Boca Brava liegt direkt gegenüber des Boca Chica Piers und wartet mit wilden Stränden auf dich.

Playa Coco

Gesäumt von Palmen und Bäumen wartet dieser graue Strand darauf, fast von dir allein entdeckt zu werden. Vor Ort findest du keine Infrastruktur. Im dichten Grün hängen dafür die Leguane und Brüllaffen ab.

Anfahrt: Lass dich mit dem Boot von Boca Chica für 1 $ auf den gegenüberliegenden Steg übersetzen (oder für 3 $ ab dem Boca Brava Hotel). Folge dem Pfad rechts am Gatter vorbei (nicht dem geradeaus ohne Gatter, der ist privat). Auf der rechten Seite bietet sich ein herrlicher Ausblick auf die Isla Cedro in der Bahía de los Muertos. Nach ca. 20 Min. kommst du am Coco Strand an.

Playa Blanca

Bei Ebbe kannst du über die Steinküste,

Die Playa Coco auf der Insel Boca Brava

Tidenpool an der Playa Blanca auf Boca Brava

die die Playa Coco von der Playa Blanca trennt, zur Playa Blanca hinübergehen. Erwarte aber keinen reinweißen Strand, wie der Name suggeriert. Er ist nur ein bisschen heller als der graue Sand der Playa Coco.

Playa Christina

Dieser graue Strand in einer kleinen Bucht ist über die Pfade hinter dem Boca Brava Hotel und Howlers Bay Hotel, vorbei an der kleinen **Playa Piedrita,** zu erreichen. Aufgrund der direkten Nähe zu Unterkünften genießt du die Playa Christina und Piedrita nicht allein. **Anfahrt:** Von Boca Chica für 3 $ zum Boca Brava Hotel mit dem Boot oder direkt zum Strand fahren lassen.

Chuchecal Bucht

Südwestlich von Boca Chica liegt die Bucht von Chuchecal. Hier befinden sich zwei braun-gelbe Strände, die ein beliebtes Ausflugsziel von Einheimischen sind:

- die **Playa Hermosa** im Norden der Bucht und
- die buchtig angelegte **Playa Gavilla** im Südosten.

Sie sind deutlich mehr besucht als die Strände von Boca Brava und bieten einfache Infrastruktur vor Ort wie Restaurants, Unterstände, Hängematten, etc. Das Natur-Feeling fehlt aber völlig (überwiegend am Wochenende) aufgrund der teilweise direkt am Strand parkenden Autos, der vielen Besucher und der Häuser im Hintergrund (an der Playa Hermosa), auch wenn die Strände schön und von Bäumen umgeben sind.

Anfahrt: Es gibt keine öffentliche Anbindung. Die beiden Strände sind somit nur mit einem eigenen PKW oder mit dem Boot von Boca Chica zu erreichen (teuer!). Die Playa Gavilla erreicht man über eine Schotterpiste nach einer Abzweigung Richtung Playa Hermosa.

Parque Nacional Marino Golfo de Chiriquí

Mitten im Golf versteckt sich das (noch) wohl gehütete Geheimnis Panamas: der Parque Nacional Marino Golfo de Chiriquí. Hier findest du eine Insellandschaft mit von Wildnis umrahmten weiß-gelben Traumstränden und türkisfarbenem Wasser voller bunter Tropenfische. Einige Inseln sind **Brutplatz für die Lederschildkröte und die Echte Karettschildkröte,** denen du auch beim Schnorcheln begegnen kannst.

Auf der Isla Bolaños

Strand auf der Insel Bolaños

Isla Gámez im Parque Nacional Golfo de Chiriquí

Anfahrt: Mit einem gecharterten Boot (ab 80 $ pro Boot) oder einer Tour (ab 20 $ pro Person) ab Boca Chica. Bootstouren können meist mit lokalen Bootsführern über die Unterkünfte organisiert werden, Schnorchelausrüstung inklusive. Alternativ über https://www.bocabravaadventures.com/.

Touren

Tagestouren in den Golf von Chiriquí können u. a. von Boquete (S. 94) unternommen werden.

Real Inn Sportfishing Panama

Das Real Inn bietet Sportangel-, Charter- und Kajaktouren im Golf von Chiriquí an https://reelinninpanama.com/.

Segeltouren

Ocean Trips bietet individuelle Segeltörns im zauberhaften Golf von Chiriquí an https://oceantrips.com.

Walbeobachtungen

Von Juli bis Oktober können die im Pazifik vor Panama migrierenden Buckelwale im Golf von Chiriquí beobachtet werden. Buchungen über https://www.excelenciaenviajes.com/ oder https://www.bocabravaadventures.com/.

Schlummern

Alle Budgetunterkünfte in und um Boca Chica herum sind in die Jahre gekommen und werden nicht besonders sauber gehalten. Die Auswahl ist leider sehr eingeschränkt, weswegen es keine wirklich empfehlenswerte Unterkunft im unteren bis mittleren Preissegment gibt. Trotz mäßiger Unterkünfte ist der Golf einen Besuch absolut wert.

Die Gegend bietet auch einige Unterkünfte über AirBnB an. Auch direkt im Golf auf der abgeschiedenen aber paradiesischen Isla Parida.

Im Golf gibt es (noch) **keine Unterkünfte mit Schlafsälen.** Alleinreisende werden daher entweder gut verhandeln oder tiefer in die Tasche greifen müssen.

Boca Chica

Residencia la Marina $

Die vom liebenswerten und tierliebenden italienischen Paar Massimo und Lara geführte Unterkunft wurde erst Ende 2017 dem Vorbesitzer abgekauft. Renoviert wurde seitdem nicht. Dementsprechend sind die Zimmer in die Jahre gekommen und die Matratzen durchgelegen. Die Zimmer sind dunkel und nicht immer ganz sauber. Das Paar plant umfangreiche Umbauten. Wann diese umgesetzt werden, steht aber noch nicht fest. Ein gutes Kontinentalfrühstück oder auch italienisches Abendessen kann dazu gebucht werden. 6637–7618 **Booking.com**

Alternative für höheres Budget

Wer sich nicht auf die einfachen und tlw. in die Jahre gekommenen Zimmer der hier erwähnten Budgetunterkünfte einlassen möchte, übernachtet im **Bocas del Mar ($$$)** östlich von Boca Chica. info@bocasdelmar.com Tel.: 6395–8757 http://www.bocasdelmar.com/de/. **Booking.com**

Isla Boca Brava

Die Insel liegt gleich gegenüber von Boca Chica (kurze Bootsfahrt für 3 $ zu den Unterkünften).

Boca Brava Hotel $

Im Boca Brava erwartet dich eine Aussicht aufs Meer vom vorgelagerten Balkon und eine stete Brise. Die Zimmer sind schlicht und, genauso wie das Gemeinschaftsbad, nicht im besten Zustand (auch nicht immer ganz sauber). Dafür wirst du mit dem Ausblick vom Balkon entschädigt. Mindestbuchung von zwei Tagen. ecohotelbocabrava@yahoo.com 851–0017 http://hotelbocabrava.com/

Howlers Bay Hotel $–$$

Etwas für Naturliebhaber und Genießer des einfachen Lebens. Die Zimmer sind ganz offen, so dass zwar eine wunderbare offene und naturverbundene Atmosphäre entsteht, aber auch alles (an Getier) hineinkommen bzw. hineinkriechen kann. Neben diesen einfachen Zimmern bieten einige Bungalows einen höheren Standard. **Booking.com**

Alternative für höheres Budget

Das **5* Resort Cala Mia Island Resort ($$$)** befindet sich auch auf Boca Brava, abseits der vorher erwähnten Unterkünfte, fern jeglicher Infrastruktur, dafür aber in direkter Nachbarschaft zu langen Wildstränden. **Booking.com**

Isla Parida und Palenque

Weitere (gehobene) Unterkünfte finden sich auf den Inseln Parida und Palenque. Dort sollten diejenigen übernachten, die auf der Suche nach einem abgeschiedenen Paradies sind. Außer den Unterkünften gibt es keine weitere Infrastruktur vor Ort, und die Insel Parida ist eine ca. 1-stündige Bootsfahrt vom Festland entfernt. Das Erleben der paradiesischen Abgeschiedenheit an weißen Traumstränden ermöglicht Budget-Reisenden das rustikale **Iguana Beach Eco Resort ($)** auf Parida. **Booking.com**

Schlemmen

Wer außerhalb von Boca Chica schläft, ist auf die Verpflegung durch die eigene bzw. nächstliegende Unterkunft angewiesen. Auf Inseln wie Boca Brava gibt es sonst keine touristische Infrastruktur.

Boca Chica

Lilys

Lilys (grünes Haus mit roter Tür) ist nicht nur die günstigste, sondern auch die beste Alternative im Ort. In diesem einfachen Restaurant kochen zwei einheimische Damen frische Gerichte. Für 4 $ kannst du mittags aus einem der meist drei verschiedenen Tagesgerichte wählen. Es gibt vorwiegend zwei Fischgerichte und ein Fleischgericht. Am Abend sind die Preise höher, und es werden gerne auch mal Garnelen oder Hummer für 12 $ serviert. Egal was du wählst, es ist köstlich. Wasser gibt es kostenlos.

Boca Brava

Boca Brava Restaurant

Zumindest auf einen Drink sollte man hier vorbeischauen und die fantastische Aussicht genießen! Die Preise sind gut, auch wenn ein wenig höher als bei Lily.

Dafür bietet die Karte mehr Abwechslung, u. a. Seafood, Pasta, Fleischgerichte und **vegetarische Speisen.**

Kochgelegenheiten. Die Restaurants servieren hauptsächlich Fisch und Meeresfrüchte.

Nightlife

Tiki Bar (Seagull Cove Resort)

Wer Lust auf Nachtleben in Boca Chica bekommt, der wird dieses an Wochenenden etwas außerhalb in der Tiki Bar finden.

Wie in einem Werbespot, liegt die mit Strohdach überdeckte Bar am Ende des privaten Piers des Seagull Cove Resorts. An Samstagen ist die sonst nur für Gäste des Resorts geöffnete Bar auch für die Öffentlichkeit geöffnet (vielleicht demnächst auch an Freitagen). Das Seagull Cove Resort liegt etwa 1,5 km zu Fuß von Boca Chica entfernt (Richtung Horconcitos gehen, nach 1 km rechts abzweigen). Das Resort ist ebenso mit dem Boot aus Boca Chica / Boca Brava zu erreichen. Bootsfahrten sind mit dem Einbruch der Dunkelheit teurer. https://www.seagullcoveresort.com/the-resort/tiki-bar.html

Weitere hilfreiche Informationen

- Bring genügend Bargeld mit, Boca Chica hat **keinen Geldautomaten.** Der nächste ist in David oder an der Kreuzung bei Las Lajas (S. 111).
- Es gibt nur einen Minimarkt vor Ort in Boca Chica und keine Fruchtstände. Der nächste Minimarkt ist der Mini Super Santa Maria in Horconcitos.
- Vegetarier haben es in Boca Chica etwas schwerer. Es gibt nur einen Minimarkt, die Auswahl ist nicht groß und außer Kochbananen kannst du dort keine Früchte kaufen. Die Unterkünfte bieten bisher keine

Fortbewegung vor Ort

Die touristische Infrastruktur von Boca Chica ist nicht sehr ausgebaut. Es gibt keine Auto-, Roller- oder Fahrradverleihe. Auch Taxis schauen nur selten vorbei. Wer sich auf dem Festland bewegen will, muss ein Selbstfahrer oder Tramper sein. Das Trampen wird aber bei dem geringen Verkehr zu einer Geduldsprobe. Das Hauptfortbewegungsmittel im Golf ist das Boot. Preise für die Überfahrt nach Boca Brava sind fix: 1 $ an den gegenüberliegenden Steg, 3 $ zu den naheliegenden Hotels. Nach Anbruch der Dunkelheit steigen die Preise. Für weiter entfernte Ziele ist Verhandlungsgeschick angesagt. 80 $ kostet die Überfahrt in den Golf (pro Boot! Fahrer verlangen gerne auch mal pro Person). Ein Halbtagescharter kostet ebenso ca. 80–120 $ pro Boot.

Anfahrt und Abreise

Anfahrt:

Aus Richtung Bocas del Toro: Lass dich an der Kreuzung der Interamericana (Delta Tankstelle) in der Stadt Chiriquí absetzen und nimm einen beliebigen Bus, der die Interamericana in Richtung Panama Stadt fährt. Steige an der Abzweigung nach Horconcitos aus. Weiteres siehe unter »Abzweigung Richtung Horconcitos«.

Ab David fährt ein Direktbus 2xtgl. bis nach Horconcitos. Erwischst du den nicht, nimmst du in David einen beliebigen Bus, der die Interamericana in Richtung Panama Stadt fährt und dessen Ziel hinter der Stadt Chiriquí liegt. Du steigst an der Abzweigung nach Horconcitos

Ngöbe-Buglé Frau an der Playa Las Lajas

aus. Weiteres siehe unter »Abzweigung Richtung Horconcitos«.

Aus Richtung Panama City kannst du jeden Bus in Richtung David nehmen und an der Abzweigung Richtung Horconcitos aussteigen. Weiteres siehe folgender Text.

An der Abzweigung Richtung Horconcitos: Von hier aus sind es noch ca. 20 km bis nach Boca Chica. Ca. stündlich kommt ein Minibus aus Boca Chica, fährt durch Horconcitos bis zur Interamericana und wieder zurück (3 $).

Alternativ kannst du ein Taxi von der Hauptstraße runterwinken.

Abfahrt:

Ab der Terpel Station in Boca Chica fährt ein Minibus ca. stündlich zur Kreuzung an der Interamericana. Der erste Bus fährt um 5:30. Abfahrtszeiten variieren. Am besten die aktuelle Abfahrtzeit an der Terpel Station bzw. beim Fahrer, wenn ein Minibus gerade dort steht, erfragen.

Las Lajas und Playa Las Lajas

Las Lajas ist ein kleiner Ort mit authentischem Charme und liegt ca. 10 km von der Playa Las Lajas entfernt. Jeder Garten hier ist mit Liebe gepflegt, alles wirkt sauber und geordnet. Im kleinen Ort haben sich einige deutschsprachige Einwanderer niedergelassen, die Restaurants und Unterkünfte im Ort führen.

Der über eine Asphaltstraße zu erreichende Strand Las Lajas gehört zu den **längsten Stränden Panamas.** Du kannst ca. 5 km nach Westen und ca. 2 km nach Osten gehen, bis eine Flussmündung deinen Weg quert. Hinter der Mündung breiten sich die jeweiligen Strandabschnitte noch weiter aus. Obwohl der gelb-graue Strand nicht der schönste ist und auch Müll angeschwemmt wird, zählt die lange, breite und palmengesäumte Playa Las Lajas zu den besonders reizvollen Orten. Bei Ebbe zieht sich der Strand nicht nur ewig nach rechts und links, sondern erstreckt sich auch weit Richtung Meer. Unter der Woche kannst du den Strand fast für dich allein haben, vor allem, wenn du ein Stück entlangwanderst. **An Wochenenden** ist er jedoch ein **sehr beliebtes Ausflugsziel vieler Einheimischer.** Aber auch dann hilft es, einige Meter weiter zu spazieren, um dem Rummel zu entgehen. Der Ozean ist hier nicht nur zum Planschen und Schwimmen geeignet, sondern auch zum Bodyboarden. Am Strandabschnitt – unweit der Zubringerstraße – finden sich schattige Unterstände. Wenige Unterkünfte wie das Las Lajas Beach Resort liegen direkt am Strand. Geht man ein Stück weiter zieren vor allem Palmen und dahinter liegende Felder den Strand. Die Gegend um Las Lajas ist ein schöner Ort, um abzuschalten.

Sehenswürdigkeiten

Außer der ewiglangen **Playa Las Lajas** gibt es nicht viel in der Gegend. Ungefähr einen Kilometer vor dem Strand befindet sich das **Humedal Las Lajas.** Es eignet sich zum Vögelbeobachten.

Aktivitäten

Bodyboarding

Das Wasser an der Playa Las Lajas ist perfekt für Bodyboarding. Bodyboards kannst du im Las Lajas Beach Resort ausleihen.

Pool

Im Las Lajas Beach Hotel kannst du einen Daypass für 13,75 $ kaufen und damit Zugang zum Pool und zu den Strandliegen erhalten.

Touren

Cocaleca Tours

Angeboten werden **Pferdeausritte** entlang des ewigen Las Lajas Strandes (auch für unerfahrene Reiter). Erfahrene Reiter nimmt der Guide Gama in die bezaubernde hügelige Landschaft rund um Las Lajas mit. Die **Guaymí Tour** bietet dir eine Wanderung zu einem Bergdorf der Ngöbe-Buglé mit der Möglichkeit, sich in einem natürlichen Wasserfall-Pool zu erfrischen. Bei der Tour dreht sich alles um den **kulturellen Austausch mit einer Ngöbe-Buglé Familie.** 💻 http://www.cocalecatours.com/

Bunte Bushaltestelle in Las Lajas

Schlummern

Las Lajas

Hostal Casa Las Lajas $

Das beste Preisleistungsverhältnis für Budget-Reisende in Las Lajas, wenn nicht in ganz Panama. Der freundliche deutsche Besitzer Christian führt eines der saubersten Hostels Panamas. Hier ist alles picobello, und Christian ist sehr um seine Gäste bemüht. Die leckeren selbstgemachten Pfannkuchen mit Obst und Marmelade oder Sirup zum Frühstück sind inklusive. Man kann gute Fahrräder für die 10 km lange, recht ebenmäßige und landschaftlich schöne, Fahrt Richtung Strand ausleihen. Ende 2018 wurde der Bau eines neuen Hostelgebäudes auf einem 200 m weiter Richtung Interamericana entfernten Grundstück mit schöner Aussicht auf die hügelige Landschaft fertiggestellt. Auch ein Fitnessstudio wurde in Betrieb genommen. Das alte Hostel wird es mit Veröffentlichung des Buches nicht mehr geben. Es bestehen aber keine Zweifel, dass Christian auch im neuen Hostel alles mit größter Sorgfalt einrichten und abwickeln wird. ✉ kontakt@hostalcasalaslajas.

com 📞 6247–7427 💻 http://hostalcasalaslajas.com/
Booking.com

Im Ort finden sich noch viele weitere Unterkünfte wie z. B. die in einem schönen Garten angelegten **Naturalmente Boutique Bungalows ($–$$)** 💻 https://www.naturalmentepanama.com/
Booking.com

Playa Las Lajas

Nahual Hospedaje Ecologico $

Die Unterkunft des netten Besitzers Elvis liegt in einer dicht bewachsenen Bio-Gartenanlage mit eigenen Hühnern. In den zweistöckigen Betonbungalows des Nahual finden sich teilweise bunt bemalte nette Zimmer mit eigenem Bad und einer kleinen Terrasse (Erdgeschoss). Im Obergeschoss befinden sich Zimmer mit Balkon sowie ein Schlafsaal. Ein überdachter Gemeinschaftsbereich mit Hängematte lädt zum Entspannen ein. Im Restaurant werden biologisch angebaute Zutaten aus dem eigenen Garten verwendet. Es gibt Pizza aus dem Steinofen, und für zusätzliche 5 $ erhält man ein Frühstück mit frisch gebackenem Brot. Müll wird getrennt. 💻 http://www.nahualpanama.com/ **Booking.com**

Eine weitere bei Backpackern vor allem wegen der Atmosphäre beliebte Unterkunft ist das **Johnny Fiestas ($).**
Booking.com

Schlemmen

Wenige internationale Restaurants befinden sich direkt in Las Lajas. Diese haben meistens jedoch nur am Abend geöffnet. Gegenüber des Parque de Las Lajas findest du die **Pizzeria Naturalmente Pizza** und das **Burgerrestaurant Sunset Beach Lounge** (beide erst am Abend geöffnet) sowie das **Eisgeschäft Chiricream** (ab 15 Uhr). Wer sich schon nach deutscher Hausmannskost sehnt, wird im **El Ajito** glücklich, in dem aber auch andere internationale Gerichte auf der Karte stehen.

Doña Bele

Eine sehr einfache, günstige und lokale Küche für Budgetreisende. Zur Auswahl stehen vorgekochte panamaische Gerichte wie Fleisch oder Fisch mit Reis, Beilagen und Suppen.

Naturalmente

Dieses köstliche mediterrane Restaurant liegt etwas außerhalb des Zentrums in Richtung Panamericana (geöffnet ab 18 Uhr). Geführt wird es von der Schweizerin Chantal und ihrem Partner Gabriele. Das Ambiente auf der von Feldern umgebenen und überdachten Restaurantterrasse ist besonders zum Sonnenuntergang magisch. Es gibt eine täglich wechselnde Tageskarte mit hausgemachten Gerichten. Die Preise sind eher gehoben: Vorspeise < 5 $; Hauptspeise > 10 $. Chantal und Gabriele führen auch die Naturalmente Boutique Bungalows beim Restaurant und die Pizzeria Naturalmente Pizza im Zentrum.

Playa Las Lajas

Direkt am Strand gibt es mehrere Restaurants.

Günstige Restaurants sind aber nicht vorhanden. Rechne hier lieber im Schnitt mit > 10 $ pro Hauptmahlzeit.

Nahual Hospedaje Ecological

Hier gibt es – vorwiegend am Abend – eine gute Steinofenpizza.

El Sabor del Pacífico

Wie der spanische Name andeutet: Hier kommen gute Fisch- und Meeresfrüchtegerichte auf den Tisch.

Refugio Las Lajas

Shrimps in köstlicher kreolischer Sauce, ein gut zubereitetes Hühnchen stehen neben Fisch, Spaghetti mit Meeresfrüchten und Paella auf der Karte.

Weitere hilfreiche Informationen

- In Las Lajas und an der Playa las Lajas gibt es **keinen Geldautomaten.** Der nächste ist am Centro Comercial Oriente direkt an der Panamericana (Cruce de San Félix / Cruce Las Lajas).
- Vor Ort sind zwei Supermärkte und ein Obst- und Gemüsegeschäft (Mo–Sa 7:30–17:00; So 7:30–13:00; Mo und Do wird beliefert). Es gibt **keinen Supermarkt an der Playa las Lajas.** Wer selbst kochen will, sollte in den zwei Supermärkten in Las Lajas oder noch an der Panamericana (größere Auswahl) einkaufen.
- **Stromausfälle** können, besonders bei Gewitter, gehäuft vorkommen. Diese sind meist nur von kurzer Dauer. Die Einwohner und Unterkünfte sind mit Wassertonnen für einen längeren Ausfall ausgestattet. Aber die meisten Restaurants können ihren Betrieb dann nicht mehr fortsetzen. Das Restaurant Naturalmente, ausgestattet mit eigenem Generator und Gaskocher, hat dennoch offen.

Fortbewegung vor Ort

Taxi: Zwischen Panamericana und Strand verkehren häufig Taxis. Preise: Panamericana–Las Lajas 1 $; Panamericana–Playa Las Lajas (zu Johnnys Fiesta) 8 $, Las Lajas bis Playa Las Lajas 6 $.

Fahrräder: Gäste des Hostal Casa Las Lajas können gut gepflegte Fahrräder direkt von der Unterkunft ausleihen.

Anfahrt und Abreise

Anfahrt: Aus Richtung David kommend, nimmst du einen Bus, der Richtung Panama City fährt. Aus Richtung Panama City kommend, kannst du in jeden Bus, der nach David oder San Félix fährt, einsteigen. Lass dich an der Kreuzung bei Las Lajas (Cruce de San Félix / Cruce Las Lajas) absetzen. Von dort sind es noch ca. 3,5 km bis Las Lajas Zentrum und 13 km bis Playa Las Lajas. Ein Taxi bis Las Lajas kostet ca. 1 $ und bis zum Strand 8 $. Außerdem fährt einige Male am Tag ein **Direktbus von David nach Las Lajas.**

Abreise: Ein Taxi bringt dich ab 1 $ bis zur Kreuzung Cruce de San Félix, wo du im Unterstand auf einen Bus warten kannst. Hier fahren alle Busse Richtung Osten (Panama City) vorbei. Auf der gegenüberliegenden Seite, dort wo sich der Supermarkt befindet, fahren Busse – in relativ kurzen Abständen – Richtung David.

Nach **Bocas del Toro** nimmst du einen Chiriquí oder David Bus und steigst in Chiriquí in den Changuinola Bus um. Um nach **Boquete** zu kommen, nimmst du den David Bus und steigst in David nach Boquete um. Nach **Soná (Santa Catalina),** nach **Chitré / Las Tablas (Pedasí, Venao)** und nach **Santa Fé** gelangst du am einfachsten, indem du einen Santiago Bus nimmst und in Santiago zu den entsprechenden Zielen umsteigst.

Spar-Tipp: Musst du zum Terminal Veraguas in Santiago z.B., um nach Soná umzusteigen, so wartest du am besten auf einen direkten Santiago Bus. Du kannst zwar jeden in Richtung Panama Stadt fahrenden Bus nehmen, aber viele fahren nicht das Terminal Veraguas an. Sie halten entlang der Panamericana, wenige Kilometer vom Busbahnhof. Von dort kommst du mit dem Taxi oder einem anderen Bus hin. Nimmst du den Santiago Bus, so sparst du dir das zusätzliche Taxigeld und das Umsteigen, denn er fährt direkt zum Terminal Veraguas.

An der Playa Las Lajas

Chiriquí

8°06'17.8"N 80°58'25.9"W

Veraguas

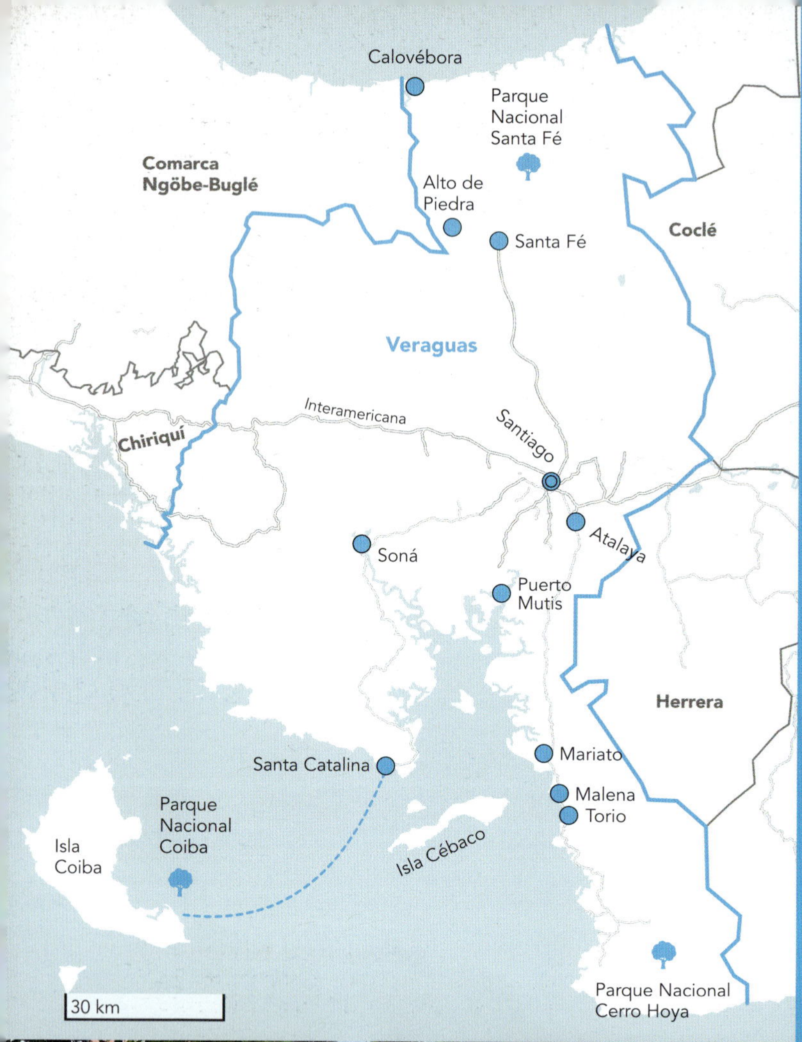

© OpenStreetMap

© Sabina Schreck

Veraguas

Was macht Veraguas besonders?

Veraguas hat alles: Pazifik, Karibik und dazwischen das Hochland. Großfische, Wale und Weltklasse-Wellen. Hier wird dir nie langweilig. Möchtest du die Natur im **wenig bereisten Hochland** Panamas entdecken? Santa Fé wartet auch dich! Suchst du dein persönliches Abenteuer abseits der ausgetretenen Pfade? Dann solltest du die Karibikseite von Veraguas ansteuern. Träumst du schon immer davon, mit Mantas, Walen, Walhaien und Hammerhaien zu tauchen? Die pazifische Meereswelt um die Insel **Coiba,** auch **das Galapagos Panamas** genannt, ist ein Taucherparadies, das Seinesgleichen sucht. Wer einfach nur einen tropischen Traumstrand sucht, wird auch diesen in Veraguas finden. Und für **Surfer** ist Santa Catalina schon lange kein Geheimnis mehr.

Nicht verpassen in Veraguas

- Tauche ein in die tierreiche Unterwasserwelt des **Coiba Nationalparks** oder entdecke die wilde Insel Coiba
- Surfe auf legendären Wellen vor dem entspannten Surferort **Santa Catalina**
- Genieße das Hochland abseits von bekannten Touristenpfaden in **Santa Fé**

Santiago

Santiago ist die Hauptstadt der Provinz Veraguas, hat aber für Reisende nicht sonderlich viel zu bieten. Sie dient vielen Reisenden als Umsteigepunkt zu kleineren Orten in Veraguas.

Anfahrt und Abreise

Ab dem Bus Terminal Veraguas fahren folgende Busse:

- Soná (Sección B): Mo–Sa 5:30 / 8:40 / 11:20 / 13:30 / 15:00 / 16:45 So: 5:30 / 11:15 / 13:30 / 16:30 (1 h / 2 $).
- Chitré (Sección A): Mo–Fr 5:00–21:00; Sa–So 6:00–20:30 alle 30 Minuten zur vollen und halben Stunde (1,15 h / 3 $).
- David: stündlich ab 4:00 bis 19:00 (9 $ / 3,5 h). Bis zum Cruce de San Félix fährst du, um nach Las Lajas zu kommen in 1,5 h für 6,15 $.
- Santa Fé (Sección A): Alle 20 Minuten. Letzter Bus um 19:00 (2,90 $ / 1,5 h)
- Panama City: mehrmals täglich (9,5 $ / 4 h).

Weitere Ziele ab Santiago u. a.: Aguadulce, Arenas (nach Torio, Sunset Coast), Atalaya, Calobre, Las Palmas Mariato (Sunset Coast), Puerto Mutis (El Golfo de Montijo).

An Santiagos Kreuzung der Interamericana, etwas abseits des Busbahnhofs (hinkommen mit Taxi), halten auch die modernen David-Panama (und retour) Express-Busse.

Soná

Soná ist das Drehkreuz für Reisende von und nach Santa Catalina.

Anfahrt und Abreise

- Direktbusse nach Panama City um 1:00 / 4:30 / 9:00 / 10:30 / 13:30 / 16:00 (10 $ / 5h).
- Santa Catalina Mo–Sa 5:30 / 8:40 / 11:20 / 15:00 / 16:45 I So: 5:30 / 11:15 / 13:30 / 16:30 (4,65 $ / 1,5 h).

Weitere hilfreiche Informationen

In Soná findest du den letzten Geldautomaten vor Santa Catalina!

Fußläufig von der Bushaltestelle findest du einige Unterkünfte, falls du den letzten Bus nach Santa Catalina verpasst haben solltest. Alternativ kannst du ein Taxi nach Santa Catalina nehmen.

Santa Catalina

Nach Santa Catalina kommen Reisende aus zwei Gründen: zum **Surfen** oder zum **Tauchen.** Santa Catalinas Weltklasse-Wellen wurden jahrelang von der Surfer-Elite geheim gehalten. In den letzten Jahren aber ist der Ort zum Surfer-Hotspot Panamas aufgestiegen. Die einst kleine abgelegene Fischersiedlung ist zum Magneten für Reisende geworden. Noch ist der Ort beschaulich und nicht mehr als eine kleine Siedlung, die sich recht weitläufig erstreckt. Eine Kreuzung bildet das Zentrum. Hier finden sich auch kleine Lebensmittelmärkte und eine Bushaltestelle. Wer nicht zum Surfen oder Tauchen kommt, dem wird wenig ge-

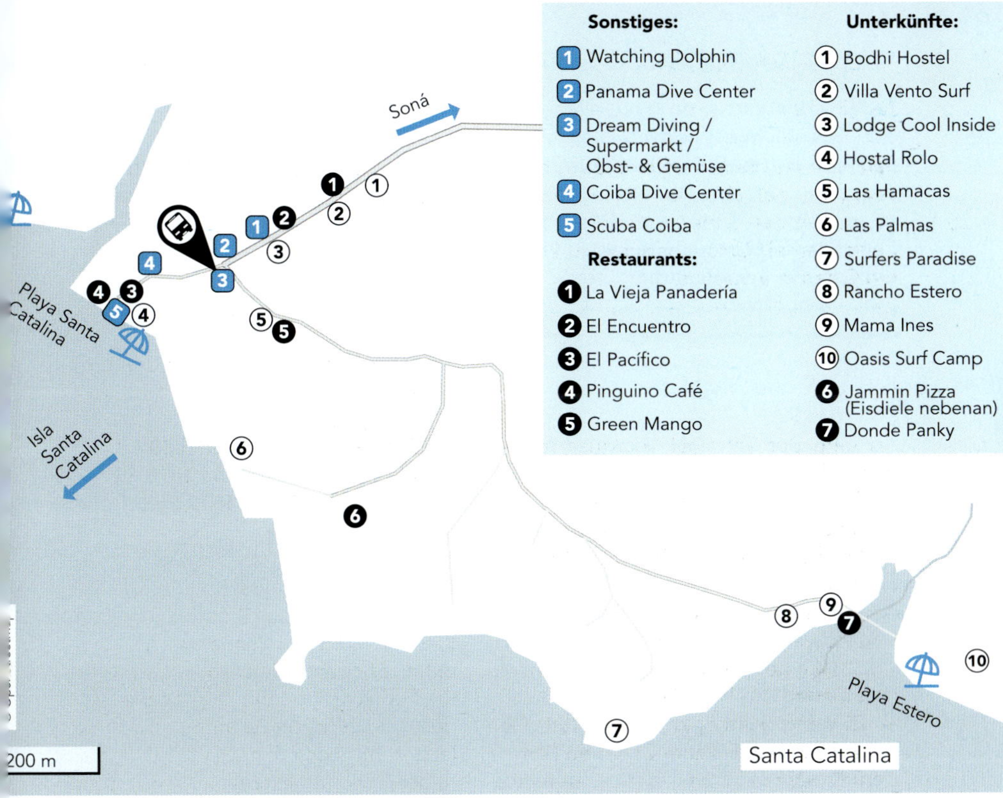

Roadtrip zur legendären Welle

In den 70er Jahren, so wird erzählt, machte sich Ricardo Icaza, auch »Punky« genannt, auf den Weg, um eine sagenumwobene Welle in einer weit entfernten Ecke Panamas zu entdecken.

Er und seine Kumpels, Freedy Dietz, Maxi Castrellon und Ricardo Fabrega, begaben sich auf einen legendären Roadtrip. Der führte sie auf unbefestigten Straßen durch Flüsse und Dschungel endlich an den ersehnten Strand, ins heutige Santa Catalina. Ein schwerer und gefährlicher Weg zur damaligen Zeit.

Sie sahen den flachen Strand vor sich und das Meer. In der Ferne erblickte Punky Wellen und beschloss, hinaus zu paddeln. Seine Kumpels schauten von der Küste zu, und Punky surfte eine perfekte Welle nach der anderen.

Jahrelang wurde dieser fantastische Surfpoint geheim gehalten. Punky brachte gute Bekannte an den legendären Strand, und über die Zeit kaufte er Land und eröffnete das erste Surf Camp vor Ort, das Casa Blanca Resort. Punky lud Magazine und bekannte Surfer ein, wodurch die Bekanntheit und der Ruf Santa Catalinas stiegen. Heute ist Santa Catalina den Reisenden ein Begriff und war bereits Austragungsort von Surfmeisterschaften. Ansonsten ist Santa Catalina nach wie vor relativ abgelegen. Ein entspannter Vibe ist noch immer zu spüren.

boten. Dann musst du die Gelassenheit des Strandlebens lieben. Die Anreise nach Santa Catalina ist kompliziert. Das Preis-Leistungs-Verhältnis der Unterkünfte liegt etwas über dem Durchschnitt Panamas. Die Unterkünfte liegen verteilt entlang der 1,6 km langen Straße Richtung Playa Estero.

Aktivitäten

Kajak

Mit dem Kajak kannst du die Küste vor Santa Catalina bei Ebbe entlangpaddeln oder zum benachbarten Strand hinter der Flussmündung übersetzen. Ca. 1,8 km von der Playa Santa Catalina entfernt liegt die **Isla Santa Catalina.** Es lohnt sich, am **von Wildnis gesäumten weißen Strand** der Insel vorbeizuschauen.

Kajakverleih: An der Playa Santa Catalina können Kajaks beim direkt neben dem Strand liegenden Hostal Rolo ausgeliehen werden (15 / 30 $ Ein- /Zweipersonenkajak). Eine weitere Möglichkeit besteht bei der Lodge cool Inside (etwas weiter im Ort aber Transport des Kajaks zum Strand inklusive). In der Nähe der Playa Estero findest du Kajaks bei Mama Ines und beim Surfers Paradise. Die Verleiher sollten dir zeigen, wie du am besten über die Wellen kommst. Empfehlenswert bei Ebbe. Auch im Rahmen einer Tour machbar. Siehe Touren im folgenden Text.

Schnorcheln im Coiba Nationalpark

Ganztägige Schnorcheltouren können direkt über einige Tauchschulen (siehe Tauchen) oder über Touranbieter (siehe Touren) organisiert werden. Viele Unterkünfte arbeiten mit Anbietern zusammen, so dass du dort nachfragen kannst (ab 55 $ + 20 $ Nationalparkgebühr).

Surfen

In Santa Catalina findest du Beach und Reef Breaks. In der Hauptsaison fürs Sur-

© Sabina Schr

© Sabina Schr

Auf dem Weg zum Surfunterricht

Surfunterricht im Wasser

Meeresschildkröte

Makrelen- und Barrakudaschwarm

fen (April bis Oktober) kann das Line-Up recht voll werden. Die meisten Stellen sind nur für erfahrene Surfer geeignet. Die Ausnahme bildet die Playa Estero, wo Anfänger an kleineren, gleichmäßigen Wellen üben können. Das Wasser ist das ganze Jahr über warm.

- **Santa Catalina:** Point Break (Riff), Fortgeschrittene
- **Playa Estero:** Beach Break, anfängergeeignet
- **Punta Brava:** Point Break (Riff), Profis
- **Punta Rocas:** Point Break (Riff), Profis

Mit dem Boot zu erreichen:

- **San Pedrillo:** Beach Break, Einsteiger
- **Isla Cebaco:** Point Break (Riff), Profis

Surfunterricht & Surfbrettverleih (auch Fun-Boards und **Stand-Up-Paddle-Boards):** U. a. im Surfers Paradise, beim Oasis Camp, über das Mama Ines und im Rancho Estero (Unterkünfte auch als Surfcamp buchbar). Auch Surftrips werden angeboten, z. B. im Surfers Paradise.

Tauchen

Tauchen vor Coiba zählt zu den Highlights einer Panamareise. Im Parque Nacional Isla Coiba (S. 128) erwartet dich eine spektakuläre Unterwasserwelt. Obwohl es auch Tauchplätze vor Santa Catalina gibt, steuern einige Tauchschulen diese nicht mehr an. Zwei Coiba Tauchgänge inkl. Ausrüstung schlagen ab 155 $ (inkl. 20 $ Eintritt für den Nationalpark) ordentlich zu Buche. Ebenso musst du mit einer Anfahrt von 1,5 h rechnen. Die Tauchschulen sind entlang der in den Ort und zur Playa Santa Catalina führenden Straße angeordnet. Einige bieten auch Mehrtagestrips nach Coiba an. Seitdem die Rangerstation auf Coiba geschlossen wurde, übernachtet man dabei in einem Hostel in der Bahía Honda außerhalb des Nationalparks. So ist die Anfahrt zum Tauchplatz trotzdem näher als von Santa Catalina.

Coiba Dive Center: 💻 https://coibadivecenter.com/ (günstigster 2-Tank Dive, »Hai Garantie«: siehst du keinen Hai bei drei Tauchgängen, so werden dir die Kosten erstattet.) | Expedicion Coiba: 💻 https://expedicioncoiba.com/ | Panama Dive Center: 💻 http://panamadivecenter.com/ (Tauchcomputer bei der Ausrüstung inklusive) | Scuba Coiba: 💻 http://scubacoiba.com/.

Yoga

- Das **La Buena Vida Hotel** bietet an mehreren Abenden der Woche Ashtanga Yoga Kurse an (ab 10 $/h) 📞 6572–0664 / 6771–7751 ✉ labuenavidahotelpty@gmail.com.
- **Santa Catalina Retreats** bietet **Yoga Retreats** (auch in Kombination mit Surfen) an. Kurse finden entweder in einer Yoga Shala mit Blick auf den Ozean, auf einem Yoga Deck am Meer oder direkt am Strand statt. Auch **SUP-Yoga Kurse.** 💻 http://www.santacatalinaretreats.com/yoga/
- Die **Ecolodge Deseo Bamboo** etwas außerhalb des Zentrums bietet Mo, Mi, Fr jeweils um 8:00 / 9:00 und 19:00 / 20:00 Yogakurse für 10 $ an. Shuttle vom Zentrum zur Lodge inklusive. 📞 6788–7891 / 6951–6678

Zipline

Das Hotel Sol y Mar bietet Ziplining auf einer kleinen Zipline an. 📞 6920–2631 💻 http://www.solymarpanama.com/

Touren

Aventuras Coiba Panama

Coiba Touren, Schnorcheln, Fischen, Wandern und Wal- sowie Delfinbeobachtungen 📞 6868–1282 💻 http://aventurascoibapanama.wixsite.com/islacoibasona.

Bird Coiba

Javier, ein ehemaliger Peace Corps Volunteer, bietet 1-3-Tagestouren auf Coiba (Vogelbeobachtungen, Wandern, Schnorcheln, Strände), Ausflüge zu Punta Roca sowie Kajaktouren in die Mangroven an. Ab 110 $ pro Person (bei 6 Personen). javier@birdcoiba.com 6544–1806 http://www.birdcoiba.com/

Fluid Adventures

Kajaktouren (auch in Kombination mit Yoga), -verleih und -unterricht. Auch Stand-Up-Paddling-Touren und -Verleih. Touren zur Isla Gobernadora, Vogelbeobachtungen rund um Santa Catalina und 3-5-Tagestouren nach Coiba mit Tierbeobachtungen, Schnorcheln und Kajak. Übernachtung im Camp (ab 519 $). https://www.fluidadventurespanama.com/

Hotel Santa Catalina Touren

Drei Nächte und zwei Tage auf Coiba inklusive Verpflegung und Eintritt ab 155 $ pro Person. http://www.hotelsantacatalinapanama.com/

Playa Estero

Segeln nach Coiba

Mit 75 $ pro Tag ist dies eine der Budget-Optionen für Ausflüge nach Coiba. Segeln, Surfen, Stand-Up-Paddling und drei Mahlzeiten am Tag inklusive (BBQ). 6463–1159 gbuser.sail@gmail.com

SUP Santa Catalina

Stand-Up-Paddling-Touren in den Mangroven (40 $) supsantacatalina@gmail.com 6503–0142 https://supsantacatalina.com/

Watching Dolphin

Schnorcheln (ab 55 $ in der Nebensaison), Walbeobachtungen, Fischen. 6652–4529 http://watchingdolphin.com/

Schlummern

Wer zum Surfen herkommt, übernachtet am besten in Unterkünften am Ende der Richtung Südosten und Playa Estero führenden Straße oder direkt an der Playa Estero. Sonst ist tägliches Board schleppen angesagt. Direkt auf der Playa Estero bietet das Oasis Surf Camp ($ | **Booking.com**) Hütten am Strand an. Die Playa Estero liegt hinter einer Flussmündung. Bei Flut musst du daher dein Gepäck durch mindestens hüfthohes Wasser schleppen. Taucher und sonstige Urlauber finden in der Nähe des Zentrums die bessere Lage. Dort ist es nah zu Tauchschulen, Supermärkten, und die Restaurantdichte ist höher.

Die folgenden Unterkünfte sind sortiert nach Entfernung vom »Zentrum« (Kreuzung).

Bodhi Santa Catalina $

2019 hat das Bodhi auch ein Hostel in Santa Catalina eröffnet. Wir konnten es leider nicht mehr selbst besuchen. Da wir aber denken, dass es an die Qualität der anderen Bodhi Hostels herankommt, ist es eine Erwähnung wert. https://www.bodhihostels.com/ **Booking.com**

Villa Vento Surf $

Das komplett mit Holz verkleidete Haus bietet ordentliche hell gestrichene Zimmer. Alles ist einwandfrei, simpel eingerichtet und sauber. Ein Gemeinschaftsbereich im Obergeschoss lädt mit einem XXL-Bett und weiteren Sitzflächen zum Entspannen ein. Im Innenhof warten weitere Sitzflächen, Hängematten und ein Pool (wenn aufgefüllt!). Eine Gemeinschaftsküche ist auch vorhanden, und im gleichen Gebäude gibt es einen Supermarkt. Frühstück ist inbegriffen. 💻 http://villaventohostels.com/ **Booking.com**

Lodge Cool Inside $

Angeordnet in einem Garten stehen vier *Cabañas*, die nicht mehr als eine Plattform mit Bett und Matratze sind. Nach vorne mit Vorhang, zu den Seiten mit Holzwänden und raumbreiten Luken geschlossen, ähneln die Zimmer eher einem Camp. Das Bett ist mit Moskitonetz ausgestattet. Das ist auch zwingend nötig, denn sonst krabbelt hier alles ins Bett, was kann. Dafür ist die Lodge die wahrscheinlich **günstigste Option im Ort.** Ein Schlafsaal, Gemeinschaftsküche, Restaurant und Kajakverleih sind auch vor Ort. **Booking.com**

Hostal Rolo $

Das Hostal Rolo liegt am nächsten zum Santa Catalina Strand (»Stadtstrand«). Die weitläufige Anlage bietet unterschiedlichste Übernachtungsmöglichkeiten. Von sehr kleinen Doppelzimmern mit Gemeinschaftsbad (Duschen sind außen) bis zu größeren *Cabañas* ist alles dabei. Einfach und sauber. Auch Kajak- und Surfbrettverleih. 💻 http://rolocabins.net/ **Booking.com**

Las Hamacas $–$$

Angeordnet in einem Garten befinden sich vier Häuser mit jeweils 2–4 Zimmern und in der Mitte eine überdachte Aufenthaltsterrasse. Übernachtet wird in Doppel- oder Mehrfachzimmern mit kleiner Küche und eigenem Bad sowie einer Vordachterrasse mit Hängematte und Stühlen. Das **Preis-Leistungs-Verhältnis** stimmt und ist fürs kleine Budget eines der besten in Santa Catalina. Las Hamacas ist eine der wenigen Unterkünfte, bei der WLAN-Zugang (Zugangscode für das öffentliche Netz) in der Übernachtung inklusive ist. Ein Pool ist geplant. ✉ mshogs@gmail.com 📞 6635–1895 💻 http://lashamacashotel.com/ **Booking.com**

Las Palmas $

Auf einer Wiese über einer Steinküste liegen zwei lange Steinhäuser mit mehreren Doppelzimmern. Die einfachen und stark renovierungsbedürftigen Budgetzimmer mit einem privaten oder geteilten Bad haben jeweils eine kleine Terrasse. Sie sind eine Alternative für wenig empfindliche Reisende mit kleinem Budget. Die von Einheimischen geführte Unterkunft hat keine Gemeinschaftsküche und ist ein bisschen ab vom Schuss. Die Mängel verzeiht man, sobald man den fantastischen Meerblick genießt.

Playa Santa Catalina

Rancho Estero $-$$

Auf einer Anhöhe über dem Meer liegen die Cabañas des Rancho Estero nahe der Playa Estero. Wer ein einfaches Paradies-Feeling sucht, ist hier richtig. Geschlafen wird in Basthütten mit Meeresrauschen im Ohr. Tagsüber kann man in der Hängematte mit Blick aufs Meer die Seele baumeln lassen. Für uns die schönste Möglichkeit, fürs kleine Budget in Santa Catalina zu übernachten. Gemeinschaftsküche ist auch vorhanden. Direkt vom Grundstück führt eine Treppe zum Strand hinunter. Auch Surfkurse und Surfbrettverleih. Buchung auch als Surfcamp möglich 6415–6595 https://www.ranchoestero.com/

Mama Ines $$

Das Mama Ines liegt direkt am Anfang der Playa Estero neben der Flussmündung. Du bist hier abseits des »Zentrums«, zum Surfen aber in bester Ausgangslage. Das Mama Ines besitzt ein Restaurant mit entspannter Atmosphäre mit Bar und Blick aufs Meer. Es stehen verschieden große Zimmer mit unterschiedlicher Ausstattung und Aussicht zur Verfügung (Meeres-, Fluss- und Gartenaussicht). Im Hotel können Surfbretter, Kajaks und Fahrräder geliehen werden. Die Fahrräder sind für Gäste sogar kostenlos. In der gesamten Anlage herrschen ein freundlicher Surfervibe und ein angenehmes Ambiente. Frühstück ist inbegriffen. info@santacatalinasurfpoint.com 6252–8192 https://www.mamaineshotel.com/ **Booking.com**

Strand im Nationalpark Coiba

Schlemmen

La Vieja Panadería

Das Angebot wechselt je nach Tageszeit: morgens eine Bäckerei mit Brotverkauf, abends eine gute Pizzeria. Die Nachtische sind gut, aber teuer und kommen nicht an das ran, was wir Europäer von einem italienischen Nachtisch erwarten.

El Encuentro

Klein aber Oho! Das Encuentro sieht aus wie ein einfacher Bretterverschlag. Hier wird aber aus dem Fisch des Tages das wohl beste und frischeste Ceviche Panamas zubereitet und zwar auf zwei Arten. Traditionell mit Zitrone oder frisch mit Maracuja. Aber nichts an der traditionellen Art ist traditionell. Der Fisch wird nicht eingelegt, sondern direkt vor dem Servieren filetiert und mit Saft besprenkelt. Die Geschmäcker, die sich in deinem Mund entfalten, sind Weltklasse! Rechne aber mit noch rohen Stücken auf dem Teller. Die hübsch mit frisch gemachten Kartoffelchips angerichtete Portion reicht locker als Hauptmahlzeit für eine Person.

El Pacífico

Die lokale Küche in diesem einfachen Restaurant ist köstlich und günstig: Hähnchenbrust, Shrimps in einer würzigen hausgemachten Sauce aus Tomaten und Paprika, gegrillter Fisch und mehr Köstlichkeiten warten darauf, probiert zu werden. Ein vegetarisches Gericht gibt es zwar auch im Angebot, es ist aber nicht empfehlenswert, da es nur aus Beilagen besteht.

Pinguino Café

Das italienisch-panamaische Fusionsrestaurant (Pasta, Fleisch, Fisch) eignet sich vor allem für den gemütlichen Drink am Abend direkt über dem Strand.

Green Mango

Direkt neben dem Las Hamacas stehen ein paar Plastikstühle unter einem Unterstand. Ja, es ist tatsächlich ein Restaurant. Hier wird günstige lokale Küche gekocht.

Jammin Pizzeria

Die Pizzeria liegt nicht im Ortskern. Abends pilgern trotzdem Massen hierher, um die köstliche Pizza im Jammin zu genießen. Ab 18:30.

Fonda Donde Panky

Direkt neben dem Mama Ines versteckt sich ein einfaches lokales Restaurant, das tagsüber geöffnet hat. Hier gibt es regionale Küche, vor allem Frittiertes. Einfach, fettig aber gut. Ein großer Nachteil: Teller aus Styropor und Besteck aus Plastik werden verwendet.

Weitere hilfreiche Informationen

Es gibt **keinen Geldautomaten** in Santa Catalina. Der nächste befindet sich in Soná.

Drei kleine **Supermärkte** im Ortskern versorgen dich mit dem Nötigsten und ein Obst- und Gemüsegeschäft mit Frischem. Außerhalb des Zentrums, Richtung Playa Estero, gibt es keine Supermärkte mehr.

WLAN: Keine Unterkunft in Santa Catalina verfügt über WLAN. Im Ort gibt es jedoch die Hotspot Zone WIFI-Catalina, für die sich jeder einen zeitlich begrenzten Zugang kaufen kann. Abgelegene Unterkünfte haben jedoch teilweise keinen oder schlechten Empfang. Im Las Hamacas ist der Zugang zum Hotspot in der Übernachtung inbegriffen. Ein Zugangscode pro Person und Gerät.

Stromausfälle kommen in Santa Catalina recht häufig vor und dauern manchmal auch mehrere Stunden.

Informationen: Folgende Webseiten bieten Informationen rund um Santa Catalina: http://www.santacatalinabeach.com/ und http://www.visitsantacatalina.com/.

Fortbewegung vor Ort

Vor Ort bewegst du dich am besten zu Fuß oder mit dem Fahrrad. Taxis gibt es keine. Manche Unterkünfte, z. B. das Mama Ines, haben einen Fahrradverleih. Vom Ortszentrum bis zur Playa Estero sind es ca. 1,6 km.

Anfahrt und Abreise

Anfahrt: Fahre früh los, damit du den letzten Bus ab Soná nach Santa Catalina bekommst (Mo–Sa: 16:45 und So um

Grünes Meer vor einem Strand im Coiba Nationalpark

16:30). Nimm aus Richtung David und Panama City einen der häufigen Busse Richtung **Santiago.** In Santiago steigst du in den Bus Richtung **Soná** (2 $ / 1 h). Ab **Soná** fährt mehrmals täglich ein Bus nach Santa Catalina: Mo–Sa 5:30 / 8:40 / 11:20 / 15:00 / 16:45 I So: 5:30 / 11:15 / 13:30 / 16:30 (4,65 $/1,5 h). Mehrmals täglich fährt ein Direktbus von Panama City nach Soná.

Abfahrt ab Santa Catalina: Ab Santa Catalina fahren Mo–Sa um 6:15 / 7:00 / 8:00 / 10:45 / 13:15 / 15:30; So um 7:00 / 8:00 / 13:15 / 15:30 Busse nach Soná. Eventuelle aktuelle Änderungen vor Ort erfragen.

Shuttles:

Von und nach **Panama City:** Das erfragst du am besten über das Mama Ines Hotel oder online. Fahrten finden ab 5 Teilnehmern statt. 💻 http://www.santacatalinasurfpoint.com/shuttle/

Von und nach **Boquete** bietet Hello Travel Panama tägliche Shuttles (35 $ / 5 h). 💻 https://hellotravelpanama.com/daily-shuttles/

© Sabina Schreck

Manta

Parque Nacional Coiba

Der Coiba Nationalpark liegt an der Pazifikküste Panamas im Golf von Chiriquí. Der Nationalpark umfasst die Mehrheit des Kontinentalsockels des Golfs von Chiriquí und 38 Inseln, darunter auch die bekannteste Insel namens Coiba. 2005 wurde der Nationalpark in die Liste der **UNESCO Weltnaturerbe** aufgenommen.

»Los Desaparecidos« (die Vermissten) so wurden hunderte oder sogar tausende Menschen genannt, die in den 80er Jahren in Panama spurlos verschwanden. Man glaubt, dass viele davon entweder in nicht gekennzeichneten Gräbern in der Nähe der Sträflingskolonie auf Coiba verscharrt oder zerstückelt an die zahlreichen Haipopulationen in den umgebenden Gewässern Coibas verfüttert wurden.

Eine dunkle Geschichte

Die Insel Coiba war einst eine Strafkolonie und der Zugang zur Insel war somit sehr eingeschränkt. Von 1919 bis 2004 war sie das Zuhause der gefährlichsten Kriminellen Panamas und politischer Gefangener. Zu Spitzenzeiten beheimatete das Inselgefängnis 3000 Insassen in rund 30 Camps, die auf der Insel verteilt lagen.

Das Gefängnis ist heute geschlossen, die Insassen wurden in andere Gefängnisse verlegt. Alles Wertvolle wurde von der Insel entfernt. Der Dschungel und die Meeresluft nehmen langsam ein, was vom Gefängnis übriggeblieben ist. Nur zerfallende Gebäude und einfache Grabstätten erinnern an diese grausame Geschichte Coibas.

Ein bisher kaum berührter Fleck Erde

Die Angst vor dem Gefängnis und seinen Insassen war einer der Gründe, warum annähernd 80 % der natürlichen Ressourcen der Insel Coiba fast unberührt geblieben sind und weiterhin ohne Humankontakt gedeihen konnten.

Die Biodiversität über und unter Wasser ist unglaublich. Auf der Insel Coiba wächst **der größte unberührte Regenwald Amerikas.** Coiba beheimatet eine Flora und Fauna, wie sie sonst nirgends auf der Welt gefunden werden kann. Die weißen Strände und die dichten tropischen Wälder sind atemberaubend.

Touren und Wanderungen führen durch Primär-und Sekundärwald. Bereits bei der Anfahrt auf Coiba merkt man, dass man sich einem vogelreichen Gebiet nähert, da viele kleine Vögel umherschwärmen. 147 Vogelspezies wurden bisher auf Coiba erfasst, darunter einige nur auf Coiba beheimatete Spezies, z. B. der Coiba Spinetail.

Granito de Oro

Granito de Oro ist eine kleine Insel ca. 30 Minuten von der Hauptinsel Coiba entfernt. Sie ist ein **beliebter Ort zum Schnorcheln** im Nationalpark. Das vulkanische Gestein hat eine Formation gebildet, die einer großen Vielfalt an marinem Leben Zuflucht bietet. Granito de Oro wird daher auch das Aquarium von Coiba genannt. Die Formation ermöglicht einen **einfachen Zugang zu großen Fischschwärmen, Schildkröten** und mehr. Ein Highlight für Schnorchler, denen eine bunte Unterwasserwelt geboten wird, die selbst erfahrene Taucher zum Staunen bringt.

Die Gefährdung des Paradieses

Als das Gefängnis auf Coiba geschlossen wurde, entstand die neue Herausforderung, Wilderer von diesem unberührtem Stück Land fernzuhalten.

Leider wird im Nationalpark, auch aufgrund geringer finanzieller Mittel, wenig gegen illegales Fischen, Jagen und für eine nachhaltige Eingrenzung des Tourismus unternommen. Der Erhalt dieses Paradieses ist daher gefährdet. Vielleicht sollten wir uns die gefürchtete Strafkolonie zurückwünschen, um der Natur wieder eine ungestörte Entwicklung zu ermöglichen.

Aktivitäten und Touren

Aktivitäten im Nationalpark werden am besten organisiert mit Tour oder Guide unternommen. Sie sind leider sehr teuer. Daher sollten unbedingt Mitreisende gesucht werden, um Kosten zu senken, da die Preise häufig nach Teilnehmerzahl berechnet werden.

Tauchen und Schnorcheln vor Coiba

Tauchgänge vor Coiba werden häufig als eine Mischung aus Tauchen vor den Ga-

© Sabina Schreck

Walhai

lapagos (Ecuador) und den Cocos Inseln (Costa Rica) beschrieben. Die Tauchspots sind Weltklasse. Der Park Coiba ist einer der größten Marineparks der Welt und schließt das zweitgrößte Korallenriff am östlichen Pazifik ein.

Das Wasser ist reich an Leben und voller Großfische. Insgesamt **760 Fischspezies** und **33 Haiarten** wurden verzeichnet. Für Haifischsichtungen gibt es fast schon eine Garantie. Weißspitzenriffhaie, Ammenhaie, Schildkröten, Delfine, verschiedenste Rochen, Hummer, Seepferdchen, Anglerfische, Barrakudas, Muränen, Schnapper, Kugelfische und viele mehr sind hier ansässig. Mit Glück kannst du an bestimmten Tauchspots auch Hammerhaie sehen oder die eleganten Flüge eines Riesenmantas beobachten. Während der Saison (ca. Dez.–Apr.) lassen sich **Walhaie** und mit ausgesprochen viel Glück auch **Buckelwale** (ca. Jul.–Okt.) unter Wasser beobachten. Wenn du letztere nicht zu sehen bekommst, dann kannst du sie mit hoher Wahrscheinlichkeit zumindest hören oder beim Auftauchen über Wasser sehen. Von ca. Januar bis April besteht die Möglichkeit, **Teufelsrochen in großen Schwärmen** zu beobachten. Die Tauchpausen sind auch ein Highlight an sich, denn diese verbringst du an den Traumstränden Coibas.

Santa Catalina ist aktuell der praktischste Ausgangspunkt, um mit einer Fahrtzeit von ungefähr 1,5 h Tauchgänge im Coiba Nationalpark zu absolvieren. Aufgrund der langen Anfahrt und der damit verbundenen hohen Kosten für Sprit und Crew sowie dem zusätzlichen Eintrittsgeld in den Nationalpark schlagen Tauchgänge in Coiba ordentlich zu Buche. Ab 135 $ für zwei Tauchgänge mit Ausrüstung. Eintritt zum Park 20 $.

Tauchgänge starten **ab Santa Catalina** (S. 123). Alternativ **ab Quebrada de Piedra** mit Coiba Dream Divers http://www.coibadreamdivers.com/.

Touren ab Santa Catalina

Touren ab Santa Catalina siehe im Kapitel Santa Catalina S. 123.

Touren ab Sunset Coast (Halbinsel Azuero)

Die Tour des Anbieters Tanager Tourism startet ab Malena oder Palo Seco. Die Dreitagestour enthält die Übernachtung und das Abendessen im Heliconia B & B am Abend vor der Tour. Zwei Nächte verbringt man auf Coiba. Ab 550 $. 6676–0220 http://coibatrip.com/. Auch Touren in den Cerro Hoya Nationalpark sind im Angebot http://tanagertourism.com/.

Schlummern

2018 wurden die Unterkünfte im Nationalpark neben der Rangerstation auf der Insel Coiba auf unbestimmte Zeit gesperrt. Das Übernachten im Nationalpark ist daher für die Dauer der Sperrung nicht mehr möglich außer mit genehmigtem Camping. Einige Tauchschulen, die Mehrtages-Tauchtouren im Park anbieten, wechselten seitdem auf Übernachtungen in der nahe gelegenen Bahía Honda außerhalb des Nationalparks.

Weitere hilfreiche Informationen

Eintritt in den Park: 20 $ pro Person und Tag.

Mehr Informationen findest du hier http://www.coibanationalpark.com/

Anfahrt und Abreise

Coiba besuchst du am besten im Rahmen einer Tour. Aktuell ist das Surferzentrum Santa Catalina der beste Ausgangspunkt für Touren nach Coiba. Es werden aber auch Touren in umliegenden Orten angeboten, z. B. ab Palo Seco auf der Halbinsel Azuero oder Tauchausflüge ab Quebrada de Piedra. Die Preise für einen Besuch des Parks sind sehr hoch. Die lange Anfahrt mit dem Boot ist sicherlich ein Grund hierfür.

Santa Fé

Santa Fé ist ein wunderbarer Ort, um zu entspannen, frische Luft zu tanken und das herrliche Hochland von Veraguas zu Fuß zu erkunden. Im Vergleich zu dem von Reisenden überschwemmten Hochlandstädtchen Boquete und dem bei Einheimischen sehr beliebten El Valle de Antón ist Santa Fé noch eine wenig besuchte Perle, die Naturliebhabern viel zu bieten hat. Hier geht alles etwas gemütlicher und entspannter zu.

Sehenswürdigkeiten und Aktivitäten

Wanderungen

Während der Regenzeit solltest du vor Aufbruch den Zustand der Wege erfragen. Viele Wege sind stark matschig und rutschig. Gehe nur mit festem Schuhwerk, brich sehr früh auf und gehe nie allein. Die meisten Wege sind nicht markiert, weswegen du eine gute Orientierung und Wandererfahrung mitbringen solltest.

Alto de Piedra Wasserfall (Salto de Alto de Piedra)

Diese Wanderung führt dich zu Alto de Piedra, der am **höchsten gelegenen Gemeinschaft** Santa Fés (ca. 900 m), einem kleinen Wasserfall und liefert dir **fantastische Aussichten** über das ganze Gebiet. **Wegbeschreibung:** Dauer ca. 6 h. Gehe zu den zwei großen Antennen in Santa Fé. Sobald du diese auf deiner linken Seite hast, folgst du einem rechts abzweigenden Weg, der Richtung »Alto de Piedra« weist. Folge ihm einige Kilometer bergauf, bis du an einer Schule zu deiner Rechten und einem Teich zu deiner Linken kommst. Auf deiner rechten Seite folgen Häuser. Gegenüber dem fünften Haus (rot-grüne Front) beginnt der schmale Pfad zum Wasserfall. Folge für den Rückweg dem kompletten Weg zurück. Für einen alternativen Weg gehst du zurück zum Hauptweg und zum Teich. Kurz hinter dem Teich nimmst du die rechte Abzweigung und folgst dem Weg solange, bis es nicht mehr geradeaus geht und du eine herrliche Aussicht genießt. Von hier aus folgst du links dem Weg, der dich zurück nach Santa Fé bringt. **Anfahrt:** Alternativ kannst du mit dem Transportservice der Cooperativa de Turismo hinfahren (6 $). 📞 6135–7120

Cascada de Bermejo

Folge der Beschreibung zum Tubing (siehe weiter im Text). Nimm die erste Abzweigung links, nachdem du die Bulaba Brücke überquert hast. Folge dem Weg geradeaus. Gelbe Pfeile weisen dir den Weg zum Wasserfall. Du kannst auf demselben Weg zurückkehren oder du wendest dich rechts, nachdem du den Pfad vom Wasserfall verlassen hast (statt links, um dort zu gehen, wo du hergekommen bist). Ab dann hältst du dich fortan immer links. So kommst du in einer Schleife zurück nach Santa Fé (vorbei an der Badestelle des Río Mulaba).

Cascada de la Golondrina

Kleine geführte Wanderung durch Primärwald zum Wasserfall der Schwalbe (= Golondrina). Die Familie von Evelio Rodriguez hält die Wege zum Wasserfall instand. Dafür verlangen sie eine Gebühr von 5 $ und geben dir gerne eine geführte Tour. **Anfahrt:** Nimm den Bus nach Guabal (7:00 / 9:00 / 11:00 / 13:00 / 15:00 / 17:00) von der Kirche und sage dem Fahrer / Busbegleiter, dass er dich bei der »Parada en el Bongo« rauslassen soll. Folge dem Pfad nahe dem Schild »Centro Agroturistico El Bongo«. Nach ca. 15 Min. hast du das Grundstück von Evelio erreicht.

Las Brujas – Tute Arriba / Cerro Tute

Diese Wanderung führt dich zum **Gipfel des Cerro Tute,** von dem aus du einen großartigen Rundblick auf die umgebenden Berge und Täler im Osten und die **hügelige Landschaft** im Westen genießen kannst. Der Weg führt bis zum Gipfel über **Wald- und Wiesenpfade,** danach über breite **Schotterwege.** Der Weg hat keine Wegweiser und ist nicht immer ganz eindeutig. Der Cerro Tute ist ein guter Orientierungspunkt. **Wegbeschreibung:** 14 km führt die anstrengende mehrstündige Wanderung zum Gipfel des Tute. Auch als kürzerer Las Brujas Rundweg ohne Cerro Tute machbar (siehe A). Zuerst musst du zu den zwei großen Antennen in Santa Fé gelangen, die du vom Dorf aus sehen kannst. Wenn du den Cerro Tute rechts vor dir in der Ferne sehen kannst und die Antennen auf deiner linken Seite hast, siehst du rechts nach ein paar Schritten eine Straße mit dem nach »Alto de Piedra« weisenden Schild. Die nimmst du nicht, sondern die nächste. Hier beginnt ein steiler Pfad bergauf, dem du ca. 1 h folgst, bis du ein Haus auf deiner Rechten und eine Aussicht ins Tal auf deiner Linken hast. Gehe weiter geradeaus. Dieser Pfad trifft irgendwann auf den bergab führenden »La Lagrimosa« Weg (Schild). Wer bereits hier zurück nach Santa Fé möchte, kann die Wanderung ohne Gipfel verkürzen. Wer zum Gipfel will, liest bei B)

weiter. **A)** Folge dem Weg bergab, der auf einen breiteren Weg stößt. Dort gehst du links weiter bergab und triffst nach einer Weile auf eine Telefonzelle auf deiner Linken. Folge dem schmalen Pfad vorbei an der Telefonzelle, bis er auf einen größeren Weg trifft. Dort gehst du links bergab. Dieser Weg führt dich direkt bis zur Hauptstraße vor Santa Fé. **B)** Sobald du einen bergauf führenden Weg zu deiner Rechten siehst, nimmst du ihn. Du erkennst, dass er der richtige ist, wenn nach einigen Metern auf deiner Linken ein großer runder Felsen liegt. Kurz danach nimmst du den schmalen Pfad zu deiner Linken. Dieser geht in einen dichten Wald über. Dem Weg folgst du für etwa 45 Minuten. Sobald du aus dem Wald bist, hast du fast den Gipfel erreicht. Der Weg zum Gipfel ist dann

Aussicht vom Cerro Tute auf das Tal von Santa Fé

.andschaft um Santa Fé

Graslandschaft und Ausblick beim Abstieg vom Cerro Tute

nicht mehr schwer zu finden. Für den Rückweg nimmst du den breiten Schotterweg bergab, der dich bis zu Punkt A bringt (lies dort weiter). Lass dich beim Gipfelabstieg nicht davon beirren, dass der Schotterweg dich optisch weit abseits hinter den Cerro Tute bringt, du bist auf dem richtigen Weg.

Auf dem Waldpfad und Weg zum Gipfel kannst du vielleicht viele Goldene Seidenspinnen sehen. Sie sind nicht gefährlich und selten aggressiv gegenüber Menschen.

Las Cascadas del Salto

Diese Wanderung führt eine steile Straße entlang mit schönen Aussichten auf die Landschaft und Flusstäler bis in das biologische Agrarviertel von El Salto und zu den imposanten Wasserfällen. **Wegbeschreibung:** ca. 6 h reine Wanderzeit. Der Weg beginnt bei der südlichen Bushaltestelle, stadtauswärts laufend, kurz nach der Brücke über den Santa Maria Fluss auf der linken Seite. Bis hierher kannst du auch den Santiago Bus nehmen. Nimm die Straße links. Sobald du bei der Comunidad Misionera bist, gehst du rechts auf die Schotterpiste. Folge der Straße und halte dich an der nächsten Abzweigung rechts. Du wirst mehrere Bäche überqueren müssen. In der Regenzeit können diese ggf. zu tief und zu kräftig für eine Überquerung sein. Kurz vor der Gemeinde siehst du einen Stein mit einem Pfeil nach links. Du folgst aber der Straße geradeaus und später bergab nach links, um ins Dorf zu kommen. Falls du dem Pfeil auf dem Stein folgst, kommst du auf einen schmalen Pfad, der zu einem (ggf. trockenen) Flussbett führt. Einige Meter flussaufwärts führt der Weg auf der anderen Seite weiter Richtung Dorf. **Kosten:** 5 $ Eintritt zu den Wasserfällen. Vor Ort bieten sich auch lokale Guides an, die dich in dem Dorf herumführen und zu verschiedenen Wasserfällen bringen können (2–5 $).

Parque Nacional Santa Fé

Der 2001 gegründete Park verteilt sich über eine Fläche von 276 km^2 und beheimatet mehr als 300 Vogelspezies und 81 endemische Pflanzenarten. Der Ort Santa Fé ist bekannt für seine zahlreichen Orchideenarten und so auch der gleichnamige Nationalpark. Der Gipfel des Cerro Tute liegt bereits im Nationalparkgebiet, und der Alto de Piedra Wasserfall sowie der Bermejo Wasserfall grenzen an den Nationalpark. Die Nebelwälder des Parks sind eine wichtige Quelle reinen Wassers für die umliegenden Gemeinschaften. Hier entspringt auch der Río Santa Maria. Wanderungen können mit dem lokalen Guide César Miranda unternommen oder über das Coffee Mountain Inn organisiert werden (beides siehe unter Touren).

Weitere Aktivitäten

Baden im Río Mulaba »Las Lajas«

Das Wasser an dieser Badestelle ist weniger ruhig als El Tinajon, aber deswegen an Wochenenden auch weniger voll. **Wegbeschreibung:** Gehe am Supermarkt Cooperativa vorbei Richtung Busterminal und die nächste Straße nach dem Busterminal links. Folge dem Weg, und du kommst zu einer kleinen Brücke. Nachdem du die Brücke überquert hast, führt dich ein Pfad auf der rechten Seite zur Badestelle am Fluss. Auch möglich als Wanderung in Kombination mit dem Bermejo Wasserfall.

Baden im Río Santa Maria »El Tinajon«

Beliebt bei Einheimischen, daher recht voll an Wochenenden und Feiertagen, bietet diese Badestelle im Santa Maria Fluss ruhige Stellen für entspanntes Planschen. **Wegbeschreibung:** Folge der Beschreibung zum Tubing. Nach der Überquerung der Bulaba Brücke folgst du der Hauptstraße, immer rechts haltend, bis sich ein Pfad auf deiner rechten Seite auftut. Dieser führt dich zur Badestelle.

Die stärksten Fasern der Welt

Wenn du in der Gegend von Santa Fé wanderst, v.a. hinauf zum Cerro Tute, wirst du wahrscheinlich der Goldenen Seidenspinne begegnen. Keine Angst, die Spinne ist selten aggressiv und beißt nur, wenn du sie grob behandelst. Das Gift der Seidenspinne ist relativ harmlos und verursacht maximal Rötungen und Schmerzen an der Einstichstelle. Sie weben ihre Netze gerne auf den Flugwegen von Insekten, weswegen du sie an lichten Stellen oder auf offenen Busch- und Wiesenlandschaften findest. Entweder weben sie ihr Netz entlang der Wege oder mitten auf dem Pfad, wenn dieser gerade nicht sonderlich von Wanderern frequentiert wird.

Solltest du aus Versehen in ein Netz laufen, wird dir auffallen, dass es sich irgendwie anders anfühlt als dir bisher bekannte Spinnfäden. Es ist ziemlich fest und klebt sehr stark.

Probiere es aus, auch wenn du nicht versehentlich hineinläufst.

Ein einzelner Strang eines Ankerfadens hat eine Zugfestigkeit, die höher ist als diejenige von Stahl. Dabei ist der Faden aber hochelastisch und leicht, ohne federnd zu sein. Darin unterscheiden sich die Spinnfäden von unseren Kunstfasern. Sie wandeln einen großen Teil der Bewegungsenergie in Wärme um. Es gibt also keinen »Trampolineffekt«. Eine Beute fällt ins Netz und wird nicht wieder hinausgeschleudert. All diese Gründe machen die Spinnseide zum Gegenstand aktueller Forschungen.

Die großen Exemplare, die du siehst, sind übrigens aller Wahrscheinlichkeit nach Weibchen. Die kleinen Spinnen sind keine Nachkommen, sondern die Männchen. Wenn du noch kleinere andersartige Exemplare erblickst, dann sind es Diebesspinnen. Diese handeln ganz ausgefuchst, indem sie sich im fremden Netz aufhalten und einen Teil der Beute der Seidenspinnen stehlen.

Die Seidenspinne

Bio-Farm von Maria und Chang

In der kleinen Gemeinschaft la Mula führen dich die Bio-Kleinbauern Maria und Chang durch ihre Farm, erklären dir ihre tägliche Arbeit, zeigen dir ihren **Orchideengarten** und kochen ein leckeres Mittagessen aus ihren Farmzutaten für dich (ca. 10 $ pro Person inkl. Mittagessen). Beide sprechen nur Spanisch, aber sie werden sich mit Hingabe bemühen, die Tour auch für nicht Spanisch sprechende Besucher zum Erlebnis zu machen. Am besten vorab bei Maria und Chang reservieren, damit sie die Tour planen können. **Wegbeschreibung:** Folge der Beschreibung zum Tubing. Nachdem du die Brücke überquert hast, folgst du der Straße, immer rechts haltend. Sobald du ein Schild mit der Aufschrift »Cuida Los Ríos« siehst, nimmst du die nächste Abzweigung nach rechts. Hier holen die beiden dich ab. 📞 6525–4832

Petroglyphen

In der Umgebung von Santa Fé befinden sich einige Petroglyphen (Felsenbilder), z.B. in der Nähe des Río Piedra und des Bermejo Wasserfalls, zu denen dich ein Guide führen kann, z.B. César Miranda (siehe Touren).

Reiten

Die hügelige Landschaft um Santa Fé bietet sich wunderbar für Ausritte an. Die Wege führen durch Wälder, Flüsse, zu Wasserfällen und bieten nicht nur einmal wunderbare Ausblicke. Ausritte mit gut gepflegten Pferden bietet Jungle

Cat Panama an. Aber auch Unterkünfte organisieren gerne gute Ausritte auf gepflegten Pferden. Die **Pferde** in Santa Fé sind sehr **klein.** Versuche, große Pferderassen in Santa Fé zu halten, waren bisher vergeblich. Nicht nur sind sie weniger geeignet für die bergige Gegend, auch ist die Umgebung von Santa Fé nicht förderlich für die gesunde Aufzucht großer Rassen, so die Erklärung der Einheimischen. Solltest du daher besonders groß sein, dann überlege dir das mit dem Reiten in Santa Fé vielleicht nochmal. https://www.facebook.com/junglecatpanama/

Tubing auf dem Santa Maria Fluss

Eine eher gemütliche (unbegleitete) Flussfahrt auf Reifen bietet dir William. Für 10 $ pro Person vermietet er Reifen zum Hinabfahren des Flusses und holt dich an der Austrittsstelle wieder ab. Je nach Wasserstand kann die Reifenausfahrt gemütlich und lang sein (2–3 h) oder mit etwas stärkeren Stromschnellen 1 h oder weniger dauern. Hier geht es vor allem darum, die Landschaft zu genießen. Bei zu hohem Wasserstand sollte nicht getubed werden. Am besten in der Unterkunft fragen, aber auch William kennt den Fluss gut und wird dir sagen können, wie lange die Fahrt dauern wird und ob es noch sicher ist. 14:00 Uhr und 15:30 unter der Woche sind die besten Zeiten für William. Am besten vorher einen Termin mit ihm ausmachen. Er kann auf Nachfrage auch mitfahren. **Wegbeschreibung:** Folge der Straße am Cooperativa Supermarkt Richtung Busterminal und gehe die erste Straße hinter dem Terminal gleich rechts und sofort die nächste links. Folge der Straße, bis du die Río Bulaba Brücke überquerst. Rechts direkt nach der Brücke kannst du runter zum Fluss gehen, wo du William treffen kannst. Ein Schild zeigt dir, dass du am richtigen Ort bist. 6583–5944

Touren

Alle oben aufgeführten Wanderung sind auch im Rahmen einer Tour machbar.

Aventuras Césamo

Ausritte oder Wandertouren mit Guide César Miranda oder anderem lokalem Guide in die Umgebung von Santa Fé, u.a. zu den vorher genannten Zielen. Touren ab 25 $ pro Person. aventurascesamo@hotmail.com 6792–0571 http://aventurascesamo.blogspot.com/

Coffee Mountain Inn

Das Hotel Coffee Mountain Inn bietet Ausritte, Kaffeetouren, Wanderungen im Parque Nacional Santa Fé und mehr in der Umgebung an. 6908–0812 info@coffeemountaininn.com http://coffeemountaininn.com/

Jungle Cat Panamam

Touren nach Calovébora (s. S. 137), Reiten und Wanderungen. https://www.facebook.com/junglecatpanama/

Jungle Treks

Jungle Treks bietet neun Tage lange Expeditionen im Santa Fé Nationalpark an. Die Expedition endet in Belen an der Karibikküste. https://jungletreks.com/

Schlummern

Hostal la Qhia $

Das la Qhia liegt in einer wunderbaren Gartenanlage. Ein großes Bambus-Haupthaus beherbergt einen Schlafsaal und Zimmer mit Gemeinschaftsbad sowie einen entspannten Balkon mit Sitzflächen, Hängematte und herrlichem Ausblick. Eine überdachte Fläche liegt mitten im Garten mit Tischen und Hängematten gleich neben einer Außenküche mit Sitzecke. Ein weiterer Schlafsaal und ein Doppelzimmer mit Privatbad stehen im Anbau der Außenküche zur Verfügung. Ein Privatbungalow findet sich

weiter hinten im Garten. Die argentinischen Besitzer sind kaum vor Ort, haben die Betreuung jedoch in die freundlichen und hilfsbereiten Hände des englischsprechenden Reynaldo und weiterer Mitarbeiter übergeben. Hilfreiche Karten und Wanderbeschreibungen liegen vor Ort aus. Touren können direkt über das Hostel organisiert werden. http://www.panamamountainhouse.com/
Booking.com

Schlemmen

Günstige lokale Essensgelegenheiten finden sich in der Nähe des Supermarktes Cooperativa Santa Fé. Zum Beispiel das Restaurante de la Cooperativa oder ein paar Meter weiter das Restaurante de la Terminal an der Bushaltestelle. Hier erhältst du auch regionales Frühstück.

Hermanos Pineda

Eine typische *Fonda* mit gutem panamaischem Essen. Es gibt Fleisch und Fisch. Zusätzlich findet sich auch köstliche Pizza auf der Karte. Eine Besonderheit sind die wie eine Pizza belegten Patacones. Probieren!

Anachoreo

Im Hotel Anachoreo befindet sich das anscheinend einzige kambodschanische Restaurant Panamas. Wir konnten es leider nicht testen, da es zur Zeit der Recherche saisonbedingt geschlossen war. Schade, denn einheimische Santa Fé Besucher haben uns von dem Essen dort vorgeschwärmt.

Weitere hilfreiche Informationen

Am **Sonntag** werden neben dem Mini Super David **frische Früchte der Region** verkauft.

Ein **Obststand** mit besserer Auswahl als in den lokalen Supermärkten befindet sich, wenn du vom Supermercado Cooperativa Richtung Ortsausgang nach Santiago gehst, auf der rechten Seite kurz hinter der Brücke.

Fortbewegung vor Ort

Lokale Busse oder Geländewagen fahren in die Region, z. B. nach Guabal. Ansonsten geht man zu Fuß.

Der Transportservice der Cooperativa de Turismo bringt dich auch an viele der genannten Orte. (Bsp.: Alto de Piedra Wasserfall 6 $; El Salto 50 $; Guabal 50 $, Las Brujas 3 $) 6135–7120.

Anfahrt und Abreise:

Anfahrt: In Santiago kannst du alle 20 Min. einen Bus nach Santa Fé nehmen (2,90 $ / 1,5 h).

Abreise: Du kannst vom Busterminal in der Nähe des Supermercado Cooperativa, an der Bushaltestelle beim Park oder überall an der nach Santiago führenden Hauptstraße in den Santiago Bus zusteigen.

Calovébora (Veraguas off the beaten path)

Möchtest du ein Abenteuer abseits der ausgetretenen Pfade erleben? Dann ist dieser Ort etwas für dich. Calovébora ist nicht mehr als ein kleines Karibikdorf weit abseits der Touristenpfade an der Grenze zur Comarca Ngöbe-Buglé. Dafür ist es umgeben von Dschungel und weißen felsenumrahmten Karibikstränden. Auch wenn der schönste Strand nicht direkt vor Calovébora zu erwarten ist. Diese karibische Region Panamas ist noch komplett touristisch unerschlossen. Dies liegt an der schwierigen Anfahrt, die bisher sogar mit einem Geländewagen nicht einfach zu bewältigen war. Seit 2016 ist jedoch die Ruta 33 (und damit die vierte Atlantik-Passage Panamas) im Bau. Noch führt die asphaltierte Straße nur hoch bis nach Guabal. Ab dort beginnt eine Schotterpiste, die vor 2016 noch ein schmaler matschiger Pfad war. Ende 2018 war die Verbindung nach Calovébora noch nicht fertig. Sobald die Straße fertiggestellt ist, wird ein Aufstreben des aktuell noch unbekannten Dorfes Calovébora zu einem Eco-Tourismus Hotspot prognostiziert.

Anfahrt und Übernachtung

Noch ist keine öffentliche Anbindung nach Calovébora vorhanden. Du kannst von Santa Fé (ab der Kirche) mit dem Bus bis nach Guabal fahren. Von Guabal musst du einen Geländewagen chartern oder dich mitnehmen lassen, um bis nach Calovébora zu kommen.

In Calovébora kannst du im Homestay für ca. 10 $ die Nacht pro Person übernachten.

Die Angestellten im La Quia Hostal (und sicher auch in anderen Unterkünften) in Santa Fé helfen dir gerne bei der Organisation deiner Calovébora Expedition.

Sobald die Straße fertig ausgebaut sein wird, dauert es sicher nicht mehr lange, bis es eine regelmäßige öffentliche Verbindung an den Atlantik gibt.

Eine Alternative, nach Calovébora zu kommen, sind Touren.

Touren

Kajaktouren nach Calovébora

Für alle Abenteurer bietet Jungle Cat Panama Kajaktouren nach Calovébora an (277 $). Sie sind jedoch stark wetterabhängig und können, wenn der Fluss in der Regenzeit zu viel Wasser führt, nicht stattfinden. Mehr Informationen direkt bei Jungle Cat Panama, die auch ein Büro in Santa Fé haben. 6158–9144 https://www.facebook.com/junglecatpanama/

Sunset Coast

Die Sunset Coast liegt im Westen der Halbinsel Azuero, gehört aber noch zu Veraguas. Sie trägt ihren Namen, weil sich von den Stränden der Küste Sonnenuntergänge beobachten lassen, was sonst selten an den Stränden Panamas möglich ist. Hier findest du viele abgelegene graue Strände, Surfspots und den Parque Nacional Cerro Hoya. Einige Strände sind Brutstätten von Meeresschildkröten. Die touristische Infrastruktur an der Küste ist nicht gut ausgebaut, deswegen erreichst du Orte wie Toria und Mariato zwar gut öffentlich, vor Ort wäre ein eigenes Gefährt aber sehr praktisch.

Von der Sunset Coast sind auch Ausflüge nach Coiba möglich, siehe Coiba Touren (S. 130).

Sehenswürdigkeiten und Aktivitäten

Meeresschildkröten an der Playa Malena

Vier Meeresschildkrötenarten kommen an die Westküste Azueros zur Eiablage. Die Oliv-Bastard-, die Grüne Meeres-, die Echte und Unechte Karett- und die Lederschildkröte. Saison ist von Jul. – Nov. mit einem Hoch von Aug. – Sep. Babyschildkröten schlüpfen daher vor allem zwischen Okt. – Nov. Die Gemeinschaft von Malena beschützt die Schildkröten seit nunmehr zehn Jahren. Wenn du auch nachts den Strand bewachen möchtest, damit deine Chance, eine Schildkröte zu sehen erhöht wird, oder du die frisch geschlüpften Babyschildkröten auf ihrem Weg ins Meer begleiten willst, dann kontaktiere am besten Tanagertourism http://tanagertourism.com/.

Parque Nacional Cerro Hoya

Der auch unter dem Namen Tres Cerros bekannte Nationalpark liegt in den Bergen von Azuero an der Pazifikküste Panamas. Touren sind z. B. über Tanagertourism buchbar http://tanagertourism.com/.

Anfahrt und Übernachtung

Von Santiago fahren mehrmals täglich Busse nach Mariato, Malena und Torio (z. B. der Arenas Bus).

In Malena und Torio findest du Übernachtungsmöglichkeiten. Beide Orte sind breiten unbebauten Stränden vorgelagert.

7°45'58.4"N 80°16'36.6"W

Halbinsel Azuero

Herrera und Los Santos

Halbinsel Azuero: Herrera und Los Santos

Was macht die Halbinsel Azuero besonders?

Lerne in einem aufstrebenden Surfer-Ort Wellenreiten und lass am Abend, mit den Füßen im Sand und einem Longdrink in der Hand, den Tag ausklingen. Aber Azuero kann noch mehr. Wie wäre es, dabei zu sein, wenn tausende Meeresschildkröten in einer Nacht an Land kommen oder im bunten Karneval vier Tage durchzufeiern? Ob du nun Naturliebhaber bist, ein paar Tage surfen oder zum besten Karneval Panamas reisen willst: in Azuero bist du richtig. Die wunderbare Halbinsel wird dich nicht enttäuschen.

Nicht verpassen auf der Halbinsel Azuero

— **Playa Venao:** Lerne Surfen im gediegensten Surfer-Ort Panamas
— Beobachte **Kapuzineräffchen** bei ihrem Frühstück an Mangobäumen und **Brüllaffen** beim Klettern in den Baumkronen rund um Venao
— Feiere den panamaischen Karneval in **Las Tablas**
— Entdecke die bunten Fassaden im ruhigen **Pedasí** und die grauen Strände in seiner Umgebung
— Gönn dir einen halben Tag Auszeit auf den weißen Stränden der **Isla Iguana**
— Erlebe wie tausende Meeresschildkröten zur Eiablage auf die **Isla Cañas** kommen

Chitré

Die **Hauptstadt von Herrera** hat eine Altstadt um die obligatorische Plaza, ein paar alte Häuser hier und da und ein Museum zur Geschichte Herreras. Du wirst aber nichts verpassen, wenn du Chitré nur für einen Zwischenstopp nutzt. Ein Grund, hier mehr Zeit zu verbringen, ist allerdings der **Karneval,** der immer an vier Tagen vor Aschermittwoch stattfindet. Chitré ist nach Las Tablas einer der Hotspots für Karneval. Das **Fest des Schutzpatrons San Juan Bautista,** welches am **24. Juni** gefeiert wird, ist auch einen Besuch wert.

Anfahrt und Abreise

Die Busse kommen in Chitré am Terminal de Herrera an. Mehrmals täglich kommst du von und nach **Panama City** (9 $ / 4 h), Santiago (3 $ / 1 h) sowie stündlich von und nach Las Tablas, von wo du nach **Venao** oder **Pedasí** (1,5 $ / 45 Min) kommst. Um nach **David** (Boquete, Volcán, Cerro Punta) zu fahren, nimmst du den Santiago Bus und steigst in Santiago oder unterwegs auf der Interamericana in einen Direktbus nach David um.

Verfallenes Kolonialhaus im Stadtzentrum von Chitré

Parita

1558 gegründet, wurde die Stadt nach dem Ngöbe-Buglé Häuptling benannt, der diese Länder beherrschte. Die Stadt ist voller kolonialer Architektur und wird gern als verstecktes Kleinod von Herrera bezeichnet, weil sie außerhalb der Provinz kaum bekannt ist, auch nicht bei Panamaern. So wirst du hier selten über andere Reisende stolpern.

Anfahrt und Abreise

Von Chitré fahren mehrmals täglich Busse direkt nach Parita. Von Santiago kannst du jeden Bus Richtung Chitré nehmen und in Parita aussteigen.

Parque Nacional Sarigua

Mit einer Fläche von 8000 ha stellt dieser Park die **einzige wüstenähnliche Landschaft Panamas dar.** Der Park war ursprünglich auch keine Wüste. Der größte Teil der Vegetation der einstigen Lagunen- und Waldlandschaft wurde im 20. Jh. abgeholzt und abgebrannt. Wie Schade! Heute ist es die **heißeste und trockenste Region des Landes.**

Auf dem Gebiet des Sarigua Nationalparks wurde die bisher älteste vorkolumbianische indigene Siedlung Panamas entdeckt. Eine positive Nebenwirkung der traurigen Abholzung, ohne die die Siedlung wahrscheinlich unentdeckt geblieben wäre. Die gefundenen

Keramiken und Steinartefakte lassen Archäologen vermuten, dass sich hier vor 11 000 Jahren ein Fischerdorf befand.

Auf dem trockenen, versalzten Boden ist heute nicht viel Leben. An der Küste befindet sich noch ein Mangrovenabschnitt. Die Mangroven sind der ideale aber bedrohte Lebensraum für die Vermehrung von Garnelen und anderen Meerestieren, weswegen dort Shrimps-Farmen angesiedelt sind. Im Park gibt es ein Besucherzentrum, einen Aussichtspunkt und einen kleinen Pfad.

Anfahrt und Abreise

Fahre ab Chitré mit einem der vielen Busse nach Parita oder nach Santiago und von dort mit einem Taxi zum Park (6 km). Direkt mit dem Taxi von Chitré zu fahren, ist etwas weiter und teurer.

Playa El Agallito

Der Strand El Agallito liegt zwischen den Mündungen der Flüsse Parita und La Villa, die ihn zu einem Watt machen. Der Strand ist das Ergebnis von Fällarbeiten, die in den 60er Jahren im einstigen Mangrovengebiet stattfanden, um einen Strand für die Stadt Chitré zu schaffen. Heute bietet das Watt ein Festbankett für einheimische und Zugvögel, was den Strand zu einem der **Top Vogelbeobachtungsorte** Panamas macht. Ca. 162 Arten kommen jährlich zum Fressen.

Anfahrt und Abreise

Etwa alle 15–20 Min. fährt ein Bus zur Playa El Agallito ab Chitré.

La Villa de los Santos

Der direkte Vorort von Chitré ist bekannt für das Aufbegehren seiner Einwohner am **10. November** 1821, um Panama von den spanischen Machthabern zu befreien. Seit jener Zeit wird an diesem Datum der Mut der Vorfahren mit dem **El Grito de La Villa** (*El Grito* = der Aufschrei) ordentlich gefeiert. Darüber hinaus ist Los Santos für sein **Corpus Christi Fest,** das **etwa 40 Tage nach Ostern** stattfindet, bekannt. Das religiöse Fest wird mit lokalen Bräuchen, Tänzen und Aufführungen sowie Kostümen folkloristisch und mythologisch ausgeschmückt.

Kommst du nicht gerade zu einem der wilden Feste nach Los Santos, so wird hier nicht viel geboten. Um den Hauptplatz reihen sich ein paar koloniale Häuser und eine schöne Kirche, das war es dann aber auch schon.

Anfahrt und Abreise

Ca. alle 5 Min fährt ein Bus von und nach Chitré vorbei (0,30 $).

Las Tablas

Las Tablas ist die **Hauptstadt der Provinz Los Santos** und gleichzeitig die inoffizielle Hauptstadt des panamaischen **Karnevals.** Jedes Jahr, **vier Tage vor Aschermittwoch,** geht hier die Post ab! Während des Karnevals tragen die Königinnen und ihr Hofstaat (auch *tuna* = Thunfisch genannt) auffällig glitzernde Outfits und lächeln von kunstvollen Umzugswagen herab, während das »Fußvolk« heiter auf den Straßen feiert. Nach Las Tablas kommt man des Karnevals wegen. Dafür sollten die Unterkünfte

Graffitikunst in Pedasí: Eine Frau in traditioneller Pollera

auch eine gute Zeit im Voraus reserviert werden, denn nirgends in Panama ist der Karneval so beliebt wie in Las Tablas. Außerhalb der fünften Jahreszeit hat Las Tablas neben einer hübschen Kirche und einem Museum wenig Touristisches zu bieten. Ein weiteres relevantes **Festival** ist das **La Pollera am 22. Juli.** Bei diesem 1957 ins Leben gerufenen Fest dreht sich alles um die traditionelle Tracht Panamas: die Pollera. Die Tracht hat spanische Wurzeln, besteht aus einem weiten Rock und einem Oberteil, beides in Weiß, verziert mit Blumenmustern (Rot- und Blautöne dominieren). Durch das Fest soll das Tragen der Nationaltracht der Panamaer gefördert sowie ihre korrekte Verwendung und die Arbeit der Handwerker der Provinz betont werden. Frauen präsentieren sich in einer Parade in ihrem Gewand. Eine von Ihnen wird zur Königin der La Pollera gewählt.

Anfahrt und Abreise

Häufig fährt ein Bus von und nach Panama City (9,7 $ / 4,5 h), stündlich von und nach Chitré (1,5 $ / 45 Min), halbstündlich von und nach Pedasí (2,40 $ / 1 h) und um 13:30 direkt nach Playa Venao (5 $ / 2,5 h). Kommst du aus Chitré und musst weiter nach Pedasí oder Venao, so gehst du links aus der Bushaltestelle hinaus, um zum regionalen Minibusterminal zu kommen. Nach ca. 300 m der Straße folgend findest du auf der linken Seite die Haltestelle mit den Bussen Richtung Pedasí und Playa Venao.

Karneval in Las Tablas

Der Karneval in Las Tablas folgt einem außergewöhnlichen Ablauf. Alles dreht sich um zwei **miteinander rivalisierende Gruppen** (Straßen genannt): die **Calle Abajo und Calle Arriba.** Je nachdem zu welcher »Straße« die eigene Familie gehört, unterstützt man die eine oder die andere Seite. Jede der beiden »Straßen« hat ihre eigene Band, Lieder, Umzugswagen und eine Königin, die das jeweilige Lager vertritt und mit der anderen Königin rivalisiert.

Offizieller **Karnevalbeginn** ist am **Samstag vor Aschermittwoch**. Die Festlichkeiten starten aber schon **Freitagnacht** mit der Beendigung des Amtsjahres der scheidenden Königinnen und der Krönung der neuen Königinnen der Calle Abajo und Arriba. Fünf Nächte und vier Tage ziehen die Festwagen durch die Gassen. Dabei dürfen sich die Königinnen von der Schar der gegnerischen Partei allerlei **Beschimpfungen** anhören. Die Feiernden werden von Tag zu Tag lockerer und damit die Beleidigungen schlimmer und persönlicher. Die Königin erwidert oder ignoriert und lächelt hübsch vom Wagen hinunter. Wer Königin von Las Tablas sein möchte, sollte eine starke Persönlichkeit mitbringen.

Die Festlichkeiten ziehen sich bis Mittwochfrüh hin, und jeden Tag präsentieren sich die Königinnen und ihr gesamter Hofstaat auf neuen Umzugswagen und den dazu passenden Kostümen: aufwändig und pompös, um die rivalisierende Seite zu übertrumpfen. Lastwagen mit Wassertanks oder Teilnehmer mit Wasserpistolen besprühen die feiernde Karnevalsgesellschaft mit Wasser. Feuerwerke dürfen auch nicht fehlen. Mit einem großen Feuerwerk wird in der Nacht zum Mittwoch der Aschermittwoch eingeleitet. So verwundert es nicht, dass am Morgen des Aschermittwochs die Luft und die umgebenden Gebäude tatsächlich voller Asche sind. Am Aschermittwoch um 6 Uhr morgens sehen sich die Königinnen zum ersten Mal während der ganzen Festlichkeiten von Angesicht zu Angesicht, und es gibt eine **traditionelle »Auseinandersetzung«** ***(Topón).*** Jede Königin hat die Chance, auf das, was ihr in den letzten Tagen vorgeworfen wurde, zu reagieren und die andere Königin zu verspotten. Meistens haben sie sich schon gut darauf vorbereitet und bringen Gegenstände mit, um ihren Hohn zu unterstreichen. Am Mittwochvormittag ist die Karnevalsfeier aus (in manchen Ecken wird noch bis Donnerstag weitergefeiert). Trotz der Auseinandersetzung und vier Tage langer prachtvoller Auftritte wird kein offizieller Gewinner gekürt. Die Teilnehmer beider »Straßen« behaupten zum Ende des Karnevals einfach, dominiert zu haben.

Die Festlichkeiten sind vorbei, aber die Königinnen für das nächste Jahr stehen bereits in den Startlöchern. Für sie geht es jetzt richtig los. Jedes Jahr, bereits vor dem Karneval des Vorjahres, wird je eine neue Königin der Calle Abajo und Arriba für das nachfolgende Jahr bestimmt. Um jemals die Chance zu erhalten, Königin zu werden, muss eine Frau jährlich teilnehmen und ihr Bestes am Festwagen geben, möglichst schon als kleines Mädchen. Eine Königin in Las Tablas zu sein ist sehr kostspielig, denn alle Kosten werden von ihr und ihrem Hofstaat getragen. Die ganze Familie legt zusammen und hilft bei der Umsetzung. Die angehende Königin organisiert im laufenden Jahr Veranstaltungen, treibt Sponsoren ein, um Geld – immerhin **hunderttausende Dollar** – einzusammeln. Alle Kostüme sind handgemacht und die **Festwagen von lokalen Kunsthandwerkern** gefertigt. Die Vorbereitungen für die Karnevalsfestlichkeiten dauern das ganze Jahr.

© Eybarcubillaphoto

Pedasí

Pedasí ist ein Städtchen durchsetzt mit bunten Kolonialbauten, in dem es an vielen Ecken gesprayte oder gemalte Kunst, z. B. an Hauswänden, zu entdecken gibt. Wilde Pazifikstrände sind auch nicht fern, und die Stadt ist ein optimaler Ausgangspunkt für Ausflüge zur Isla Iguana S. 150.

Sehenswürdigkeiten und Aktivitäten

Ein Spaziergang im Zentrum entlang der Hauptstraße, auf dem Parque Central und durch die kleinen Seitenstraßen lohnt sich. Überall begrüßen dich bunte Kolonialfassaden, und es gibt viel Kunst an den Häuserwänden zu entdecken.

Playa El Toro

3 km von Pedasí entfernt findest du diesen bei den Einheimischen beliebten Strand mit gelbem bis braunem Sand. Es gibt ein Restaurant vor der Playa El Toro. Ansonsten ist er nicht bebaut und bei Ebbe kannst du kilometerlang bis zur Playa El Arenal gehen.

Playa La Garita

4 km vorbei an einer Gated Community findest du diesen gelben, mit schwarzen Felsen durchsetzten Sandstrand. Auf der Anhöhe direkt hinter dem Strand liegen auch einige Häuser, sie stören das Landschaftsbild aber kaum.

Schlummern

Eine der guten Adressen fürs kleine bis mittlere Budget in Pedasí ist das Hostel der Selina Kette vor Ort ($–$$): mitten im Zentrum, mit einem Pool, Gemeinschaftsküche, Yoga, Fahrradverleih, Organisation von Touren und Shuttles zu anderen beliebten Orten. Einige Unterkünfte liegen auch entlang der Straße Richtung Playa El Toro. Sie sind jedoch etwas abseits von Einkaufsmöglichkeiten, Restaurants etc.

Bunte Häuser in Pedasí

Graffitikunst in Pedasí

Schlemmen

In Pedasí findest du viele einfache panamaische Bäckereien, die Empanadas, Kuchen und Sandwiches anbieten. Wer Rippchen und Burger vermisst, geht zu **Smiley's.** Ein Italiener **(Bohemia)** ist auch vor Ort. Mit lokalem günstigem Essen auf der Karte erschien die Fonda El Misterio vielversprechend, war jedoch bei unserem Besuch geschlossen.

Isla Iguana Restaurant

Das nette panamaische Restaurant im Süden der Hauptstraße Richtung Venao bietet leckere lokale Küche von Land und Meer. Das Ceviche ist erfrischend und gut. Unbedingt die gefüllten Patacones *(Patacones Rellenos)* mit Hühnchen oder Shrimps probieren.

The Bakery

Gutes Frühstück und Gebäck sowie mittags ein gutes *Menú del día.*

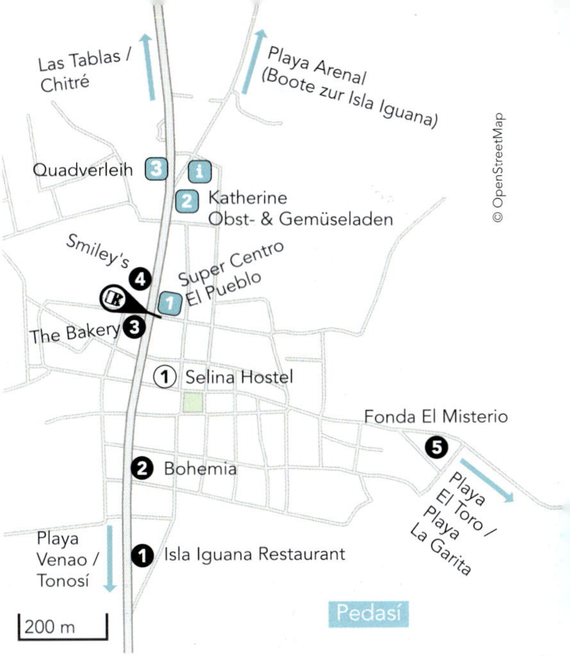

Playa La Garita

Weitere hilfreiche Informationen

Informationen rund um Pedasí findest du hier: http://discoverpedasi.com/

Ein **Obst- und Gemüsehändler** findet sich, vom Zentrum aus Richtung Norden gehend, auf der Hauptstraße neben der Terpel Tankstelle.

Eine **Touristeninformation** findest du ebenfalls Richtung Norden, wenn du dich nach der Terpel Station bei der Abzweigung rechts hältst.

Bank und Polizei sind vor Ort. Hebe hier Geld ab, wenn du nach Venao unterwegs bist.

Fortbewegung vor Ort

In Pedasí fahren kaum Taxis.

Fahrräder kannst du z.B. im Selina Hostel leihen.

Auf der Hauptstraße ein Stück weiter nördlich der Terpel-Station findest du linkerhand Pempos 4 Wheels; ein Hostel, das auch **Quads** verleiht

(25 $/h oder 60 $/Tag; auch Quad-Touren). https://pemposfourwheels.wixsite.com/pempos4wheelspedasi

Anfahrt und Abreise

Bus: Jede halbe Stunde fährt ein Minibus von Pedasí nach Las Tablas und umgekehrt (2,4 $). Nach Venao (weiter nach Cañas) tgl. um 7:00 / 12:00 und um 9:15 / 15:15 von Venao nach Pedasí. Die Busse fahren ab dem Super Centro El Pueblo.

Shuttles: Das Selina Hostel bietet 3xtgl. Shuttles nach Venao an. Ab Pedasí 11:00 / 16:00 / 19:00, ab Venao 9:00 / 12:00 / 18:00 (5 $ bzw. 8 $ hin- und retour / 40 Min). **Pedasí- Panama City:** Mo, Mi, Fr fährt um 7:30 ein Shuttle von Venao nach Panama City und kann ca. 40 Min. später auch ab Pedasí abholen. In die andere Richtung ab Panama City am Di, Do, Sa um 6:30. Sonntags fahren Shuttles nur mit mind. 5 Passagieren. (35 $ Panama-Pedasí). venaotours@gmail.com 6274–3222 https://venaotours.com/

Ausblick auf die Playa Venao

Isla Iguana

Die Isla Iguana hat einen der wenigen weißsandigen Strände dieser Region und wunderbar klares Wasser. Sie ist ein abgelegenes kleines Paradies und Zufluchtsort für Tiere wie z. B. seltene Vögel und große Echsen. Sie wird heute von einigen Tagestouristen aufgesucht. Du wirst hier viele tropische Pflanzen finden wie Mango, Papaya, Guave, Zuckerrohr, die aber nicht einheimisch sind. In den 60er Jahren hat sich ein Abenteurer entschieden, Iguana zu seinem zu Hause zu machen. Also baute er all diese Pflanzen zum Eigennutz an. Jahre später wurde er durch die Regierung von der Insel vertrieben. Die Pflanzen blieben und breiteten sich aus. Von **April bis September** kommen fünf verschiedene **Meeresschildkröten** zur Eiablage nach Iguana. In der Unterwasserwelt erwartet dich ein gut erhaltenes Korallenriff mit 14 unterschiedlichen Korallenarten und über 300 verschiedenen tropischen Fischen. In der **Walsaison von Juni bis November** (beste Zeit Juni & August) kannst du Wale in den Gewässern vor Iguana sehen. Iguana wurde während des zweiten Weltkriegs für Bombentests genutzt.

Anfahrt und Infos

Am besten im Rahmen von Touren über dein Hostel in Pedasí / Playa Venao oder über Isla Cañas Tours buchen. Von der Playa Arenal (4 km vom Zentrum Pedasís) kann auch ein Boot gechartert werden. Dort wirst du, je nach Saison, einige Bootsführer finden, die dich auf die Insel bringen (ab 50 $ pro Boot).

Eintritt: 10 $ für Nichtansässige.

Isla Cañas Tours

Zwei Tage & eine Nacht ab Playa Venao inkl. Übernachtung in Pedasí und Verpflegung für 75 $ 6718–0032 https://www.facebook.com/islacanastours.

Mit etwas höheren Ansprüchen schläft man in den klimatisierten schönen Zimmern der Casita oben auf dem Hügel, genießt ein eigenes Badezimmer und eine eigene Terrasse mit Blick auf den Sonnenuntergang über dem Meer.

Einige Schritte den Hügel hinunter eignet sich die Casona als Familiendomizil für bis zu sechs Personen. Die Strohdachhütten direkt am Strand machen jeden Aufenthalt perfekt. Weitere sehr einfache Cabañas stehen direkt am Fluss, werden aber meist den Mitarbeitern zur Verfügung gestellt. Das Eco Venao bietet **Spa, Yoga Kurse** auf einem Yoga Deck direkt am Strand, Kurse zur Seifenherstellung und eine **Wanderung** auf dem Gelände zu einem Wasserfall und einem Aussichtspunkt auf die Bucht. Die Karte hierfür wird an der Rezeption ausgehändigt. Auch Führungen im **Permakulturgarten** werden angeboten. Die zugehörige **Surfschule** Surf Dojo liegt direkt vor Ort. 💻 https://ecovenao.com/ Booking.com

Tipi Hostel $

Das Tipi bietet das beste Preis-Leistungs-Verhältnis in Venao. Alle Zimmer sind mit Klimaanlage ausgestattet. Für diejenigen, denen nicht ganz nach Selina Party ist, die aber auch nicht zu viel Ruhe suchen, bietet das Tipi den perfekten Mittelweg. In der Nähe eines Bachs stehen, verstreut zwischen schattenspendenden Bäumen, mehrere saubere innen weiß getünchte »Tipis« (kleine Schrägdachhütten). Du kannst wählen zwischen Einzel-, Zweibett- und Doppelzimmern sowie Schlafsälen, alle mit Gemeinschaftsbad. Um den großen **Pool** sammeln sich in mehreren Reihen neue Betonhäuschen mit sauberen Doppelzimmern, privatem Bad und kleiner Terrasse. Wer nachts gerne seine Ruhe hat, sollte keines der Häuser direkt am Pool und damit in Nähe der Bar wählen. Die Gemeinschaftsküche ist sehr groß und gut ausgestattet. 💻 https://www.tipihostelpanama.com/ Booking.com

Kapuzineräffchen beim Mangofrühstück

La Choza $

Die Budgetoption direkt in Venao. Das zweistöckige Holzhaus liegt nicht am Strand und enthält Schlafsäle oder einfache Doppelzimmer mit Bett, tlw. eigenem Kühlschrank und Klimaanlage. Ebenso stehen doppelstöckige Holzbungalows mit Dusche, kleinem eigenem Balkon / Terrasse zur Verfügung. Die Gäste und die Lage im Ort sind ruhig. 💻 http://lachoza.com/. Booking.com

Beach Break Hotel $$

Das Beach Break Hotel liegt direkt an der Playa Venao und ist die Unterkunft mit dem besten Vibe in Venao. Hier bleibt, wer auf eine nette Surfergemeinschaft wert legt, ohne nächtelang durchfeiern zu wollen. Getrennt durch eine schmale Gartenfläche, stehen hier zwei langgestreckte Häuser. Die Türen von Doppel- und Mehrbettzimmern mit eigenem Bad liegen sich gegenüber. Jedes mit eigener Hängematte auf der Gemeinschaftsterrasse. Eine Gemeinschaftsküche steht auch zur Verfügung. **Pool, Surfbrettverleih, Surfschule** und sogar **Jiu-Jitsu** und **Thai-Kickbox Unterricht.** 💻 https://www.beachbreaksurfcamp.com/ Booking.com

Kleiner Wasserfall bei einer Wanderung

Selina $–$$

Der Venao Ableger der beliebten Selinakette ist für alle, die Party *all night long* und Entertainment *all day long* suchen, die richtige Adresse. Mit einer Gemeinschaftsküche, **Pool, Yoga Deck, Volleyballfeld, Surf- und SUP-Brett Verleih, Surfunterricht** und mehr wird den Gästen viel geboten. Die Unterkünfte reichen von Schlafsälen über ein Tipi und Zimmer mit oder ohne Gemeinschaftsbad. 💻 https://www.selina.com/
Booking.com

Schlemmen

Da die Ortschaft um Playa Venao komplett aus touristischen Zwecken entstand, gibt es keine auf Einheimische ausgerichtete Restaurants vor Ort. Alle Preise sind auf panamaischem Normalniveau für internationale Gerichte (um 10 $ für ein Hauptgericht). Dafür bieten viele Restaurants **Farm to Table** Menüs, und es kommt Abwechslung auf den Tisch. Auch Vegetarier werden in Venao glücklich wie selten sonst in Panama.

Panga

Leider war das Panga zur Zeit der Recherche wegen Renovierung geschlossen. Aber allein die wunderbare Terrasse direkt am Strand mit Blick aufs Meer macht Lust auf einen Spaziergang hierher. Die **farm to table** Karte machte einen köstlichen Eindruck, also schau vorbei. Ich glaube, wir haben hier echt was verpasst!

Dani's Pizza und Tapas

Dieses kleine Juwel liegt am Strand beim Eco Venao direkt neben der Bar Barca. Die Israelin Dani stellt jeden Abend eine Tageskarte aus besonderen vegetarischen Tapaskreationen (ca. vier zur Auswahl) und ein Pizza Menü (ca. drei Sorten) zusammen und bereitet alles frisch zu. Die Pizza ist sehr leicht: der Boden ähnelt eher einem Flammkuchen. Personen mit großem Loch im Magen sollten auf jeden Fall etwas dazu bestellen. Die Kreationen sind außergewöhnlich köstlich. Wie wäre es z. B. mit einer Zucchini-Carpaccio-Pizza mit Parmesan und Moringa? Die meist besonderen Tapas bringen dich dazu, sie alle bestellen zu wollen. Was hältst du z. B. von *Pixbae* (lokale Palmenfrucht) mit Zuckerrohrhonig und Pedasí Käse? Mundwässernd oder? Die Eier und ein Teil des Gemüses stammen aus der **Permakultur des Eco Venao.** Die Portionen sind eher klein und daher die Preise gehoben (Pizza 8–12 $, Tapas 5–10 $), dafür sind die Gerichte ausgefallen, der Geschmack besonders, die Zutaten frisch und mit Liebe ausgewählt und zubereitet.

Buena Onda

Verkauf von hausgemachtem Eis am Stiel in einem Stand aus Holz direkt am Strand neben dem Surf Dojo.

Restaurante los Sombreros

Das Restaurant des Eco Venao verwendet Zutaten aus der **eigenen Permakultur.** Neben sehr guten Burgern ist mittags auch *Comida del día* günstig im Angebot. Beliebt sind auch die **»all you can eat BBQ Nächte« mittwochs** für 12 $ sowie **Samstagabende mit live Musik.**

Tipi Hostel

Sandwiches und Burger an der Bar.

La Bicicleta

Mittags gibt's hier eine typische panamaische *Comida del día* für 5 $. Es ist daher eines der wenigen Lokale, wo man auch mal Einheimische essen sieht. Ansonsten hat das Bicicleta eine Karte mit wenig abwechslungsreichen aber guten Gerichten: Hamburger, Fisch und Pizza.

Heladeria Pinocchio

Sechs verschiedene hausgemachte gute Milcheisvariationen stehen bei dieser Eisdiele zur Auswahl. Nachfragen, denn unter der sichtbaren Theke verstecken sich noch erfrischende Sorbets am Stil. Guter Espresso!

Coleos

Auf der kleinen netten Terrasse genießt du köstliche israelische Küche und mehr. Humusplatten, Salate, Sandwiches und Wraps sind zum Fingerlecken. Der Falafel und der Humus sind köstlich und saftig. Wer deutsche Küche vermisst, wird hier mit einem Hähnchenschnitzel und Pommes glücklich. Pad Thai und Hähnchencurry sind auch im Angebot.

Pizza Gavilan

Hier werden passable Pizzen, Tacos (auch Fischtacos) und Burger, mit direktem Blick aufs Meer, serviert.

Selina

Das Selina Hostel hat einen **eigenen Garten,** aus dem es Kräuter und Gemüse verwendet. Hier stehen Burger, Fisch, Salate, Sandwiches sowie mediterran und israelisch beeinflusste Gerichte und köstliche Kuchen auf der Karte.

Nightlife

Wer auf der Suche nach Party ist, der schaut abends am besten im **Selina Hostel** vorbei. Hier ist immer was los. Samstags gibt es live Musik im Los Sombreros (Eco Venao). Weitere aktuelle Partys siehe auch hier: https://www.facebook.com/VenaoTourspa/

Barca

Der perfekte Ort für einen Sundowner. Die wie ein Schiff gestaltete Bar Barca am Strand beim Surf Dojo öffnet nach Sonnenuntergang und schenkt Cocktails, Longdrinks, Bier und Wein aus. Mit den Füßen im Sand und bunt beleuchteten Palmen kann der Abend perfekt ausklingen.

Touren

Touren zur Isla Cañas (Schildkröten), Isla Iguana (bei Pedasí S. 150) und zum Ziplining in Cañas können über die Unterkünfte organisiert werden oder bei Venao Tours. https://venaotours.com/tours/

Fischen

Mit Playa Venao Fishing Tours 6244–5339 oder Venao Fishing 6640–3862 / 6784–9379

Weitere hilfreiche Informationen

Es gibt einen **Minimarkt** in Venao. Die Auswahl ist sehr auf Touristen ausgerichtet, und entsprechend sind auch die Preise. Wer selbst kochen möchte, deckt sich besser vorher ein oder fährt nach Cañas.

Kein Obst- und Gemüsestand vor Ort. Mo / Do fährt nach Sonnenuntergang ein Veggie Truck nach Playa Venao und beliefert die Restaurants mit Obst und Gemüse. Da hier das Ende der Runde ist, kannst du aus der übrigen Auswahl für dich einkaufen.

Keine Banken, kein Arzt und **keine Polizei** vor Ort. Nächster Ort hierfür ist Pedasí.

Fortbewegung vor Ort

Taxis kommen in Playa Venao nur vorbei, wenn sich gerade jemand hinfahren lässt. Fahrradverleihe gibt es bisher keine. Der lokale Transport beschränkt sich auf den Cañas-Pedasí Bus. Einige Einheimische fahren jedoch die Straße rauf und runter, so dass Trampen möglich wäre.

Anfahrt und Abreise

Anfahrt: 13:30 von Las Tablas direkt nach Playa Venao (5 $ / 2,5 h) oder 2xtgl. um 7:00 / 12:00 von Pedasí nach Playa Venao (5 $ / 1 h) bzw. mit dem **Selina Shuttle** um 11:00 / 16:00 / 19:00. Nach Las Tablas / Pedasí kommst du über Chitré.

Abreise: 2xtgl. ca. 8:00 / 12:45 fährt ein Minibus nach **Cañas** (Supermarkt und zur Isla Cañas) sowie 2xtgl. in die andere

Unterkünfte:
- (1) Venao Cove
- (2) Eco Venao
- (3) Tipi Hostel
- (4) La Choza
- (5) Beach Break Hotel
- (6) Selina

Restaurants:
- ❶ Panga
- ❷ Danni's Pizza & Tapas, Buena Onda, Barca
- ❸ Los Sombreros
- ❹ La Bicicleta
- ❺ Heladeria Pinocchio
- ❻ Coleos
- ❼ Pizza Gavilan

Sonstiges:
- [1] Surf Dojo
- [2] Minimarkt

Playa Venao

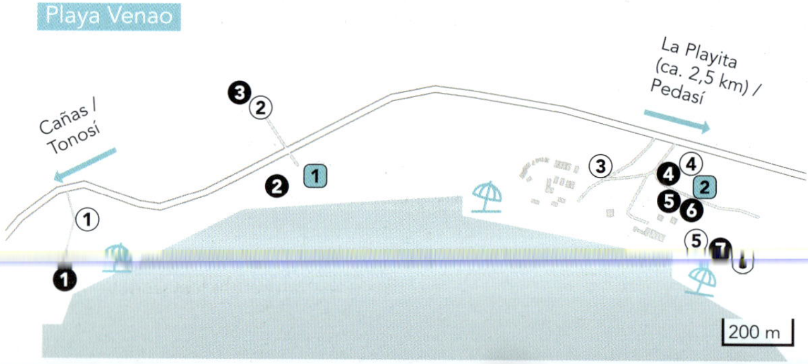

Richtung nach **Pedasí** um ca. 9:15 / 15:15 (aktuelle Fahrplanänderungen vor Ort anfragen). 1xtgl. um 7:15 nach **Las Tablas.**

Der Minibus (Van) ist nicht immer pünktlich. Achte bei deiner Mitfahrt darauf, dass es nur die wenigen Busse täglich gibt, auf die die Einheimischen entlang der Straße angewiesen sind. Es kommen aber immer mehr Reisende. Daher solltest du auf keinen Fall unnötigen Platz im Bus wegnehmen. Gepäck immer aufs Dach oder auf den Schoß!

Shuttle Venao-Panama City: Mo, Mi, Fr fährt um 7:30 ein Shuttle von Venao nach Panama City. In die andere Richtung ab Panama City über Pedasí um 6:30 am Di, Do, Sa. Sonntag fahren Shuttles nur bei mind. fünf Passagieren. (40 $ Panama-Venao bzw. 70 $ hin- und retour). Buchbar direkt über die Unterkünfte in Venao, das Büro im Ort oder unter ✉ venaotours@gmail.com 📞 6274–3222 💻 https://venaotours.com/.

Selina Shuttle Venao-Pedasí: 3xtgl. 9:00 / 12:00 / 18:00 in 40 Min (5 $, 8 $ hin- und retour).

Reserva Natural de Isla Cañas

Zur richtigen Jahreszeit kannst du auf dem insgesamt 13 km langen Strand der Reserva Isla Cañas ein besonderes Naturspektakel erleben: die ***Arribada*** (= die Landung). Meist in der Regenzeit von **September bis Oktober** im **ersten und letzten Mondquartal** kommt eine **Flut von tausenden Meeresschildkröten** in der Nacht an Land, um ihre Eier abzulegen. Warum so viele Schildkröten auf einmal kommen, ist bisher ungeklärt. Eine allgemeine Theorie ist, dass diese Massenankunft eine Abschreckung gegen potenzielle Feinde sein soll. Außer zur *Arribada* kommen ... das ganze Jahr über M... aber **August bis Nove... son.** Während insgesa... Arten hier ihren Brutp... Oliv-Bastardschildkröt... am häufigsten vertret... und November / Dezember sch... dann tausende von Babyschildkröten und wandern ins Meer. Außer den Schildkröten schützt die Reserva Isla Cañas die bedeutsamen Mangrovenökosysteme der Insel, die verschiedenen Marinespezies als Habitat dienen.

Schlummern und weitere Informationen

Vor Ort auf der Isla Cañas gibt es nicht viel zu tun, außer das entspannte Leben und die Natur zu genießen. Das Hostal Pachamama ($) am schwarzen Strand bietet eine Gemeinschaftsküche, Restaurant sowie Kajaktouren, Kitesurfen und Ausflüge in die Mangroven. ✉ pachamama.islacanas@gmail.com 📞 6957–5918 💻 https://hostal-pachamama.wixsite.com/home
Booking.com

Informationen: Die nächste Einkaufsmöglichkeit ist in Cañas. Der nächstgrößere Ort mit Restaurants, Bank, Arzt ist Tonosí.

Touren

Touren zur Isla Cañas können meist über die Unterkünfte in Venao organisiert werden.

Isla Cañas Tours
Zwei Tage & eine Nacht inkl. Übernachtung und Verpflegung ab 75 $ 📞 6718–0032 💻 https://www.facebook.com/islacanastours

ahrt und Abreise

Anfahrt: 2xtgl. von Pedasí (über Venao) um 7:00 / 12:00 (in Venao um ca. 8:00 / 12:45) und 1xtgl. von Las Tablas um 13:30 nach Cañas, von wo aus du zum kleinen Hafen kommen und dich mit einem Boot auf die Insel übersetzen lassen kannst.

Rückfahrt: um 9:00 / 15:00 Uhr mit dem Minibus nach Pedasí (über Venao) und um ca. 6:45 nach Las Tablas. Alternativ im Rahmen einer Tour kommen.

8°30’54.0”N 80°21’17.9”W

Coclé und Panamá Oeste

Brüllaffe

der Haltestelle leben Kaimane, und Brüllaffen kannst du öfters auf den straßennahen Bäumen sehen. Die Wahrscheinlichkeit, Kapuzineräffchen zu sehen, ist am höchsten um ihre Frühstückszeit: vor 8:00 in der Nähe von Früchtebäumen.

Yoga

Für Yogaklassen, auf einem Yogadeck direkt am Strand, kannst du dich im Eco Venao einschreiben. Das Beach Break Hotel plant auch, Yogaunterricht anzubieten.

Touren

Cañas Jungle Adventure

Über eine Hängebrücke und 8 Ziplines von insgesamt 3 km und mit 2x Abseilen geht es durch den Dschungel. Tarzan Swing und eine kleine Wanderung mit wunderbaren Aussichten sowie ein Bad in einem natürlichen Pool können auch ins Programm genommen werden. Ziplining Touren nach Cañas können über die Unterkünfte (z. B. Selina Hostel) organisiert werden. Tgl. um 8:00 / 10:00 / 14:00. 60 $ Zipline / 20 $ Tarzan Swing / 10 $ Wanderung ✉ azuerozipline@gmail.com 📞 6510–2771

Isla Cañas Marina

Öko-Boots- und Kajaktouren um die und in den Mangroven von Isla Cañas, Surftouren vor Isla Cañas, Stand-Up-Paddling, Isla Cañas Schildkrötentouren und mehr. 💻 www.islacañasmarina.com/

Isla Cañas Tours

Ausflüge zur Isla Cañas, Walbeobachtungen (Jun. – Nov.), 1-Tages- oder 2-Tagestouren nach Pedasí inkl. Isla Iguana und mehr. 📞 6718–0032 💻 https://www.facebook.com/islacanastours

Schlummern

Die meisten Unterkünfte liegen um den kleinen Ort herum direkt am Strand. Das Eco Venao liegt etwas außerhalb, und das Venao Cove Hostel liegt abgeschieden ganz am Ende des Strandes. Wer Party sucht, bleibt lieber bei einer der Strandunterkünfte im Ort.

Eco Venao $–$$

Wer Tiere und Natur liebt, sollte im Eco Venao bleiben. Hier wecken dich morgens die Kapuzineräffchen, indem sie die Mangos vom Baum schmeißen, tagsüber beobachten dich die Brüllaffen. Wenn du nachts »nach Hause« kommst, begleiten dich Glühwürmchen den Weg hinauf zu den Zimmern. 1 km außerhalb des Geschehens liegt das Eco Venao, weitläufig verstreut vom Strand bis hoch den Hügel hinauf. Die Anlage bietet etwas für jeden Geschmack. Als Budgetunterkunft steht ein Holzhaus zur Verfügung. Es beinhaltet simple aber saubere Doppel- oder Mehrbettzimmer sowie einen großen Schlafsaal mit acht Betten. Alle teilen sich zwei Bäder und zwei Toiletten und alle sind mit Ventilatoren ausgestattet. Einfache Holzwände zwischen den Zimmern machen das Ganze zu einer sehr hellhörigen Angelegenheit. Die Außenwände sind zum Dach hin nicht geschlossen. Hängematten, Schaukelstühle und eine Küche stehen zur Verfügung.

Playa Venao

Einst Playa Venado (span. für Hirsch) genannt, verschwand das bereits bei der Aussprache verschluckte »d« auch im Geschriebenen. Playa Venao ist das, was Santa Catalina (Veraguas) schon lange nicht mehr ist: ein beschaulicher Surfer-Ort. Lediglich einige Unterkünfte und Restaurants hat die rein touristische Siedlung am Strand zu bieten. Lange wird dies nicht mehr so bleiben. Längst hat sich bei den Reisenden und Investoren die Schönheit Venaos rumgesprochen. Schon heute sind selbst in der Nebensaison die Unterkünfte recht voll. Hinter dem Strand reihen sich neue Baustellen und Baugründe. Die bereits vorhandene Luxushotelanlage »Blue« wurde erweitert, ein neues Hotel direkt am Strand war 2018 im Bau, und auch im Tipi Hostel wurden Bauarbeiten durchgeführt. Wir hoffen, dass die relaxte Stimmung an dem noch beschaulichen Örtchen und an dem noch fast leeren Strand bestehen bleibt. Es ist nur eine Frage der Zeit, bis Venao zu einem Surfer Hotspot wird.

Aktivitäten

Viel gibt es in Venao nicht zu tun außer surfen und am Strand spazieren. In den Wäldern um Venao leben Brüllaffen, so dass Venao auch ein toller Ort für Tierbeobachtungen sein kann.

Jiu-Jitsu Kampfsport

Im Beach Break Hotel werden Kurse in **Jiu-Jitsu** und **Thai-Kickboxen** angeboten. Auch als Jiu-Jitsu Surfcamp buchbar. Mehr Infos unter https://playavenaobjj.com/

La Playita

Der weiße Privatstrand des la Playita Resorts, gleich um die Ecke von Venao, ist für deren Gäste kostenlos, kann aber für 5 $ Eintritt auch von anderen Reisenden benutzt werden. Das Resort hat auch einen **Mini-Zoo.**

Reiten

Frage nach Reitausflügen direkt in den Unterkünften z. B. im Beach Break oder Eco Venao.

Surfen

Die Wellen hier brechen in beide Richtungen (Beach Break) und sind für alle Levels geeignet, auch sehr gut für Anfänger. Surfbretter können in einigen Unterkünften geliehen werden, z. B. im Selina Hostel oder Beach Break Hotel. Sie bieten auch Surfunterricht an. Sehr guten Surfunterricht für Anfänger erhältst du im Surf Dojo beim Eco Venao http://www.surfdojo.com/.

Tierbeobachtungen

Die Umgebung von Venao ist ein wunderbarer Ort, um **Brüllaffen, Kapuzineräffchen** und **Kaimane** zu sehen. Der beste Ort für Tierbeobachtungen ist die **Eco Venao Lodge.** Bei einer Wanderung auf dem Gelände der Lodge wirst du sicherlich Brüllaffen sehen. Aber es lohnt sich allein schon ein Spaziergang auf der Straße vor dem Eco Venao. Im Fluss bei

Playa Venao in der Regenzeit

Azuero

Coclé und Panamá Oeste (Westpanama)

Was macht Coclé und Panamá Oeste besonders?

Die Provinzen Coclé und Panamá Oeste warten mit ihren abwechslungsreichen **Wanderungen** auf Naturliebhaber. Hier findest du Nebelwälder und Dschungel, Gipfel und weite Flächen mit **großartigen Ausblicken.** Hier kannst du in den **schönsten Wasserfällen Panamas** baden, den blauen Morphofalter sowie zahlreiche Vögel in der Natur beobachten. Die Strände westlich von Panamastadt laden zum **Wellenreiten** oder **Kitesurfen** ein, oder du mischst dich am Wochenende unter Einheimische, die hier einen Kurzurlaub im Naherholungsgebiet zu Panama Stadt machen.

Wer noch Souvenirs benötigt, der findet in Penomené handgemachte originale Panamahüte. Aber Achtung, das Original ist nicht so, wie du es erwartest …

Nicht verpassen in Coclé und Panamá Oeste

- **El Valle de Antón:** Erklimme die Gipfel und die zauberhafte Landschaft des besiedelten Vulkankraters
- Lass dich verzaubern von der Schönheit der blauen Kaskaden des **Pozo Azul** oder entdecke weitere Wasserfälle
- Misch dich unter einheimische Wochenendausflügler oder gehe surfen an den **pazifischen Stränden westlich der Hauptstadt**
- Lege dir einen authentischen **Panamahut** in Penomené zu

Penomené

Penomené ist die Hauptstadt der Provinz Coclé. Als Durchgangsstadt an der Interamericana wirst du sie sehr wahrscheinlich passieren, aber nur wenige steigen hier aus. Lohnend ist Penomené vor allem zur **Karnevalszeit.** Vier Tage vor Aschermittwoch verwandelt sich die Stadt in eine der Karnevalshochburgen Panamas, kann den Festlichkeiten des Publikumsmagneten Las Tablas aber nicht das Wasser reichen. Penomené ist bekannt für den **Verkauf authentischer Panamahüte.** Vom einfachen Handwerk für den alltäglichen Gebrauch bis zu hochqualitativ geflochtenen Hüten, die sogar regendicht sind; für jeden ist ein handgefertigtes Exemplar dabei.

Ein Panamahut kommt aus Panama, oder?

Der Panamahut – unter diesem Namen kennen wir ihn und haben sofort ein Bild vor Augen. Ein heller, cremefarbener Strohhut mit sacht nach oben gewölbter Krempe und schwarzem Hutband. Aber: Der Panamahut hat seinen Ursprung nicht in Panama, sondern in **Ecuador,** wo er in verschiedenen Provinzen noch heute durch **Hutweber in Heimarbeit** für den Weltmarkt hergestellt wird. Ein Irrtum, der historische Gründe hat.

Drehkreuz für den Export des aus Ecuador stammenden Hutes nach Europa oder in die USA war Panama. So wurde die Herkunft des Hutes immer mit dem Land Panama assoziiert. Als der Bau des Panamakanals begann, wurde dieser leichte Hut häufig von Arbeitern vor Ort als Sonnenschutz verwendet. Auch US-Präsident Theodore Roosevelt trug bei einem Besuch des Panamakanals den leichten ecuadorianischen Hut, wodurch dieser endgültig den Stempel »aus Panama« aufgedrückt bekamt.

Der Hut wird aus Palmfasern des Scheibenblumengewächses, auch ***Toquilla*** genannt, in Handarbeit hergestellt. Die Qualität wird durch unterschiedliche nicht genormte Kriterien bestimmt. Z. B. spielt die Feinheit der einzelnen Fasern und damit die Faserdichte der Webung eine Rolle.

Die ecuadorianische Webkunst wurde 2012 von der UNESCO zum **immateriellen Kulturerbe** erklärt.

Und doch gibt es ihn, einen traditionell im Land Panama gefertigten Hut. Ein »echter« Hut aus Panama unterscheidet sich leicht vom ecuadorianischen Panamahut, dessen Bild sich so in unsere Köpfe eingebrannt hat. Wenn du im Land unterwegs bist, vor allem aber in der Provinz Coclé, wirst du ihn wahrscheinlich z. B. auf den Köpfen von Landwirten sehen. Er wird ebenso aus Pflanzenfasern hergestellt, ist strohgelb bis cremefarben mit regelmäßig hineingewebten schwarzen Ringen. In Penomené kannst du diese Hüte aus ursprünglicher Handfertigung kaufen.

Sombrero Pintao – ein echter Hut aus Panama
Gracias © Alfredo Maiquez / IPAT

Wandern mit Hindernissen in Panama :)

Parque Nacional Omar Torrijos

Die meisten Panamaer kennen den Park unter dem Namen **El Copé** (der Name einer häufigen Baumart dieser Gegend). Er wurde zu Ehren von Omar Torrijos Herrera umbenannt, einem panamaischer Militärdiktator. Dieser unterschrieb 1977 mit US-Präsident Carter die Torrijos-Carter-Verträge, welche Panama zum 31.12.1999 die gesamte Souveränität über die Kanalzone garantierten (mehr zur Geschichte Panamas siehe S.49). Herrera verunglückte unter bis heute ungeklärten Umständen 1981 bei einem **Flugzeugabsturz auf dem Cerro Marta** im Gebiet des damaligen El Copé Nationalparks. Der Park liegt im Norden des ebenfalls El Copé benannten Dorfes und erstreckt sich mit einer Fläche von **25 275 ha** entlang der karibischen und pazifischen Hänge der kontinentalen Wasserscheide. Der Nationalpark beheimatet und schützt die fünf großen Katzen Panamas: den **Jaguar** und **Jaguarundi,** den **Ozelot,** den **Puma** und die **Tigerkatze.** Daneben den Tapir, unzählige Vogelarten, Amphibien und giftige Schlangen. Der Nationalpark ist etwas schwer zu erreichen, was wahrscheinlich auch einer der Gründe ist, dass seine Wälder und seine Tierwelt gut erhalten sind. Hier wirst du mit hoher Wahrscheinlichkeit keine anderen Reisenden treffen. Deine Chance auf ein Abenteuer. Ausgewiesene Wanderwege starten an der Rangerstation. Ein Wanderweg führt zu einem Gipfel, von dem aus du an klaren Tagen sowohl **den Pazifik als auch das Karibische Meer sehen** kannst. Ein weiterer Weg geht am karibischen Abhang der kontinentalen Wasserscheide hinab und verläuft durch dichten Wald. Der Weg ist sehr anspruchsvoll, hat kein Ende und wird ohne Guide nicht empfohlen.

Ein Lehrpfad neben der Rangerstation versorgt Besucher mit Informationen zu einheimischen Bäumen und Pflanzen.

Weitere hilfreiche Informationen

Bringe Bargeld und alles, was du brauchst, mit. Der nächste größere Supermarkt ist in El Copé und ein Geldautomat in Penomené.

Eintritt in den Naitonalpark: 5 $

Anfahrt und Abreise

Eine direkte öffentliche Zufahrt zum Nationalpark ist nicht vorhanden. Der letzte angefahrene Ort ist das Dorf Barrigon, 3–4 km vor der Rangerstation. Um hierher zu kommen, steigst du in Penomené in einen Bus in Richtung El Copé. Von dort kannst du einen Bus nach Barrigon nehmen. Du kannst in Barrigon in Homestays übernachten oder in El Copé (noch ca. 7 km bis zur Rangerstation).

El Valle de Antón und Umgebung

Wer traut sich, in einem **Vulkankrater** zu übernachten? Umgeben von Hügeln, den eigentlichen Kraterwänden und saftig grüner Landschaft, ist das Valle de Antón ein Tal des ewigen Frühlings und ein Paradies für Wanderer und Naturliebhaber oder ein Ort der Erholung für diejenigen, die vorübergehend etwas mildere Luft auf ihrer Reise atmen wollen. Genau das machen die Bewohner aus Panama Stadt und Umgebung am Wochenende. Das unter der Woche verschlafene Städtchen ist bis in die letzte Ecke mit Leben gefüllt, sobald der Freitag anbricht. Am Sonntag verfällt es dann wieder in seinen Dornröschenschlaf.

Wanderer werden in der ausgedehnten Umgebung des Valle de Antón mit fantastischen Ausblicken belohnt. Ganz besonders kommen **Liebhaber von Wasserfällen** auf ihre Kosten. **Vogelfreunde** werden vor allem während der **Balzzeit ab Mai** vor Freude hüpfen, und wer noch nie einen blauen **Morphofalter** in natura gesehen hat, wird diesen auf einer Wanderung in der Umgebung sicher mehr als einmal zu Gesicht bekommen.

El Valle de Antón, kurz auch El Valle genannt, ist der scheinbar größte besiedelte Krater der Welt und liegt inmitten eines erloschenen Stratovulkans, der geschätzt vor rund 1,1 – 1,3 Millionen Jahren entstand. Vor 13 000 Jahren fand der letzte erwähnenswerte unterirdische Vulkanausbruch statt. Die Kammern des ehemaligen Kratersees beinhalten auch heute noch Thermalwasser, welches du in den Pozo termales genießen darfst. El Valle ist neben Boquete aufgrund des

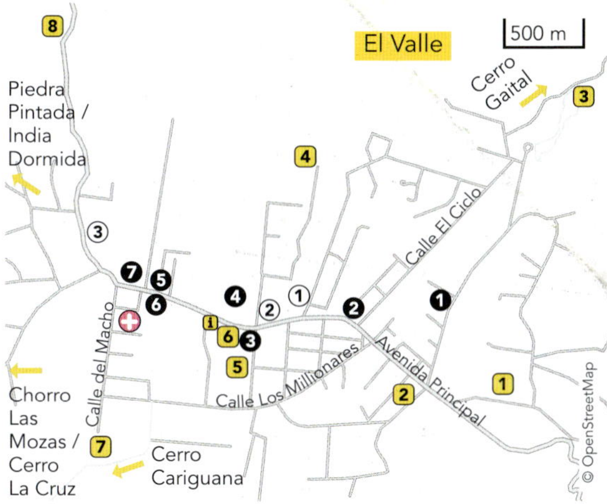

Sonstiges:
1 Serpentario
2 Aprovaca
3 Quadratische Bäume
4 El Níspero Zoo
5 Mariposario
6 Markt
7 Thermalbad
8 Canopy & Chorro Macho

Restaurants:
1 Don Quijote
2 Camino del Inka
3 Tierra y Mar
4 Pekin
5 Panadería Cano
6 Carlitos
7 Comidas Criollas

Unterkünfte:
① Wind Mill Hostel
② Bodhi Hostel
③ La Casa de Juan

Was funkelt da so blau?

Immer wieder sieht man etwas blau Glänzendes durch die Landschaft fliegen. Kaum setzt es sich hin, wird es fast übersehen. Denn nun hat es die Flügel eingeklappt. Es ist der blaue Morphofalter, der jetzt braun ist, da nur noch seine Flügelunterseite zu sehen ist. Was da so kräftig blau auf der Oberseite seiner Flügel strahlt, ist keine Farbe. Das Blau entsteht durch die Interferenz von Licht an den winzigen Schuppen, welche die Flügeloberseite des Morphos bedecken. Dieser Trick der Natur soll Feinde blenden oder verwirren.

Selbst die Larven des blauen Morpho sind sehr findig. Sie schützen sich durch Camouflage vor Feinden, wenn sie sich tagsüber auf dem Ast einer Pflanze ausruhen. Sie gruppieren sich gerne so, dass sie aussehen wie ein größeres Tier und somit weniger wahrscheinlich angegriffen werden. Um nicht selbst von Feinden gefressen zu werden, fressen sie nachts.

Der Morphofalter mit gerissenem Flügel; eine normale »Alterserscheinung«

Landschaft in Westpanama

Fluss hinter den Wasserfällen des Pozo Azu

milden Klimas und der üppigen Natur ein beliebter Ort für Rentner aus dem Ausland. Die einheimische Bevölkerung entstammt überwiegend den Ngöbe-Buglé.

Sehenswürdigkeiten und Aktivitäten

Wanderungen

Cerro Cariguana

Diese Wanderung eignet sich am besten vor Sonnenuntergang. Ein steiler Aufstieg führt dich ca. 3 km hinauf zu einer Kraterrandspitze mit perfekter Aussicht zum Sonnenuntergang und auf den Krater von El Valle. Taschenlampe für den Rückweg nicht vergessen. Der Pfad beginnt in der Calle los Millionares unweit des Thermalbades.

Cerro Gaital

Eine anstrengende, aber mit Aussicht und Nebelwaldpfaden belohnende, Wanderung erwartet dich hinauf zum Cerro Gaital. Die Wanderung führt ca. 3,5 km bergauf in eine Richtung. Der Weg spaltet sich an einer Stelle, aber beide Pfade laufen später wieder zusammen. Beide Wege können genommen werden. Der erste Abschnitt der Wanderung führt zu einem Aussichtspunkt. Danach wird der Weg anstrengender und gefährlicher (mit Kletterabschnitten) und führt zum Gipfel. Der Gipfelweg ist bei Regen nicht zu empfehlen. Für den Rückweg nimmt man denselben Weg zurück und dann einen der beiden abzweigenden Pfade. **Anfahrt:** Nimm den Bus Richtung La Mesa und sag Bescheid, dass du zum Cerro Gaital möchtest (1 $), dann kannst du am Startpunkt aussteigen. Zu Beginn der Wanderung hältst du dich rechts bis zu einer hölzernen Plattform. Ab hier geht es steil bergauf. Rechne mit mind. 4 h reiner Gehzeit.

Cerro Picacho und Laguna de San Carlos (Westpanama)

Diese Wanderung führt dich durch Wald steil bergauf zum Cerro Picacho mit unglaublichen Ausblicken auf Steilfelsen, die Laguna de San Carlos (ein Bergsee) und die Umgebung. Wer die Wanderung etwas verlängern möchte, kann durch Graslandschaften zu einem benachbarten Gipfel wandern. Am See befindet sich ein Restaurant, und der **Eintritt** kostet 1 $. Die Laguna liegt 850 m über Seehöhe und wird von den grünen Hängen des Mount Picacho gesäumt. **Anfahrt:** Hier kommst du am besten im Rahmen

Die Geschichte der India dormida

Eine lokale Geschichte erzählt in verschiedenen Versionen, wie die namensgebende Frauenform der Bergformation India dormida entstanden ist. Eine Version geht wie folgt:

Urracá, der tapferste Häuptling Panamas, der gegen die Konquistadoren kämpfte, hatte eine Tochter namens Flor del Aire (Luftblüte). Die indianische Prinzessin verliebte sich, ganz zum Kummer Urracás, in einen der weißhäutigen Krieger, die versuchten, ihr Volk niederzuzwingen. Gleichzeitig verliebte sich Yaraví, einer der tapfersten jungen Männer ihres Stammes, in Flor del Aire. Dass Flor del Aire den Krieger der Konquistadoren liebte und ihn abwies, verletzte und demütigte Yaraví. Entmutigt stürzte er sich vor den Augen der Prinzessin vom Gipfel eines Berges in den Tod. Flor del Aire aber wollte ihr Volk nicht hintergehen und sah daher den weißen Krieger nie wieder. Sie beweinte ihr Unglück und wanderte über Berge und Täler, bis sie an den karibischen Stränden ankam, wo der Tod auf sie wartete. Sterbend im Sand liegend, fiel ihr letzter Blick in Richtung ihrer geliebten Berge und ihrer Heimat. Die Berge waren von dieser traurigen Liebesgeschichte derart berührt, dass sie beschlossen, die Silhouette der Prinzessin nachzubilden. So entstand die India Dormida, eine Bergkette in der Form einer liegenden Frau.

einer Tour (z. B. mit dem Bodhi Hostel) hin oder teilst dir eine Taxifahrt mit mehreren Teilnehmern.

India dormida

Die schlafende Indianerin, so wird diese Bergformation genannt, die von El Valle gut zu sehen ist, und die Form einer liegenden Frau hat. Die Wanderung kann über vier unterschiedliche Routen begangen werden. Eine führt am Piedra Pintada, einem mit Petroglyphen bemalten Felsen sowie an einem Wasserfall vorbei und bietet einen wunderbaren Ausblick auf die Stadt. Vorsicht ist geboten, und du solltest keine Wertsachen mitnehmen, denn auf den Pfaden wurden Überfälle gemeldet. Rechne mit ca. 1 h vom Stadtzentrum bis zum Gipfel. **Anfahrt:** siehe Piedra Pintada. Das Bodhi Hostel organisiert gemeinsame Sonnenaufgangswanderungen zur India dormida (10 $). **Eintritt** 3 $ (kostenlos über andere Zugänge als Piedra Pintada und zu früher oder später Stunde).

Aussicht vom Cerro Picacho auf die Laguna de San Carlos

Mirador Cerro La Cruz

Der Hauptstraße Richtung Südwesten aus El Valle hinaus folgend, führt sie dich vorbei an der Abzweigung zum Chorro Las Mozas steil bergauf. Sobald die Straße eben wird, bist du am Kraterrand und kannst links zum Aussichtspunkt abzweigen. Von hier aus bietet sich ein klasse Blick auf El Valle und zur anderen Seite auf die Landschaft. Auch gut zum Sonnenuntergang geeignet.

Weitere Wanderungen

Auf Wander- und Naturliebhaber warten noch weitere Wanderungen zu anderen Gipfeln (Cerro Cara Coral, Cerro Pajita, Cerro Tagua, Cerro Guacamaya) und zu

Wasserfällen und Kaskaden in der bezaubernden Umgebung des Valle Antón. Frage am besten vor Ort nach Routen, bzw. organisiert das Bodhi Hostel immer wieder gemeinsame (kostenpflichtige) Wanderungen und Ausflüge zu den unterschiedlichsten Orten. Auch wer nicht im Bodhi übernachtet, kann teilnehmen.

Andere Aktivitäten

Aprovaca

Die Aprovaca *(Asociación de Productores de Orquídeas El Valle y Cabuya)* ist eine nicht staatliche Organisation, die sich der Erhaltung panamaischer Orchideenarten verschrieben hat. Die Orchideen stammen aus nachhaltigen Quellen wie z. B. in der Natur abgefallenen Orchideen oder aus Laborkeimlingen. Seit ihrer Gründung hat die Aprovaca erfolgreich mehrere Orchideengenerationen gezüchtet und wieder ausgewildert, um die Erhaltung der Arten zu fördern. Im Rahmen einer Tour erfährst du interessante Hintergründe und kannst die zahlreichen lokalen Orchideenarten bewundern. Besonders empfehlenswert ist ein Besuch zur Blütezeit (Oktober). Die Organisation widmet sich ebenso der Aufklärung, um Wilderern und der Abholzung vorzubeugen. **Eintritt:** 2 $ Mo–So 8:30–16:30 983-6472 http://aprovaca.com/. Schlafen im Orchideengarten: Die Aprovaca betreibt auch ein Hostel.

Butterfly Haven – El Mariposario

Im Schmetterlingshaus sind allerlei einheimische Falter vertreten und können aus nächster Nähe betrachtet werden. Die Guides sprechen Englisch und stehen sehr gerne für Fragen zur Verfügung. Eine kurze Einführung durch den Guide und eine kleine Tour sind im Preis inbegriffen und bieten interessante Hintergrundinformationen zu den bunten Faltern. Jeden Abend werden auf den Pflanzen gelegte Eier entfernt und in einem speziellen Labor aufgezüchtet. Ak-

Schmetterlingsraupen im Mariposario

Echte Schmetterlingspuppen im Mariposario

Bananenfalter, englisch auch »owl butterfly« genannt, ... Flügel an Eulenaugen erinnern

La Poma

tuell vorhandene Puppen der Falter und Raupen können in kleinen Gehegen und Glasbehältern beobachtet werden. Wer Glück hat, erwischt einen Falter beim Entpuppen. **Eintritt:** 5 $ Erwachsene, 1,5 $ Kinder unter 12 Jahren, Kinder 0–2 Jahre kostenlos. Tgl. außer dienstags von 9:30–16:00; butterflyhavenpanama@gmail.com 6062–3131 / 6291–2422 http://www.butterflyhavenpanama.com/

Canopy

Auf Stahlseilen kannst du hier durch die Vegetation und zweimal am Wasserfall Chorro El Macho vorbeigleiten. Die Tour dauert ca. 1,5 Stunden. contactus@canopytower.com 264–5720 http://www.canopytower.com/canopy-adventure

Chorro El Macho

Der El Macho, wie der Name schon andeutet, ist mit ca. 30 Metern der größte Wasserfall der Gegend. Um den Wasserfall zu Fuß zu erreichen, folgst du der Hauptstraße nach Nordwesten hinaus aus der Stadt (Rechtskurve, ca. 3 km ab Zentrum), bis du bei den Canopy Tours bist. Dort führen dich ein Pfad und Hängebrücken über die *Quebrada Amarilla* (gelbe Schlucht) zum Wasserfall. Unter dem Wasserfall selbst kann nicht geschwommen werden. Ein großer künstlich angelegter **Felsenpool** wird aber natürlich gespeist und bietet, umgeben von Wald, den perfekten Ort für eine Abkühlung. **Eintritt:** 5 $. Fürs Schwimmen werden 5 $ extra verlangt.

Chorro Las Mozas

Auch wenn kleiner als der Chorro El Macho, ist der Wasserfall Las Mozas trotzdem sehr reizvoll und eine willkommene Abkühlung. Vom Ortszentrum brauchst du zu Fuß ca. 30 Min. zur Schranke, an der du Eintritt bezahlen musst. Von hier führt ein Pfad ca. 20 Min. am Flussufer entlang, bis du auf ein herrlich gelegenes Naturbecken stößt. Größte Vorsicht ist in der Regenzeit geboten. Der Pfad ist dann schlecht auszumachen. Es ist mehr ein Entlanghangeln an der glitschigen Felswand und den Steinen. **Eintritt:** Erwachsene 1,00 $, Kinder 0,50 $ (kostenlos, wenn du außerhalb der Öffnungszeiten kommst). Mo–Fr 10:00–16:00, Sa–So 8:00–17:00

El Níspero Zoo / Amphibian Rescue und Conservation Center

Im Zoo finden sich u. a. Nutztiere, Reptilien, einen Ozelot, Kapuzineräffchen, Tapire, ein Faultier sowie viele heimische, aber auch eingeführte Vogelarten. Leider lässt die Tierhaltung deutlich zu wünschen übrig.

Im Zoo befindet sich auch das **El Valle Amphibian Conservation Center (EVACC),** das sich der Arterhaltung bestimmter Amphibien widmet. Dort hast du die seltene Möglichkeit, u. a. den einheimischen Stummelfußfrosch (Eng.: **Golden Frog,** Lat.: *Atelopus zeteki*) zu Gesicht zu bekommen, dessen Bestand durch die Chytridiomykose (Pilzinfektion) stark gefährdet ist. **Eintritt** (inkl. EVACC): Erwachsene 5,00 $, Kinder 2 $, tgl. von 7:00–17:00 Uhr.

Hier geht's lang zum Wasserfall Las Mozas

Das große Amphibiensterben

Etwas Erschreckendes passiert in der Wildnis. Seit 1980 sind mehr als **120 Amphibienarten** als **ausgestorben** verzeichnet worden. Im Vergleich dazu sind »nur« fünf Vogelarten und keinerlei Säugetiere ausgestorben. Der Grund dafür ist eine durch den Chytridpilz *(Batrachochytrium dendrobatidis)* und den Salamanderfresser *(Batrachochytrium salamandrivoran)* hervorgerufene Pilzerkrankung (Mykose), die *Chytridiomykose.*

Sie wurde erst 1999 beschrieben, nachdem sie schon fast 20 Jahre grassiert hatte.

Was die genaue Todesursache der Amphibien ist, wurde noch nicht vollständig geklärt. Man weiß aber, dass sich die Krankheit immens schnell ausbreitet und ebenso schnell tötet. Innerhalb der ersten fünf Monate nach dem ersten Auftreten der Krankheit in einem Gebiet radiert der Pilz die Hälfte der dort vorhandenen Arten aus. Von den Arten, die dann noch übrigbleiben, schrumpft der Bestand auf 20 % des Normalbestandes.

Die Krankheit hat u. a. bereits den Magenbrüterfrosch in Australien, die Wyoming Kröte in den USA, die Goldkröte in Costa Rica und eben den Panama-Stummelfußfrosch erwischt, weswegen du den »Golden Frog« nicht mehr in freier Wildbahn sehen kannst.

Die Mission der Rescue Center, wie des Amphibian Conservation Center in El Valle, ist es, die Vertreter der bedrohten Arten zu fangen und in Gefangenschaft zu züchten mit der Hoffnung, die Tiere irgendwann in die Wildnis auszusetzen. So möchte man die Zeit überbrücken, bis ein Medikament gegen die Verbreitung des Pilzes gefunden wird. Die Verschleppung des Pilzes in neue Gebiete und das damit ausgelöste Massensterben wurde wahrscheinlich durch den Handel mit Amphibien ausgelöst.

La Piedra Pintada

Piedra Pintada (= bemalter Stein) ist eine präkolumbische Zeichnung auf einem Felsen. Ihre Bedeutung konnte bis heute nicht sicher entschlüsselt werden. Viele glauben, es sei eine frühe Karte für Wanderer und Händler. Andere glauben, sie stelle ein Höhlensystem in den umliegenden Gebirgszügen dar. **Anfahrt:** Der Fels ist gut zu Fuß zu erreichen (Eingang liegt 2 km nordwestlich vom Zentrum), kann jedoch auch mit einem Bus mit der Aufschrift »Pintada« erreicht werden. **Eintritt** 3 $.

Massage

Andres Stella bietet Ayurvedische Massagen, Rücken-Nacken-Massage und Chakra Rebalance an. ✉ star.andrew.inlove@gmail.com ☎ 6665–2989

Museum El Valle (neben der Kirche)

Hier findet sich eine kleine Sammlung präkolumbischer Artefakte, religiöser Kunst- und Gebrauchsgegenstände, eine Ausstellung hiesiger Völkerkunde und Trachten des 19. und 20. Jh. sowie Karten und Daten zum geologischen Ursprung des Tales. **Eintritt:** Erwachsene 1,50 $ 🕓 Do–Sa 10:00–17:00, So 10:00–14:00. ☎ 6592–5577 / 6415–7019

Pozo Azul

Ein Highlight dieser Gegend sind die Wasserfälle des Pozo Azul. Je nach Jahreszeit ist das Wasser klar und grünblau oder blau und trüb. Umgeben von Dschungel und Felsen erstreckt sich eine Serie an Becken und Kaskaden über mehrere Ebenen. Hier kannst du klettern, cliff jumpen oder einfach die spektakuläre Natur um dich herum genießen und baden. Kann in der Trockenzeit etwas voll werden. **Anfahrt:** Es gibt keine öffentliche Verbindung. Mit dem Taxi (Geländewagen) musst du mit ca. 25 $ in eine Richtung rechnen. Am besten schließt du dich den regelmäßigen

Ausflügen des Bodhi Hostels an (10 $). Alternativ, aber teuer, kannst du sie über El Valle Mountain Tours besuchen (Name der Tour: Slot Canyon, ab 90 $ pro Person). Wer selbst kommt, sollte vorher anrufen, da der Zugang auf Privatgelände liegt. **Eintritt:** 1 $ (Bei Touren bereits enthalten), der wahrscheinlich in nächster Zeit auf 5 $ erhöht wird. 📞 6612–2671

Pozos termales

Diese Thermalbäder sind einfach, aber entspannend. Gönne deinem Gesicht eine Schönheitskur mit einer Schlammpackung, während du deine Muskeln im warmen Wasser relaxt. Der vulkanische Schlamm kann auch zum Mitnehmen gekauft werden. Massagen können vor Ort ebenfalls gebucht werden. Den Eingang zu den Thermalbädern findest du am Ende der Sackgasse der Calle del Macho südwestlich des Zentrums. **Eintritt:** Erwachsene 3 $, Kinder 6–12 Jahre 1 $. 🕓 Tgl. 8:00–17:00 Uhr. 📞 6621–3846

Quadratische Bäume

Die Árboles cuadrados (lat. *Quararibea asterolepis,* Fam.: *Bombacaceae*) sind annähernd quadratisch geformte Bäume. Die Baumart kommt in Panama und Costa Rica vor und blüht von Juni bis Juli. Über die quadratische Form lässt sich streiten, sie ist jedoch einzigartig und der Stolz von El Valle. Die Bäume findest du in der Nähe des Hotels Campestre. Nimm einen »La Mesa« Bus, um öffentlich hierher zu kommen. **Eintritt:** 2 $.

Serpentario

In dieser kleinen Anlage erfährst du viel über die Schlangenwelt Panamas. Die Freiwilligen und der Besitzer Mario sprudeln vor Informationen, die sie mit großer Freude mitteilen. Die Maskottchen des Serpentarios, eine Königspython und eine Boa Konstriktor, können auf Wunsch berührt oder gehalten werden. Auch Kaimane und Schildkröten gibt es vor Ort. Das Serpentario ist eine Rehabilitationseinrichtung. Nach Genesung werden die Tiere, möglichst weit entfernt von menschlichen Siedlungen, wieder in der Wildnis ausgesetzt. Die Kaimane und Schildkröten leben hier leider auf engstem Raum. Da es sich

Aussicht auf die Kaskaden des Pozo Azul

Einheimische Kinder am Pozo Azul

um eine Rettungsstation handelt, kann die Anzahl der Tiere schwer gesteuert werden. 2018 wurde ein neues Gehege gebaut, um den geretteten Tieren mehr Platz zu bieten. **Eintritt:** Erwachsene (Nichtansässige) 4 $, 3 $ Kinder Tgl. ab 8:30 bis 17:00 Uhr (Mo–Do), 19:00 Uhr (Fr–Sa) und bis 16:00 Uhr (So). Wobei die Öffnungszeiten recht flexibel gehandhabt werden. 983–6680

Yoga

Yoga-Kurse finden meist 1–2xtgl. im Bodhi Hostel statt. Auch Personen, die nicht im Bodhi übernachten, können sich einschreiben (5 $).

Touren

El Valle Mountain Tours

Der Veranstalter bietet Touren zum Pozo Azul (hier Slot Canyon genannt), zum Tavida Wasserfall, eine Wanderung zum La Cruz Aussichtspunkt und mehr. Touren finden immer Mo, Mi und Sa statt. Eine Anmeldung kann im Büro vor Ort (in Pekin Plaza) bis 24 h vor der Tour vorgenommen werden www.elvallemountaintours.com

Schlummern

Wind Mill Hostel $

Das Wind Mill Hostel bietet zu einem super Preis-Leistungs-Verhältnis saubere, einfach aber nett eingerichtete Zimmer oder Schlafsäle. Die Zimmer reichen von fensterlosen, aber angenehm eingerichteten Räumen mit Ventilator bis hin zu klimatisierten Zimmern mit eigenem Bad und ggf. auch Küche. Eine offene Gemeinschaftsküche, Grillmöglichkeiten, ein großer Garten, ein Pool, Tischtennis, Billard und viele Sitzgelegenheiten sorgen für die nötige Abwechslung. Im Vergleich zum Bodhi kannst du hier besser mit einheimischen Besuchern in Kontakt kommen. 6344–1199 https://www.facebook.com/windmillhostel Booking.com

Bodhi Hostel $

Der 27-Betten-Schlafsaal würde an jedem anderen Ort schlaflose Nächte bedeuten, nicht so in El Valle, wo die Reisenden auf Wandern und Relaxen eingestellt sind. Die gemütlichen Matratzen, ein eigenes Licht und ein Vorhang sorgen dazu für die notwendige Behaglichkeit. Die Doppelzimmer liegen auf einer eigenen Etage. Zu ihnen gehört eine eigene Küche und eigene Bäder. Mit einer Lounge Area unten und oben, einer Terrasse zur Straße, einer Yoga-Fläche und einem Kiesgarten hinter dem Haus mit Hängematten ist viel Platz zum gemütlichen Beisammensein vorhanden. Eine Gemeinschaftsküche steht zur Verfügung, das WIFI ist spitze und das Duschwasser warm. Zelten ist auch möglich. Pancake Frühstück mit Früchten ist inklusive, und gemeinsame Ausflüge sowie Yoga stehen täglich auf dem Programm. 6429–4143/908–7120 https://www.bodhihostels.com/elvalle Booking.com

Hostal La Casa de Juan $

Die Casa de Juan kann nicht ganz mit dem Standard der oben genannten Hostels mithalten. Alles hier ist deutlich einfacher und tlw. in die Jahre gekommen. Die Zimmer haben meist keine Fenster, sind dafür aber knallig bunt gestrichen. Mit seinem Hippie Charme und den Chill-out Flächen ist die Atmosphäre in der Casa Juan aber top. Die Gäste können eine Gemeinschaftsküche, viele Hängematten und Sitzgelegenheiten nutzen, und das zum wohl besten Preis in El Valle. Das Hostel ist ein wenig abseits vom »Zentrum«. Dafür stehen den Gästen **Fahrräder kostenlos** zur Verfügung. 6453–9775 Booking.com

Im Hochland Westpanamas

Im Hochland westlich des Valle de Antón, fernab der nächsten Stadt, liegen einige Unterkünfte. Manche gehoben, andere für das kleine Budget wie die abgeschiedene Finca der Mamallena Eco Lodge. Sie liegt in der Nähe der Laguna de San Carlos und kann per Shuttle Service ab Panama Stadt, aber auch mit Minibus erreicht werden. mamallenaecolodge.com. **Booking.com**

Schlemmen

Restaurante Don Quijote

Im einfachen Don Quijote kocht das freundliche spanische Ehepaar abends gute und preiswerte spanische Küche, tlw. direkt im Holzkohleofen. Paella und gegrillter Oktopus stehen natürlich auf der Karte. Günstige köstliche und mehr als sättigende Mittagsmenüs mit deftiger Suppe, Hauptspeise und spanischem Dessert bewirken, dass du nicht mehr aufstehen kannst aber glücklich bist.

Camino del Inka

Wer gutes peruanisches Essen probieren möchte, ist hier richtig. Die Preise sind jedoch etwas gehoben. Dafür lohnt es sich mittags zu kommen, wenn ein typisches und gutes panamaisches *Menú del Día* angeboten wird.

Restaurante Tierra y Mar

Auch das im Zentrum gelegene Tierra y Mar bietet besonders gute lokale Küche mit Fleisch und Fisch an. Probiere mal die Patacones gefüllt mit Fleisch in einer köstlichen Sauce.

Panadería y Dulcería Cano

Wer hier hineingeht, kommt nicht ohne eine der köstlichen panamaischen Kalorienbomben heraus. Wie wäre es z. B. mit einem *Mil Hojas* (tausend Blätter), einem großen Stück Blätterteigkuchen mit gefühlt tatsächlich tausend Teigschichten, die zwischendrin mit *Dulce de Leche* bestrichen sind.

Carlitos

Hier findest du leckere Kuchen und Empanadas und weitere Snacks auf der Karte.

Fonda Comidas Criollas

Das gegenüber der Kirche gelegene Restaurant tischt köstliche panamaisch-kreolische Küche aus Meeresfrüchten, Fisch und Fleisch sowie Hamburger auf.

Weitere Restaurants

Wer zur Abwechslung mal Chinesisch essen will, findet im **Pekin** eine Auswahl.

Pizza ist immer eine gute Wahl, daher solltest du für **italienische Pizza im L'Italiano** und für **amerikanische Pizza im Zapote** vorbeischauen (auch Burger).

Weitere hilfreiche Informationen

Informationen rund um El Valle: https://www.el-valle-panama.com/

In El Valle findest du mehrere Banken.

Auf der in Richtung Interamericana führenden Straße stand Mitte 2018 ein **Besucherzentrum** kurz vor der Eröffnung. Eine kleine Hütte mit einer **Touristeninformation** befindet sich direkt am Markt.

Guides: Für geführte Wanderungen und Vogelbeobachtungen findest du unter http://www.elvalle.com.pa/en/directory/tour-guides/ die Telefonnummern lokaler Guides (auch englischsprachige).

Auf dem **Markt** im Zentrum bieten Einheimische der Umgebung ein üppiges Angebot an **Obst, Gemüse,** Zierpflanzen und **Kunsthandwerk** an. Hier findest du viele originale Souvenirs. Auch die indigenen Guna sind mit ihren farbenfrohen *Molas* (S. 221) vertreten. Sonntags sind mehr Stände geöffnet, und das Angebot ist deutlich größer. In der Umgebung von El Valle kannst du Handwerk direkt vom Hersteller und günstiger kaufen. Am besten ist es, direkt nachzufragen, wenn du mit einer Tour unterwegs bist, ob ihr beim Haus eines Handwerkers vorbeifahrt.

Fortbewegung vor Ort

Fahrräder kannst du in vielen Unterkünften leihen, z. B. im Bodhi Hostel. Übernachtest du in der Casa de Juan, sind Fahrräder kostenlos.

Minibusse in die Region fahren die Hauptstraße entlang und nehmen dich gerne überall auf der Strecke mit. Die Ziele sind an der Windschutzscheibe angeschrieben bzw. die Fahrer helfen dir gerne weiter, welchen Bus du nehmen musst. Angefahren werden zum Beispiel die Ansiedlungen la Mesa, Río Indio und Mata Ahogado.

Taxis fahren häufig durch das Zentrum El Valles.

Anfahrt und Abreise

Anfahrt: Wenn du nach Valle de Antón möchtest, dann **steige nicht in Antón aus.** Die beste Verbindung hast du, wenn du an der **las Uvas Kreuzung** der Interamericana (Delta Tankstelle, Brückenübergang für Fußgänger) in einen El Valle Bus umsteigst (1,50 $ / 45 Min). Die Busse aus El Valle drehen hier um.

Bist du in Richtung Panama Stadt gefahren, musst du über die Brücke zur anderen Straßenseite.

Von Panama City fährt ca. alle 20 Min. ein Direktbus nach El Valle (Plattform 48).

Abreise: Von El Valle kommst du in jede Richtung des Landes, indem du zuerst einen in Richtung Interamericana fahrenden Bus nimmst (Beschriftung: San Carlos oder Panamá), an der Interamericana Kreuzung aussteigst und den Bus deiner Wahl heranwinkst. Ca. alle 20 Min. fahren an der Interamericana Busse nach David (zum Umsteigen nach Boquete oder in Chiriquí in den Changuinola Bus umsteigen, um nach Bocas del Toro zu kommen) sowie nach Panama Stadt.

Alle 20 Min. fahren auch Direktbusse von El Valle nach Panama Stadt (4,25 $ / ca. 2 h). Einfach entlang der Hauptstraße in El Valle aufhalten.

Parque Nacional Altos de Campana

Der Altos de Campana ist der **erste in Panama gegründete Nationalpark.** Seit 1966 werden hier 4925 ha geschützt. Der Park zieht sich von seinem tiefsten Punkt auf 400 m bis auf 1 030 m hinauf zum höchsten Punkt, dem Gipfel »Pico Campana«. Innerhalb des Parks findest du mehrere beschilderte Wanderwege. Einer der Wege, der Sendero de la Cruz, führt zum Gipfelkreuz des Cerro Campana, wo du einen Ausblick über die umgebende Landschaft und die Bucht von Chame genießen kannst. **Anfahrt:** Der Nationalpark ist mit den öffentlichen Verkehrsmitteln schwer erreichbar. Daher am besten im Rahmen einer Tour z. B. von Valle de Antón besuchen.

Pazifikküste westlich von Panama Stadt

Westlich von Panama Stadt reihen sich zahlreiche pazifische Strände aneinander, die bei den Bewohnern der Hauptstadt ein **beliebtes Wochenendziel** sind. Aus aller Welt locken sie v. a. **Pauschalurlauber** sowie **Surfer** und **Kitesurfer** an.

Dieser Küstenabschnitt beheimatet zahlreiche all-inclusive-Resorts, Ferienanlagen, Golfplätze und Ruhestandsgemeinschaften. Die Resorts auf dem beliebten pazifischen Küstenabschnitt beginnen bereits ab wenigen Kilometern hinter der Puente de las Américas (Brücke über die pazifische Einfahrt in den Panamakanal) und ziehen sich bis nach Farallón in der Provinz Coclé.

San Carlos

Es heißt, dass du in San Carlos, einem Fischerstädtchen, ein breites Angebot der besten Ceviche Panamas kosten kannst. In der Nähe befindet sich die **Playa El Palmar,** die gerne von **Surfern** angesteuert wird (Beach Break). Vor Ort findest du Surfschulen.

Weitere beliebte Strände sind die westlich von San Carlos gelegenen **Playa Santa Clara** sowie **Farallón,** eine Hochburg für all-inclusive-Resorts.

Coronado

Diese im Osten und Süden vom Strand umgebene Stadt war der erste touristische Ort Panamas und der erste Strand, an dem sich Gated Communities angesiedelt haben. Heute ist er der zentrale Ort der umgebenden Küstensiedlungen zum Einkaufen, Essengehen und für gesundheitliche Belange.

Strand von Punta Chame auf der Bahia de Chame Seite

Playa Malibú

Nahe der kleinen Ansiedlung Gorgona liegt die Playa Malibú, ein bei Surfern beliebter Ort. **Anfahrt:** Nimm jeden beliebigen Interamericana Bus und steige auf der Interamericana an der Abfahrt nach Gorgona aus. Ab hier muss ein Taxi genommen werden. Zu Fuß sind es ca. 5 km bis zum Strand.

Punta Chame

Der Ort Punta Chame besticht zwischen all den Küstenorten mit Einfachheit. Trotz einiger weniger Unterkünfte am Strand ist Punta Chame vor allem eines: ein Fischerdorf. Es ist eine kleine saubere Ansiedlung mit zwei Supermärkten und Fischerbooten am Strand.

Punta Chame ist eine langgestreckte Halbinsel, die sich mit einer Seite dem offenen Ozean zuwendet und mit der anderen der Bahía de Chame. Ein wilder Palmenhintergrund fehlt, aber dennoch findet man hier, vor allem auf der dem Ozean zugewandten Seite, einen weißen fast einsamen Strand. Punta Chame eignet sich aufgrund seiner Lage an der Chame Bucht sehr gut zum **Kitesurfen.** Eine Kitesurfschule befindet sich am Strand.

Anfahrt und Abreise: Ab Panama Stadt fährst du mit dem Chame Bus (alle 20 Min. in 1,5 h / 2,5 $ / Gate 47) oder jedem beliebigen Bus, der die Interamericana Richtung Westen fährt. Steige in Bejuco, kurz vor Chame, bei der Plaza Imperial, aus (gib dem Busbegleiter Bescheid, dass du nach Punta Chame willst). Hier hält der Minibus, der bis nach Punta Chame fährt. Der Minibus fährt stündlich zur vollen Stunde ab der Plaza Imperial nach Punta Chame. Den Rückweg tritt er jeweils ca. um halb in Punta Chame an (1,25 $).

Panamá und Colón Provinz

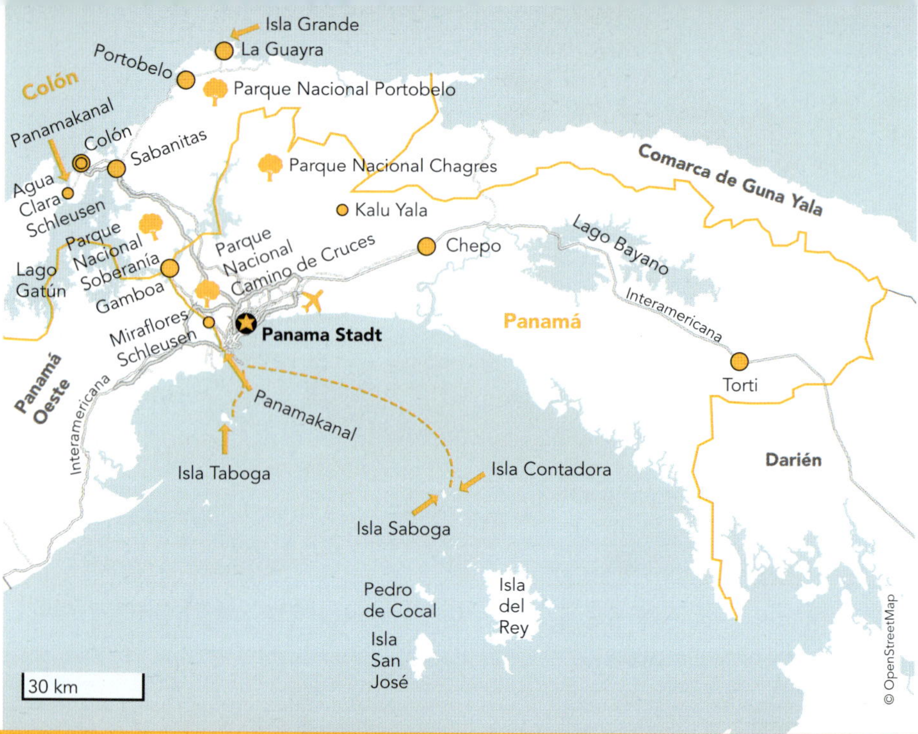
Isla Grande
La Guayra
Portobelo
Colón
Parque Nacional Portobelo
Panamakanal
Colón
Sabanitas
Parque Nacional Chagres
Comarca de Guna Yala
Agua Clara Schleusen
Kalu Yala
Lago Bayano
Parque Nacional Soberanía
Parque Nacional Camino de Cruces
Chepo
Lago Gatún
Gamboa
Interamericana
Panamá
Miraflores Schleusen
Panama Stadt
Torti
Panamá Oeste
Interamericana
Panamakanal
Darién
Isla Taboga
Isla Contadora
Isla Saboga
Pedro de Cocal
Isla del Rey
Isla San José
30 km
© OpenStreetMap

OOCL
MIRAFLORES LOCKS
PANAMA CANAL

1858

Panamá und Colón Provinz

Was macht Panamá und Colón besonders?

Die Provinzen Panamá und Colón stecken voller Geschichte. Hier wurden einst die Reichtümer Südamerikas durchgeschleust und nach Spanien abtransportiert. **Portobelo** war zu dieser Zeit einer der wichtigsten Häfen der Spanier. Zahlreiche Piraten und Freibeuter trieben sich in den Gewässern Panamas herum. Der **Panamakanal,** die wohl bekannteste Sehenswürdigkeit Panamas, verläuft durch beide Provinzen. Der von manchen auch das 8. Weltwunder genannte Kanal, wurde in zwei Anläufen und unter großen menschlichen Verlusten erbaut. Der Kanal ist unbedingt einen Besuch wert. **Panama Stadt** erwartet dich als die modernste Metropole Zentralamerikas. Eine Stadt mit vielen Kontrasten. Wer nicht viel Zeit hat, kann von Panama Stadt in näherer Umgebung den Dschungel, die Tierwelt und einige schöne Strände erkunden.

Nicht verpassen in Panamá und Colón

- **Panamakanal:** Beobachte Frachtschiffe bei ihrem Transfer durch die wohl bekannteste Abkürzung der Welt.
- **Historische Zugfahrt:** Fahre mit dem historischen Zug vom Atlantik bis zum Pazifik den Panamakanal entlang.
- **Portobelo:** Begib dich auf historische Erkundungstour rund um Portobelo.
- **Panama Stadt:** Erlebe wie Moderne und Tradition sowie Reichtum und Armut in der modernsten Stadt Zentralamerikas miteinander verschmelzen.
- **Soberanía Nationalpark:** Der Dschungel ist nur einen Steinwurf von Panama City entfernt.
- **Pazifische Inseln:** Die Strände der Isla Taboga und der Perleninseln sind nur eine 1-2-stündige Bootsfahrt von Panama Stadt entfernt

Panama Stadt

Kurze Geschichte der Hauptstadt am Isthmus

Gegründet wurde Panama Stadt (Ciudad de Panamá), heute von den Einheimischen **kurz »Panamá« genannt,** im Jahre **1519.** Bereits zu dieser Zeit war klar, dass die Stadt an einem strategisch wichtigen Punkt lag. Denn die Landenge, an deren engster Stelle Panama Stadt liegt, bildet eine zentrale Verbindung zwischen den zwei Ozeanen Atlantik und Pazifik und war bereits im 16. Jh. außerordentlich wichtig für den Handel. Doch aufgrund dieser Lage musste die Stadt viel erdulden. Vor allem Angriffe durch Piraten machten ihr seit der Gründung zu schaffen, bis sie im Jahre 1671 komplett niedergebrannt wurde. Die vorübergehende Rolle der Hauptstadt übernahm die aufblühende Stadt Penomené in Coclé. Einige Jahre später wurde Panama City als befestigte Stadt auf einer Halbinsel neu aufgebaut, nur wenige Kilometer weiter westlich ihres Gründungsortes.

Panama Stadt heute

Heute bietet Panama City eine bunte Mischung. In der Neustadt mit ihren Hochglanzfassaden direkt am Meer meinen sich viele in Miami wiederzufinden. Reisende und Upperclass-Panamaer gehen hier in die meist gehobenen Lokale und shoppen in klimatisierten Shoppingcentern. Zum günstigen Einkaufen geht man aber in die Fußgängerzone der Avenida B nordwestlich von Casco Viejo. Im schick aufgebauten Casco Viejo prallen zwei Welten aufeinander. Restaurierte Kolonialhäuser stehen neben halbzerfallenen Ruinen, bei denen man befürchten muss, durch abfallende Teile eine Gehirnerschütterung oder gar Schlimmeres zu erleiden. Die eine oder andere Altbaubruchbude wird nach wie vor von den Ärmeren der Gesellschaft bewohnt. Während Casco Viejo ein aufstrebendes Trendviertel ist, drängen sich westlich davon die Häuser eines der Slums der Stadt.

In vielen Ecken Panama Citys ist es laut, dreckig und grau, und doch liegt die Stadt direkt vor den Toren des Dschun-

Guna-Frau mit Kind in Casco Viejo

Casco Viejo
(Altstadt von Panama Stadt)

gels bzw. liegt ein Stück des Dschungels, der Parque Natural Metropolitano, direkt in der Stadt.

Die **kulturelle Vielfalt** Panamas ist gerade in Panama Stadt besonders gut sichtbar. In der Albrook Mall oder in der Shopping-Straße Avenida B begegnet man den traditionell gekleideten indigenen Guna oder Ngöbe-Buglé neben den zahlreichen Nachfahren der Konquistadoren, vielen ausgewanderten US-Amerikanern und Reisenden. Die Kontraste könnten nicht größer sein. Das ist so wunderbar an Panama.

Panama Stadt ist einen Besuch absolut wert. Doch Naturliebhaber, die das Land bereisen, sollten nicht zu viel Zeit in der Stadt verbringen, denn im Rest des Landes warten der Dschungel, die Berge und Traumstrände.

Schlummern

Panama City bietet für jeden Geschmack und jedes Budget eine Unterkunft. Wer direkt im Zentrum, also in der **modernen Neustadt,** übernachten möchte, sucht sich am besten eine Unterkunft in **Bella Vista, Marbella oder El Cangrejo**. Wer in der Altstadt **(Casco Viejo)** übernachten möchte, schläft in einer wunderbaren historischen Umgebung und hat nette Bars, internationale Restaurants und Cafés um sich. Außerhalb der genann-

Übernachtungs-Tipp für Abenteurer abseits von Panama Stadt: Im Basecamp **Kalu Yala, nordwestlich von Panama Stadt** etwa 2 h mit dem Bus entfernt liegt das **Dschungelcamp** des Bodhi Hostels. Es bietet Natur- und Abenteuerhungrigen einen komfortablen (WIFI, Ausflüge, Yoga, Essen), aber nachhaltigen Aufenthalt inmitten der Natur. Eine Reservierung ist zwingend erforderlich. Mehr Infos bekommst du auf der Website des Bodhi Hostels. https://www.bodhihostels.com/kaluyala **Booking.com**

Panamá und Colón

Fischerboote und die Skyline von Panama Stac

ten Gebiete finden sich günstigere und ruhigere Übernachtungsmöglichkeiten, vieles auch über AirBnB. Da Panama ein Land für Abenteurer und Naturliebhaber ist, möchten wir besonders nur eine Unterkunft, die natur- und stadtnah ist, empfehlen.

Bodhi Hostel Panama City $

Am Fuße des Cerro Ancón wartet ein im Jahr 2018 eröffnetes Juwel. In einem Kolonialhaus gelegene Schlafsäle und Doppelzimmer laden zum Entdecken und Wohlfühlen ein. Auf der Dachterrasse bietet sich ein zauberhafter palmengesäumter Blick auf die Skyline, Casco Viejo und die Schiffe auf dem Meer. Genauso wie in anderen Bodhi Hostels, z.B. in Valle Antón, ist Frühstück inbegriffen und vielfältige Aktivitäten wie Yoga, Ausflüge und künstlerische Tätigkeiten sind geplant.

Man erreicht Casco Viejo und Cinco de Mayo in 20 Min. zu Fuß. Von Cinco de Mayo kann man die gesamte Stadt mit dem Bus erkunden. Nachts besser das Taxi nehmen. 💻 https://www.bodhihostels.com/. **Booking.com**

Schlemmen

Panama Stadt lädt mit unzähligen internationalen Restaurants zum Schlemmen ein. Auch Vegetarier haben eine große Auswahl, was in weiten Teilen des Landes häufig nicht der Fall ist. Also genieß es noch! Trotz der großen Auswahl möchten wir euch besonders ans Herz legen: Esst wie die Einheimischen! Nicht ausgefallen, dafür günstig und lecker in

Souvenirmarkt in Casco Viejo

diversen *Fondas* und *Restaurante.* Du findest sie eher abseits der Touristenpfade. Meist reicht es, ein paar Gassen weiter zu gehen. Mehr zum panamaischen Essen siehe S. 26.

Mercado del Mariscos

Auf dem Fischmarkt verkaufen die Fischer täglich ihre frische Ware. Klar, dass du Fisch am besten hier in einem der vielen Restaurants am Markt essen kannst. Lass dich nicht von dem eindringlichen Geruch der Fischabfälle um den Markt herum abschrecken! Die Fische, die hier auf den Teller kommen, können nicht frischer sein. Die Mitarbeiter buhlen beim Vorbeigehen darum, dich an ihren Tisch zu locken. Es ist dennoch keine Touristenfalle. Hier essen Einheimische wie Reisende bunt durchgemischt. Das Angebot reicht von Ceviche über große und kleine Fische, Meeresfrüchte gegrillt oder in lokalen Saucen zubereitet, begleitet von Patacones / Pommes und / oder Salat. Hummer darf hier auch nicht fehlen. Die Qualität und die Preise der Restaurants sind ähnlich. Einfach ein bisschen von Stand zu Stand schlendern und hinsetzen, wo dir die Karte am ehesten zusagt. Der einzige Nachteil ist, dass vieles auf Plastik, meist mit Plastikbesteck, serviert wird.

Anfahrt: Metro bis Cinco de Mayo. Von hier ca. 1 km Richtung Süden gehen.

Mit dem **Metrobus** kommst du direkt bis Mercado de Mariscos oder bis Cinco de Mayo.

Sehenswürdigkeiten

Erkunde die facettenreiche Stadt beim Spaziergang im Freien!

Calzada de Amador

Diese Landbrücke verbindet vier Inseln mit dem Festland: Naos, Perico, Culebra und Flamenco. Sie wurde 1913 durch das US-Militär erbaut, um die Kanaleinfahrt zu schützen. Nach der Übergabe dieses Gebiets am 31.12.1999 in panamaische Hand wurde der kleine Archipel zu einer Freizeit- und Touristenattraktion umgewandelt; mit Wohnsiedlungen, Hotels, Shopping Plaza, Marinas, Park und einem kleinen Strand. Wie die Cinta Costera ist auch dieser Abschnitt ein Naherholungsgebiet für die Panamaer und daher abends mit Joggern, Spaziergängern etc. übersät. Hier starten Boote Richtung Isla Taboga (S. 208) und zu den

Brüchige und restaurierte Häuser in Casco Viejo

Ruinen der Santo Domingo Kirche neben dem kolonial-religiösen Kunstmuseum

Perleninseln (S. 211). Das **Smithsonian Institut** sowie das **Museo de la Biodiversidad** befinden sich hier.

Anfahrt: Mit dem Metrobus ab Albrook Richtung Amador. Der Bus hält an mehreren Stationen entlang der Dammstraße.

Casco Antiguo (Casco Viejo)

Ein Spaziergang durch Casco Viejo versetzt dich in das koloniale Zentralamerika zurück. Ganz anders als der Rest der Stadt stechen hier renovierte bunte Kolonialhäuser zwischen zerfallenen Häusern und Ruinen hervor. Viele Gebäude werden noch renoviert, und meist ist man beruhigt, dass der Balkon von einem Gerüst gestützt wird.

An dieser Stelle wurde **Panama 1673** neu erbaut, nachdem Panamá Viejo vom Freibeuter Henry Morgan zerstört wurde. Geschützt hinter Mauern und auf einer Halbinsel von Felsen und Korallen umgeben, war Panama jetzt nicht mehr so einfach einzunehmen. Anfang des 20. Jh., als sich die »neue« Stadt ausbreitete, zogen die Eliten Panamas weg aus diesem Gebiet. Das Gebiet wandelte sich in einen Slum, und es kam zum Zerfall. Die Unterschicht ist heute größtenteils wieder weggezogen, doch Casco Viejo ist noch von Slums umgeben. 1997 wurde die Altstadt zum UNESCO Weltkulturerbe erklärt. Ein Rundweg führt dich durch die Altstadt mit Informationstafeln an allen wichtigen Punkten. Lass dich aber einfach durch die Gassen treiben.

Karten zu Casco Viejo und seinen Sehenswürdigkeiten findest du an Infoständen in Unterkünften und in den Touristeninformationen.

Mehr Informationen unter http://cascoviejo.com/

Anfahrt: Metrobus oder Metro bis Cinco de Mayo. Von dort der Avenida B Richtung Süden bis zum Schluss folgen. Danach die Avenida Central bis zu den ersten historischen Gebäuden entlangspazieren.

Tipp: Mit der App izi.travel https://izi.travel/de/app kannst du einen kostenlosen Casco Viejo Audio-Guide herunterladen und die einzelnen Stationen per GPS ansteuern (kein Datenvolumen notwendig, wenn vorher runtergeladen).

Cerro Ancón

Mit 199 m ist der Ancón Hügel (= *Cerro*) der höchste Punkt von Panama Stadt. Nach der Unterschrift der Torrijos-Carter-Verträge (1977) wurde der Hügel wieder an Panama übergeben (zuvor unter Verwaltung der USA). Seitdem weht eine große Panamaflagge auf dem Gipfel. Sie symbolisiert das Ende der Fremdverwaltung in der Kanalzone. Der Ancón Hügel bietet mit drei verschiedenen Aussichtspunkten eine fantastische Sicht auf die Stadt und den Kanal. **Anfahrt:** Am besten mit dem Taxi / Uber. Öffentlich bis Cinco de Mayo, danach ca. 4 km zu Fuß auf dem Hauptweg bis zum Gipfel.

Cinta Costera

Die Cinta Costera ist die Promenade Panamas. Ihre Fußwege und Parkanlagen erstrecken sich entlang der Avenida Balboa vom Mercado del Mariscos bis zur Plaza de la Democracia, wo sie auf die Wolkenkratzer der Punta Pacífica stößt. Die Cinta Costera bietet einen fantastischen Blick auf das moderne Panama (tagsüber und nachts). Nach Büroschluss wird die Cinta Costera von Spaziergängern und Sportbegeisterten belebt.

Mercado de Mariscos

Schlendre einfach durch die Gänge und lass die Atmosphäre des Fischmarktes auf dich wirken: Bewundere die frisch glänzenden Fische und zahlreichen Meeresfrüchte, beobachte die Menschen beim Handeln oder kaufe am besten selbst einen frisch gefangenen Fisch für dein Abendessen. Alternativ kannst du

Schöne Aussicht gefällig? Aussichtspunkte und Rooftop Bars in Panama City

Aussicht von der Bar Panaveria bei Nacht

Aussichtspunkte:

- **Cerro Ancón:** Mit drei Aussichtspunkten bietet der Hügel einen Ausblick auf die Halbinsel Casco Viejo, auf die Skyline Panamas und den Panamakanal.
- **Parque Natural Metropolitano:** Außer citynaher wilder Natur bietet der Park auch drei verschiedene Aussichtspunkte, von denen du neben einem Meer aus Grün auch die Skyline von Panama City und eine Aussicht auf den Kanal genießen kannst.
- **Parque Vista Panama, Casco Viejo:** Zwar keine Anhöhe, aber die Aussicht auf die Skyline von Panama City ist spitze.

Rooftopbars mit Aussicht:

- **Panaviera:** Hierher kommst du am besten zum Sonnenuntergang. Die Preise sind gehoben (Bier 8 $), die Aussicht vom 66. Stockwerk ist dafür grandios. Der Infinity-Pool darf leider nicht mehr genutzt werden. Adresse: Calle Punta Chiriquí, Trump Tower / Ocean View Apartments. Eingang durch das Ocean Sun Casino.
- **Hard Rock Hotel:** Im 62. Stockwerk lädt die Bar Bits zu einem Abendcocktail mit Ausblick ein. Gehobene Preise und ggf. Eintritt. Adresse: Avenida Balboa, neben der Multicentro Mall.

Nicht ganz so hoch, aber dennoch mit einer schönen Sicht, laden die Bars in Casco Viejo ein:

- **Capital Bistro Panama:** Rooftop Bar in Casco Viejo mit Blick aufs Meer und die Wolkenkratzer Panamas. Im Erdgeschoss kann auch gegessen werden. Adresse: Avenida Eloy Alfaro, zwischen Calle 9 & 10.
- **Rooftop Bar im Tantalo Hotel:** Hier lässt man den Abend mit Blick auf die Dächer Casco Viejos und die Skyline Panama Citys ausklingen. Von 17–21 Uhr wird auch Abendessen serviert. Das Tantalo bietet die ganze Woche über Programm. Einfach vorbeischauen. http://tantalohotel.com/roofbar/ Adresse: Avenida B & Calle 8

bei den Restaurants direkt neben dem Markt einkehren (S. 183).

Panamá Viejo (La Vieja)

Panamá Viejo ist eine archäologische Stätte und liegt im Osten der heutigen Stadt Panama. Dort wurde **1519 Panama Stadt gegründet.** Panamá Viejo war die erste dauerhafte europäische Siedlung am Pazifik. Die Stadt wurde **1671 vom englischen Freibeuter Henry Morgan zerstört** und nicht wiederaufgebaut. Sie wurde in einem geschützteren Bereich, dem heutigen Casco Viejo, neu aufgebaut. Heute kann man die Ruinen der Plaza Mayor, des Turms und anderer Gebäude bewundern. **Anfahrt:** Ab Albrook / Balboa / Cinco de Mayo oder Mercado del Mariscos jeden Metrobus mit Beschriftung »Panamá Viejo« nehmen. Aus Sicherheitsgründen sollte Panama Viejo nur bei Tageslicht besichtigt werden. http://www.panamaviejo.org/

Zentrum (Neustadt)

Ein Spaziergang führt vorbei an den funkelnden Wolkenkratzern der Stadt auf fast schon ordentlichen Fußgängerwegen in eine ganz andere Welt, verglichen mit dem Rest von Panama Stadt. Hier und da könnte man meinen, man wäre in den USA. Doch ein genauerer Blick auf die Infrastruktur verrät, dass man sich noch immer in Panama befindet.

Das Hochglanzzentrum Panamas findest du überwiegend nordwestlich und nördlich der Punta Paitilla zwischen der Avenida Balboa und der Via España sowie auf der Punta Paitilla selbst, wo sich einige exklusive Hotels und Appartmentanlagen befinden.

Aktivitäten und Touren

Parque Natural Metropolitano

Perfekt für alle Naturliebhaber, die dem Gewusel der Stadt entfliehen wollen. Im grünen Sekundärwald findest du, besonders in den frühen Morgenstunden und mit etwas Glück, u. a. Springaffen *(Mono Tití)*, Geoffroy-Perückenaffen (leben nur in Panama und Kolumbien!), Faultiere, zahlreiche Vögel, Leguane und Schildkröten (im künstlich angelegten Tümpel).

Der Park bietet sieben Pfade und drei Aussichtspunkte. Die meisten Wege gehen dabei ineinander über. So bilden der Sendero La Cienaguite (1,1 km) und der Camino del Mono Tití (1,1 km) eine große Schleife. Der Sendero El Roble (0,7 km lang) bringt dich zum Cienaguite Trail. Sie bilden eine kleine Runde zusammen mit dem Sendero los Caobos (0,9 km) und dem kurzen Spazierweg des Sendero los Guayacanes. Eine separate Schleife umfasst den los Momotides (0,9 km) und den Sendero Dorothy Wilson, der Edukationszwecken dient. **Anfahrt:** Metrobus M481 Richtung Tumba Muerto-Tocumen bringt dich von Albrook bis zum Eingang. http://www.parquemetropolitano.org/ (ES)

Ideen für Tagesausflüge ab Panama Stadt

Strand

- Isla Taboga (S. 208)
- Islas del Perlas (S. 211)
- Surfen in Westpanama (S. 174)
- Guna Yala Tagestrip (S. 215)

Dschungel

- Parque Natural Metropolitano s. u.
- Parque Nacional Soberanía (S. 195)

Hochland

- El Valle (S. 164)

Geschichte und Kultur

- Portobelo (S. 202)
- Historische Zugfahrt (S. 194)

Adventure

- Kajakfahren auf dem Gatúnsee z. B. über Yala Tours www.yalatourspanama.com

Tauche in zwei Ozeanen an einem Tag!

Wo hat man schon die Möglichkeit, an einem Tag in gleich zwei Ozeanen zu tauchen? Dies ist in Panama ganz einfach möglich, da die Entfernung zwischen Karibik und Pazifik an der schmalsten Stelle lediglich 80 km beträgt. Diese Tour kann über Scuba Panama gebucht werden. scubapanama@scubapanama.com 261–3841 / 261–4064 http://www.scubapanama.com/

Whale Watching

Whale Watching Panama bietet verantwortungsbewusste Walbeobachtungen vor den Perleninseln (S. 211) an. http://www.whalewatchingpanama.com. Die Tou ren finden jeden Sa & So vom 7. Juli bis 30. September statt. Sie starten auf der Insel Perico am Brisas del Amador Dock (Anfahrt siehe Taboga S. 210). Private Charter zu den Perleninseln werden auch angeboten.

Weitere Touren

Touren zu den Emberá Dörfern (S. 199) und nach Guna Yala (S. 215) werden ab Panama City organisiert, ebenso Wanderungen, Bootstouren etc. im Soberanía Nationalpark (S. 195). Auch eine Tour zur Isla Escudo in Bocas del Toro ist ab Panama Stadt möglich (S. 73).

Weitere hilfreiche Informationen

Touristeninformationen befinden sich am Flughafen Tocumen und Flughafen Albrook. Die meisten Unterkünfte und Hostels versorgen Reisende mit ausführlichen Informationen zur Stadt und zu wichtigen Zielen, haben Flyer ausliegen und unterstützen bei der Planung von San Blas Touren.

Die **Touristenpolizei** (Policía de Turismo) findest du in Casco Antiguo (Casco Viejo) Ave. Central Calle 3 Casco Antiguo 211–3365

Anfahrt, Abreise und Fortbewegung vor Ort

Flugzeug

Alle internationalen Flüge landen am **Tocumen International Airport,** ca. 20 km nord-östlich der Stadt. Die inländischen Flüge kommen am **Marcos A. Gelabert (Albrook) Flughafen** an. Air Panama fliegt u. a. Bocas del Toro, Ziele in Guna Yala und im Darién an.

Anreise vom Flughafen Tocumen

- **Taxi:** Direkt vor der Ankunftshalle warten die Taxis, die dich für 30 $ ins Zentrum bringen (35 $ nach Albrook / Casco Viejo). Du kannst deine Fahrt am Schalter in der Ankunftshalle bezahlen. Teilst du dir ein Taxi mit anderen, kostet es 20 $ / Person, wenn unterschiedliche Orte angefahren werden. Oder du bittest den Taxifahrer, ein *Colectivo* (andere Personen mit ähnlichem Ziel fahren mit) aus dem Taxi zu machen. Dann sucht er sich noch zusätzliche Mitfahrer (15 $). Weitere Tarife findest du unter http://www.tocumenpanama.aero/transporte-terrestre/taxis.

Spar-Tipp: Es genügt, eine kurze Strecke Richtung der Hauptstraße nahe des Flughafengeländes zu gehen. Dort kannst du ein günstigeres Taxi für 15–20 $ ergattern. Gehe dazu rechts aus dem Terminal. Folge den Schildern, die Richtung Bus weisen. Nach einer Weile kommst du an der Hauptstraße an. Dort kannst du ein Taxi anhalten bzw. wirst du bereits gezielt angesprochen.

- **Bus:** Mit dem Bus kommst du für nur 0,25 $ (»Tocumen-Via España«) oder 1,25 $ (»Tocumen-Corredor Sur«) in die Innenstadt. Der **»Corredor Sur« Bus ist schneller** und fährt den Highway und die Avenida Balboa (küstennahe Parallelstraße) entlang. Der »Via España« Bus fährt die weiter nördlich gelegene Via España entlang und ist günstiger, weil er den Highway nicht benutzt. Die Fahrt kann je nach Tageszeit und Bus 1–2 h dauern. Du kannst entweder unterwegs an den Haltestellen aussteigen oder an der Endstation, dem Busterminal Albrook. Von dort fahren sowohl landesweite Busse in alle Richtungen als auch lokale Metrobusse und die Metro. Um den Bus am Flughafen zu erwischen, gehst du rechts aus dem Ankunftsterminal. Du folgst den Schildern, die Richtung Bus weisen, einen schmalen unscheinbaren Gang rechts an einem Restaurant vorbei und dann weiter Richtung Hauptstraße. Du gehst zur Busstation auf der gegenüberliegenden Seite.

Zu beachten vor der Busfahrt: Den Bus kannst du nur mit einer **aufgeladenen Metrocard** benutzen. Diese wird am Flughafen bisher nicht verkauft. **Bargeld wird im Bus nicht angenommen.** Die freundlichen Panamaer nehmen aber gerne andere Fahrgäste auf ihre eigene Karte mit, wenn man ihnen den Betrag erstattet. Halte also Kleingeld für deine Fahrt bereit und frage jemanden, ob er dich mit seiner Karte in den Bus bringt. Da der Bus recht voll werden kann, sollte man diesen möglichst nur mit kleinem Gepäck nehmen.

- **Metro:** Die Metrolinie 2 kannst du in drei Stationen mit dem Bus (Tocumen – Los Pueblos) erreichen. Eine bessere Anbindung zur Metro ist geplant.

Bus (Albrook Terminal)

Vom Albrook Terminal fahren Busse mehrmals täglich sowohl zu allen größeren Zielen innerhalb Panamas als auch nach Costa Rica. Es gibt keinen Online Ticketservice des Terminals oder der Busgesellschaften. **Alle Tickets müssen direkt an den Albrook-Terminalschaltern gekauft werden.**

Beachte: Bei der Abfahrt vom Albrook Terminal musst du ein **Drehkreuz für 0,10 $ passieren.** Dieses kannst du **nur mit dem Rapi > Pass bezahlen** (siehe Fortbewegung Panama Stadt S. 189).

Tipp: Solltest du keinen besitzen, so frage einen Einheimischen, ob er dich für die entsprechende Gebühr durchlässt.

Anfahrt: Der gesamte lokale Verkehr dreht sich um Albrook. Hierher kommst du mit einem der vielen Busse mit der Aufschrift »Albrook«. Alternativ kannst du die Metrolinie 1 bis Endstation Albrook nehmen. Um den Bus oder die

Eine Auswahl an wichtigen Zielen findest du hier:

Almirante (Bocas del Toro Archipel) / **Changuinola** (Puerto Viejo Costa Rica)	Um 18:00 / 18:30 / 19:00 in ca. 11 h bis Almirante (27,80 $) bzw. in 12 h bis Changuinola. Wartehalle D, Plattform 45.
Colón (in Sabanitas umsteigen nach Portobelo)	Alle 20 Minuten. In ca. 1 h bis nach Sabanitas (1,7 $)
David (Umsteigen nach Boquete, Volcán, Cerro Punta, Puerto Armuelles)	Mehrmals täglich ab 4:30 bis 20:30 in 7 – 9 h. Nachtexpress um 22:00 / 23:00 und 24:00 Uhr in 6 h (18,15 $).
Santiago (Umsteigen nach **Santa Fé** oder **Soná** für die Weiterfahrt nach Santa Catalina)	Jede halbe bis eine Stunde ab 3:00 bis 19:00, danach um 21:00 und um Mitternacht. Ein Direktbus nach Soná fährt seltener (8xtgl.).
El Valle de Antón	Stündlich in 2,5 h (4,75 $)
Las Tablas (umsteigen nach Pedasí oder Playa Venao)	Stündlich in 4,5 h
Costa Rica	Tica Bus fährt direkt nach San José

Metrobus am Albrook Busbahnhof

Metro zu nutzen, benötigst du eine aufladbare Karte, siehe Metrocard unten. Die Mitarbeiter eines Informationsschalters vor Ort helfen bezüglich möglicher Verbindungen weiter, leider sprechen sie nur Spanisch. 💻 http://www.grantnt.com/ (ES)

Fortbewegung in Panama Stadt

Metrocard

Für die Fahrt mit dem Metrobus und der Metro benötigst du eine Metrocard. Du kannst sie für 2 $ an allen Metrostationen oder im Albrook Terminal kaufen. Weitere Verkaufsstellen findest du auf der Website (s. u.). Im Albrook Terminal kannst du zum gleichen Preis den **Rapi > Pass** kaufen, mit dem du zusätzlich den Zugang zum Busterminal (0,10 $) und die Toiletten in Albrook bezahlen kannst. Beide Karten sind nach dem Kauf nicht aufgeladen. Aufladen kannst du sie ebenfalls an den genannten Stellen. Minimaler Betrag: 0,50 $ maximal 50 $. Alternativ kannst du auch jemanden fragen, ob er dich auf seine Karte mitnimmt, wenn du ihm die entsprechende Summe in bar erstattest. Diese Vorgehensweise ist auch bei Einheimischen üblich. Bei der Metro benötigst du allerdings auch zum Hinausgehen eine Karte. 💻 http://www.tarjetametrobus.com/ (ES)

Tipp: Eine eigene Karte lohnt sich. Musst du z. B. zwischen Bussen umsteigen (innerhalb von 40 Min), so wird dir keine neue Gebühr berechnet (beim Aussteigen Karte an Terminal halten). **Spar-Tipp:** Einige Hostels verleihen eine Metrocard gegen Pfand.

Metrobus

Wenn der Metrobus über Schnellstraßen (*Corredor Sur / Norte*, oben am Bus angeschrieben) fährt, kostet die Fahrt **1,25 $,** ansonsten **0,25 $.** Die Ziele sind oben angeschrieben. Eine abgebuchte Fahrt ist 40 Minuten lang gültig. Halte deine Karte beim Aussteigen an das Terminal, damit dieses deine Weiterfahrt registriert.

Tipp: Die Routen des Metrobusses sind alle in Google Maps zu finden, so dass Verbindungen problemlos vor Abfahrt online überprüft werden können.

Diablos Rojos

Die großen bunt bemalten ex-amerikanischen Schulbusse verkehren nur noch als Intercity Busse (z. B. nach Colón) in Panama Stadt und nehmen dich auf der Strecke nach Albrook auch gerne innerhalb der Stadt mit. Ansonsten werden Sie nicht mehr für den innerstädtischen Verkehr eingesetzt, wo sie durch den verlässlichen und gemütlicheren Metrobus ersetzt wurden.

Metro

Eine Fahrt mit der bisher **einzigen U-Bahn Zentralamerikas** kostet **0,35 $.** Die Metrocard benötigst du zum Passieren der Schranken auf beiden Seiten. Erste Abschnitte der neuen Linie 2 wurden im Januar 2019 eröffnet. Die weiteren Abschnitte werden im Laufe des Jahres 2019 erweitert werden. In den nächsten Jahren sind insgesamt vier Metrolinien geplant.

- 1914 wurde der Kanal eröffnet.
- 80 km ist der Panamakanal lang.
- 63 ägyptische Pyramiden könnten mit dem Material gebaut werden, das ausgebaggert wurde, um den Kanal zu bauen.
- 36 Cent betrug die kleinste jemals bezahlte Durchfahrtsgebühr.
- Zwischen 500 000 – 800 000 $ kostet eine Passage durch die 2016 neu eröffneten Schleusen.

Taxi

Taxis haben kein Taxameter. Die Kosten sollten vor Fahrtantritt mit dem Fahrer vereinbart werden. Die Fahrer nennen Reisenden gerne deutlich höhere Preise, v.a. an zentralen Orten wie Albrook. Es gibt jedoch grobe Regelungen, was eine Fahrt, je nach Zone, kosten sollte. Frage daher vorher in deiner Unterkunft nach, um einen ungefähren Richtwert zu erhalten. Unter 💻 http://www.transito.gob.pa/tarifa-taxis (ES) findest du eine Zoneneinteilung und kannst dir die ungefähren Fahrtkosten ausrechnen lassen. **Uber** ist in Panama City auch vertreten.

Fahrräder

Fahrräder kannst du u.a. bei Get One Bike leihen. 📞 395–2224 / 395–3689 💻 http://getonebike.com/

Kanalzone: Der Panamakanal

Ist es eine Schleuse wie jede andere nur etwas größer? Nein, der Panamakanal ist die bekannteste Abkürzung der Welt und ein überaus wichtiges Drehkreuz für den Welthandel.

Du besuchst die Aussichtsdecks bei den Schleusen, und dann wird dir die Bedeutung des Kanals so richtig bewusst. Wenn direkt vor deiner Nase ein Stahlkollos durch die Schleuse fährst weißt du: Ja, der Besuch hat sich gelohnt! Nie wieder wirst du danach ein Exportgut konsumieren, ohne dich zu fragen, ob es durch den Panamakanal transportiert wurde.

Der Panamakanal erstreckt sich ungefähr 80 km lang von den Schleusen am Pazifik bis zu den Schleusen an der Karibischen See. Die größten Panamax-Schiff-Klassen zahlen heute nur für eine Passage durch die neuen breiteren Schleusen zwischen 500 000–800 000 $. Die bisher geringste entrichtetet Gebühr betrug 36 Cent. 1928 durchschwamm der US-Amerikaner Richard Halliburton den Panamakanal und musste dafür diese kleine Gebühr entrichten (basierend auf seinem Körpergewicht).

Wasserausgleich am Panamakanal

Die Schleusen des Kanals werden nur durch Gravitation mit dem Wasser des **Gatúnsees** gefüllt. Es gibt keine Pumpen. Der Gatúnsee liegt ca. 27 m über Seehöhe und wurde beim Bau des Kanals künstlich angelegt. Er wird vom **Río Chagres** gespeist, der für den Ausgleich des Wasserverlustes sorgt. Um die steigende Passagezahl auch in trockenen Zeiten zu gewährleisten, wurde 1935 noch der Oberlauf des Río Chagres durch den **Madden-Damm** gestaut. Dadurch entstand der **Alajuelasee.**

Bedeutung der bekanntesten Abkürzung der Welt

Trotz sehr hoher Entgelte seit der Einführung der neuen Gebührenordnung sind die **Zeit- und Kosteneinsparungen** durch die Panamakanalpassage nach wie vor derart hoch, dass sich eine Durchfahrt rechnet. Ebenso wird das Risiko minimiert, weil das gefährliche **Kap Horn, ganz im Süden des amerikanischen Kontinents, gemieden** wird. Am häufigsten wird der Panamakanal für den **Warentransport von der Ost- zur Westküste der USA** und umgekehrt genutzt. Der Kanal verbindet auch die **Westküste der USA, Kanadas und Südamerikas mit Europa.** Seit 1963 arbeitet der Kanal im 24-Stunden-Betrieb. Die 2016 eröffnete dritte und breitere Zufahrt verdoppelte die Kapazität des Kanals und erfüllte damit den wachsenden Bedarf am Welthandel. Jetzt können Containerschiffe mit fast 14 000 Containern durch den Kanal fahren wodurch der Panamakanal auf der Route von Asien zur US-Ostküste dem ägyptischen **Suezkanal Konkurrenz** macht.

Den Panamakanal erleben

Wusstest du, dass du den Kanal auf vier verschiedene Arten besuchen kannst?

- du kannst direkt an den Schleusen stehen (an den Miraflores Schleusen auf der Pazifikseite oder den Gatún Docks auf der Atlantikseite),
- du kannst ihn mit einem historischen Zug entlangfahren,
- du kannst die Schleusen und den See mit einem Boot befahren,
- oder du kannst im Gatúnsee mit einem Kajak paddeln.

Alle Infos dazu findest du in den folgenden Abschnitten.

Kurze Geschichte der bekanntesten Abkürzung der Welt

Die Idee, einen Wasserweg zu bauen, der die beiden Ozeane Pazifik und Atlantik verbindet, entstand bereits im 16. Jh., als die Spanier auf dem Isthmus, dem heutigen Panama, landeten.

1880: Erste Bauarbeiten

Die ersten Bauarbeiten begannen 1880 unter französischer Leitung. Finanzielle Probleme und tropische Krankheiten brachten das Vorhaben jedoch zum Stillstand. Mehrere zehntausende Arbeiter starben an Malaria und Gelbfieber.

1904: Bau und Betrieb durch die USA

Nachdem Panama 1903 seine Unabhängigkeit gewann, einigte es sich mit den USA darauf, dass diese den Bau des Kanals fortsetzten. 1904 begann der Bau.

1914: Fertigstellung und Betrieb durch die USA

1914 wurde der Kanal fertiggestellt. Am 15. August 1914 fuhr das erste Schiff (vom Atlantik zum Pazifik) durch den Kanal. Bis zum 31. Dezember 1999 wurde der Panamakanal komplett durch die USA verwaltet, und auch die Einnahmen aus den Passagen flossen dorthin.

2000: Beginn der kompletten Eigenverwaltung durch Panama

Am 31. Dezember 1999 um 12:00 übernahm Panama den kompletten Betrieb des Kanals. Dieser Schritt wurde 1977 im Torrijos-Carter-Vertrag unterzeichnet.

2007: Beginn der Bauarbeiten zur Erweiterung des Kanals

Am 3. September 2007 war der Spatenstich für die 2006 beschlossene Erweiterung des Panamakanals.

2010: 1 Million Durchfahrten

Am 4. September 2010 wurde mit der Fortune Plum die einemillionste Passage absolviert.

2016: Einweihung der Erweiterung des Panamakanals

Seit dem 26. Juni 2016 kann der Kanal über eine dritte Zufahrt befahren werden, und größere Schiffe der neuen Panamax-Klasse können die Schleusen passieren. Die Kapazität wurde mit dieser Maßnahme verdoppelt.

Panama ist ein Isthmus!

Was ist ein Isthmus? Ein Isthmus ist ein schmaler Landstreifen, der zwei größere Landflächen miteinander verbindet, die sonst durch Wassermassen getrennt wären. Der Isthmus von Panama verbindet die beiden Kontinente Nord- und Südamerika und trennt die beiden Ozeane Atlantik und Pazifik. Mit dem Panamakanal wurde an der schmalsten – ca. 80 km breiten – Stelle des gesamten amerikanischen Kontinents, eine Verbindung zwischen diesen beiden Ozeanen geschaffen.

Ausblick auf die Miraflores Schleusen vom Miraflores Visitor Center

Feste und Veranstaltungen

Cayuco Race

Im Jahr 1954 fand das erste *Cayuco*-Wettrennen statt, das durch den Panamakanal von Ozean zu Ozean führt. Seitdem wird es jährlich im April oder März ausgetragen. Für das genaue Datum und Auskünfte zu anderen *Cayuco*-Rennen siehe https://cayucorace.org/ (ES).

Sehenswürdigkeiten, Aktivitäten und Touren

Miraflores Visitor Center

Im Besucherzentrum der Miraflores-Schleuse kannst du die Giganten der Meere direkt beim Einschleusen auf der Pazifikseite beobachten. Ein Mitarbeiter kommentiert das Geschehen. Stündlich liefert ein 10-minütiger englischsprachiger Film einige Hintergrundinformationen. Nicht verpassen solltest du die informative Ausstellung über alle Aspekte des Kanals. Auf den oberen Stockwerken findet man Nachbildungen von Steuerzentrale, Brücke und Co. eines Containerschiffs. Ein Spaß nicht nur für die Kleinen.

Eintritt: für Nichtansässige Erwachsene 20 $, 12 $ Kinder 6–12 Jahre (darunter kostenlos). 08:00–18:00 (Kartenverkauf bis 17:15).

Essen & Snacks: Ein Café verkauft Kaffee, Getränke und Snacks zu angemessenen Preisen. Das Atlantic & Pacific Restaurant hat jedoch gehobene Preise.

Anfahrt: Ab Albrook Terminal (Zone D) nimmst du einen Miraflores Bus. Bei der Endstation Miraflores kannst du direkt vor dem Besucherzentrum aussteigen. Der Bus fährt ca. alle 10–20 Min (0,25 $). https://visitcanaldepanama.com/en/centro-de-visitantes-de-miraflores/

Tipp: Am besten vorher anrufen (oder anrufen lassen), um die Passierzeiten von Schiffen zu erfragen.

Pedro Miguel Locks

Die zweiten Schleusen nördlich der Miraflores Locks haben kein Besucherzentrum. Hier können die Schiffe kostenlos von einem Parkplatz aus oder entlang der Straße beobachtet werden.

Eintritt: Frei!

Anfahrt: Ab Albrook Terminal (Zone H) bringt dich der Chilibre-Forestal Bus hierhin.

Agua Clara Visitor Center

Dieses Besucherzentrum auf der karibischen Seite des Kanals bietet eine weite Sicht auf den Gatúnsee, die **Aqua Clara Locks** und den **Gatún Lock.** Zum Besucherzentrum gehört auch ein kleiner ökologischer Trail. Eine Ausstellung und ein Film versorgen mit Informationen.

Eintritt: für Nichtansässige Erwachsene 15 $, 10 $ Kinder 6–12 Jahre (darunter kostenlos) und Studenten. 08:00–16:00 (Kartenverkauf bis 15:15).

Im historischen Zug bei der Fahrt durch den Regenwald

Speisebereich des historischen Zuges

Essen & Snacks: Snackbar und Restaurant vor Ort.

Anfahrt: Es gibt keine öffentliche Anbindung direkt bis zum Besucherzentrum. Auch musst du im unsicheren Colón umsteigen. Die meisten steuern es mit einer Tour oder dem eigenen Auto an. 💻 https://visitcanaldepanama.com/en/centro-de-visitantes-de-agua-clara/

Panama Canal Railway

Den Panamakanal kannst du in einem historischen und dem einzigen Zug Panamas vom Pazifik zum Atlantik entlangfahren (oder umgekehrt). Während der Fahrt kannst du durch das Glaskuppeldach die Aussicht auf den Gatúnsee, die passierenden Schiffe oder das Grün des Dschungels genießen. Der Zug fährt entlang einer historischen Strecke. Er nahm im Jahr 1855 zum ersten Mal den vollen Betrieb auf und transportierte Massen an Gold und Menschen.

Heute hat der Zug fast nur noch touristischen Charakter. Die Abfahrtszeit der einspurigen Bahn, die morgens vom Pazifik Richtung Atlantik und abends zurückfährt, ist dennoch an mögliche Pendler, überwiegend Manager der Colón Free Trade Zone, angepasst. Ihnen steht das Privileg zu, auf Kosten der Firma, mit dem Zug zu fahren. Ansonsten ist die Fahrt für das tägliche Pendeln zu teuer. **Abfahrt:** Mo–Fr: Hin um **7:15** (Panama City) zurück um **17:15** (Colón). **Fahrscheine** können direkt vor Ort vor Abfahrt gekauft werden. 25 $ Erwachsene, 15 $ Kinder. Kaffee und Snacks sind inklusive. Mehr Infos unter: 💻 http://panarail.com/

Anfahrt: Der Miraflores Metrobus fährt am Bahnhof vorbei. Die nächstgelegene reguläre Haltstelle (Calle Antón) ist allerdings 500 m entfernt auf der anderen Straßenseite einer vielbefahrenen mehrspurigen Hauptstraße (wenn du aus Richtung Albrook kommst). Um die Überquerung zu vermeiden, könnte man den »Ciudad del Saber« Bus ab Albrook nehmen. So kommt man in ca. 30 Min. von der anderen Seite (Busstation San Vicente) an. Aber am besten geht es mit dem Taxi / Uber (ab 2 $ von Casco Viejo). Da die Bahnstation den Einheimischen recht unbekannt ist, kennen viele Taxifahrer den Bahnhof nicht. **Beachte:** Der Zug endet in Colón, einer gefährlichen Stadt. Von Überfällen, v. a.

Der historische Zug der Panama Canal Railway

auf Reisende in Colón wurde gehäuft berichtet. Der Busbahnhof ist zwar nur 500 m vom Zugbahnhof entfernt, dennoch ist es empfehlenswert, ein Taxi zu nehmen und gleich in den nächsten Bus zu steigen, um Colón zu verlassen. Busse Richtung Panama Stadt und Portobelo fahren auch auf der Hauptstraße hinter dem Bahnhof vorbei. Taxis warten nach Ankunft am Bahnsteig.

Bootstour auf dem Panamakanal

Für diejenigen, die gern Boot fahren, ist ein Bootsausflug auf dem Kanal und durch die Schleusen möglich. Zum Beispiel auf der Pacific Queen. Wie Däumelinchen auf einem schwimmenden Blatt kommt man sich vor, sobald das Ausflugsschiff zusammen mit einem der Transportgiganten, geschleust wird. Möglich ist eine 5-6-stündige Teilstreckentour (Richtung Süden oder Norden) sowie eine 11-12-Stunden Tour durch den ganzen Kanal vom Pazifik bis zum Atlantik. **Kosten:** Teilstrecke: 135 $ Erwachsene, 85 $ Kinder 3–12 Jahre; Gesamter Kanal: 180 $ Erwachsene, 95 $ Kinder 3–12 Jahre. **Kontakt:** Das Büro des Veranstalters liegt auf der Isla de Flamenco.

Anfahrt: Mit dem Bus nach »Amador« ab Albrook 303–0679 https://www.pmatours.net/pacific-queen/index.html.

Alternative Anbieter:

- https://www.barefootpanama.com/
- http://www.gamboatours.com/

Mit dem Kajak auf dem Gatúnsee

Eine wunderbare Art, den Kanal zu erleben: mit dem Kajak auf dem Gatúnsee einen Abschnitt des Kanals entlang zu paddeln. Die Containerschiffe können teilweise ganz nah erlebt werden, aber der Fokus liegt darauf, Einblicke in die wunderbare Natur des Kanals zu erlangen. Touren bietet z. B. https://www.adventurespanama.com/ oder https://www.panamatrails.com/ an.

Weitere hilfreiche Informationen

Mehr Informationen rund um den Panamakanal findest du unter https://www.panamacanalpanama.com/.

Parque Nacional Soberanía

Nur einen Tagesausflug braucht es, um von der modernsten Metropole Zentralamerikas in die Biodiversität Panamas einzutauchen. Der ca. 25 km von Panama City entfernte und ca. 200 km² große Soberanía Nationalpark wartet mit seinen Wanderwegen auf Natur- und vor allem Vogelliebhaber. Der Wanderweg Pipeline Road gilt unter Vogelexperten weltweit als einer der besten Orte für die Beobachtung tropischer Vögel Amerikas. 525 Vogelarten wurden im Park verzeichnet, daneben über 105 Säugetier-, 79 Reptilien- und 55 Amphibienarten.

Wer zu früher Stunde aufbricht, kann Tapire, Nasenbären, Gürteltiere, Stachelschweine und Pakas im Unterholz entdecken oder ihnen mit etwas Glück auf dem Weg begegnen. Affen wandern von Baum zu Baum und auch Faultiere leben auf dem Gebiet des Parks.

Aktivitäten

Der Nationalpark bietet Wanderliebhabern zahlreiche Wege und gute Chancen auf wunderbare Tierbeobachtungen.

Beachte bei deiner Planung, dass der Nationalpark ziemlich langgestreckt ist und die Wanderungen daher weitläufig voneinander entfernt starten. Die Wanderwege sind an ihren Startpunkten beschildert (inkl. Kilometerangabe und Karte), unterwegs findest du aber keine Beschilderung mehr. Komme so früh wie möglich.

Wanderungen und Tierbeobachtungen

Camino de Las Cruces

Dieser historische Weg wurde im 16. Jh. angelegt und von den Spaniern zum **Transportieren von Gütern und Gold zwischen den zwei Ozeanen** verwendet. Heute sind teilweise noch Originalsteine entlang des Pfades erhalten, die damals den Weg markierten oder befestigten. In der Nähe des Chagres Flusses befinden sich die Ruinen der Stadt Venta de Cruces, die einst Rastplatz für die Reisenden auf dieser Strecke war. Nur ein kleiner Teil der gesamten historischen Strecke verläuft im Park.

Distanz: 10,8 km in eine Richtung. Der Weg endet am Río Chagres, wo einst die Kaufleute auf Boote übersetzten. Von hier muss auf demselben Weg zurückgegangen werden. Rechne für diesen schwierigen Weg eine Gehzeit von **mind. 12 h** (Hin- und Rückweg) ein. Die Wanderung kann auch mit dem Camino de Plantación kombiniert werden (ca. 4 km ab Startpunkt bis zur Abzweigung).

Startpunkt: Die Wanderung beginnt ca. auf halber Strecke der rechts vor dem botanischen Garten abzweigenden Straße Richtung Chilíbre. Keine öffentliche Anbindung.

Camino del Oleoducto (Pipeline Road)

Dieser **17 km (in eine Richtung)** lange Wanderweg zieht sich von Süden nach Nordwesten durch Primär- und Sekundärwald. Hier hast du die **besten Möglichkeiten für Vogelbeobachtungen.** Der Weg war einst eine asphaltierte Straße, die während des zweiten Weltkriegs zur Instandhaltung einer Ölpipeline gebaut wurde. Die Pipeline wurde allerdings nie fertiggestellt und somit auch die Straße nicht.

Auf der Pipeline Road steht das Ausschauhalten nach Tieren im Vordergrund, daher brauchst du nicht die ganze Strecke zu wandern. Lass aber die ersten Kilometer hinter dir, dann werden die Baumkronen um den Weg dichter. Die Chancen sind dann größer, Vogelarten, die gerne tiefer im Wald leben, zu erspähen.

Startpunkt: Die Wanderung beginnt in der Nähe von Gamboa. Der Weg endet am Gatúnsee.

Camino de Plantación

Dieser Wanderweg wurde zur Zeit des Panamakanalbaus angelegt und war die erste befestigte Straße im Inneren Panamas. Er wurde als Plantagenstraße zu Kakao-, Gummibaum- und Kaffeeplantagen errichtet. Später wurde er für militärische Übungen verwendet.

Distanz: 6,5 km in eine Richtung. Rechne mit **4 h pro Richtung.** Der Weg endet am Camino de Las Cruces. Du kannst denselben Weg zurücknehmen oder auf dem Camino de Las Cruces weiterwandern. Achtung, dann kommst du jedoch an einem ganz anderen Startpunkt raus.

Startpunkt: Der Weg beginnt auf der Straße Richtung Gamboa wenige Kilometer nach dem **Summit Municipal Park** Botanischen Garten bei der Abzweigung zum Canopy Tower.

Sendero Natural el Charco

Distanz: 0,8 km. Vorbei an einem Wasserfall und einer Badestelle führt dieser befestigte, bei Familien an Wochenenden beliebte, Weg.

Startpunkt: auf der Straße Richtung Gamboa, wenige Kilometer nach dem Botanischen Garten **Parque Municipial Summit.**

Espíritu del Bosque

Distanz: 1,7 km. Wanderung mit Infotafeln.

Startpunkt: in der Nähe der Parkverwaltung.

Cicloruta

Distanz: 17,5 km. Dieser Weg verläuft **überwiegend** im benachbarten Parque Nacional Camino de Cruces (nur 2,5 km davon im Soberanía) und ist ein speziell für Mountainbiker angelegter Weg.

Geführte Wanderungen im Soberanía:

Die Wege im Park können gut alleine begangen werden. Wer in diesem Vogelparadies mit Guide unterwegs ist, hat jedoch mehr davon. Deshalb bietet sich eine Tour bzw. eine geführte Wanderung an, z. B. über den deutschen Veranstalter Go'N Joy Erlebnisreisen 💻 https://www.gonjoy-erlebnisreisen.de/panama/ alternativ u. a. bei Yala Tours 💻 http://www.yalatourspanama.com/en/ oder über das Gamboa Resort 💻 http://www.gamboaresort.com/.

Andere Aktivitäten

Aerial Tram

Wenn man nicht wandern möchte oder kann, braucht man sich den Regenwald nicht entgehen zu lassen. Die Aerial Tram des Gamboa Resorts ist eine Art Korb-Sessellift, der in einer ungefähr 90-minütigen Fahrt an den Baumkronen vorbeifährt. 4xtgl. (montags geschlossen) um 9:00 / 10:30 / 13:30 und 15:00 Uhr (42,80 $). Mehr Infos und Reservierungen unter 💻 http://www.gamboaresort.com/ kurzfristige Reservierungen (< 16 h) nur telefonisch 📞 314–5028

Canopy Tower

Der einstige Funkturm des US-Militärs wurde zu einer Unterkunft umgebaut, die ihren Gästen die Beobachtung der Tierwelt in den Bäumen direkt vom Zimmer aus ermöglicht. Vom Aussichtsdeck ganz oben eröffnet sich eine Sicht auf das grüne Dach der Dschungellandschaft sowie auf die passierenden Schiffe im Culebra Cut – der engsten Stelle des Panamakanals. Tagesbesuche sind auch möglich. Mehr Informationen unter 💻 http://www.canopytower.com/

Kajak auf dem Chagres Fluss

Empfehlenswert sind Kajaktouren in den frühen Morgenstunden, da man so die beste Chance auf Tierbeobachtungen hat. Buchbar z. B. über Yala Tours 💻 http://www.yalatourspanama.com/en/.

Weitere hilfreiche Informationen ℹ

Die Nationalparkverwaltung liegt in der Nähe des Parque Municipal Summit und damit ein ganzes Stück entfernt von den meisten Wanderwegen. Dort wäre der **Eintritt von 5 $** zu entrichten. An den Startpunkten der Wanderungen ist niemand anwesend, um Eintritt zu verlangen.

Anfahrt und Abreise

Bus

Die Anfahrt mit den öffentlichen Verkehrsmitteln bringt dich leider nicht direkt zu allen Wanderungen. Das verlängert deine Wanderstrecke. **Ab Albrook oder Cinco de Mayo** kannst du den **Gamboa Bus** (CoopSACA, fährt ca. alle 1–1,5 h Dauer: 45 Min.) nehmen. Für Wanderungen in der Nähe von Gamboa (z.B. Camino del Oleoducto) fährst du bis Gamboa. Den Rest gehst du zu Fuß. Für Wanderungen, die entlang der Strecke liegen, kannst du den Fahrer bitten dich am Startpunkt aussteigen zu lassen. Für Wanderungen in der Nähe des Botanischen Gartens (z.B. Camino de Plantación) kannst du ab Albrook den **Parque Summit Metrobus** nehmen.

Taxi

Je nach gewählter Wanderstrecke ist die Anfahrt mit dem Taxi oder Uber daher geschickter. Fürs Taxi musst du mit > 20 $ rechnen (Verhandlungssache); Uber ab 10 $. Am besten machst du dir mit deinem Taxifahrer schon eine Rückfahrt aus und zahlst den vollen Betrag erst nach Abholung.

Panama Rainforest Discovery Center

Das Rainforest Discovery Center liegt an der Pipeline Road (S. 196) und an der Grenze des Soberanía Nationalparks. Bei einem Besuch dreht sich alles um Tierbeobachtungen bzw. v.a. um **Vogelbeobachtungen**. Daher sollte man unbedingt so früh wie möglich anreisen. Am besten schon zur Öffnungszeit vor Ort sein. Auf gut begehbaren Wegen (Gesamtlänge 1,2 km) durch den Wald können Vögel des Unterwuchses beobachtet werden. Ein 40 m hoher **Aussichtsturm** ermöglicht eine Sicht auf das Blätterdach. Guides sind vor Ort. Im Besucherzentrum gibt es Fütterungsstellen für Kolibris, so dass Vertreter verschiedener Arten gesichtet werden können. Der Besuch des Zentrums kann mit einer Wanderung auf der Pipeline Road kombiniert werden. Vom Startpunkt der Pipeline Wanderung sind es ca. 2 km bis zum Besucherzentrum.

Eintritt: 30 $ für Nichtansässige + 30 $ Spende bei einer Nachtwanderung. 6:00–16:00 / Nachtwanderungen: 18:00–21:00. http://www.pipelineroad.org/

Anfahrt: Der CoopSACA Bus fährt ab Albrook und Cinco de Mayo nach Gamboa. Er fährt leider nicht direkt zum Center. Die nächste Bushaltestelle ist 5 km entfernt. Der Busfahrer kann darum gebeten werden, dich am Smithsonian Dock rauzulassen, dann sind es noch 2,5 km. Besser aber teurer ist es mit dem Taxi oder Uber. Mehr siehe voriger Text unter Anfahrt und Abreise zum Soberanía Nationalpark.

Monumento Natural Isla Barro Colorado

Die Insel Barro Colorado wurde 1914 geformt als der Damm am Río Chagres gebaut wurde und der Gatúnsee entstand. 1923 wurde sie zum Reservat erklärt. Die Insel und fünf dazugehörige Halbinseln sind jetzt ein Ort intensiver Forschung am tropischen Tieflandregenwald. Das Waldgebiet auf der Insel soll der am intensivsten untersuchte tropische Regenwald der Welt sein. Die Insel und die Forschungsaktivitäten werden vom Smithsonian Institut verwaltet. Die Öffentlichkeit kann die Insel nur mit organisierten Touren am Di, Mi & Fr–So besuchen.

Kosten: 100 $ für Nichtansässige, 70 $ für Studenten. **Anfahrt:** Die Tour startet in Gamboa, Smithsonian Dock. Das Boot legt unter der Woche um 7:00 Uhr ab und am Wochenende um 8:00 Uhr. Nach Gamboa kommt man mit dem CoopSACA Bus vom Albrook Terminal oder von Cinco de Mayo in Panama Stadt. Mehr dazu siehe unter Anfahrt und Abreise zum Soberanía Nationalpark (S. 195).

Mehr Infos zur Tour: 💻 https://stri.si.edu/visit/barro-colorado/plan-your-visit. Mehr Infos zur Insel und Forschung: 💻 https://stri.si.edu/facility/barro-colorado.

Chagres Nationalpark

Der Chagres Nationalpark besteht aus tropischem Regenwald und beinhaltet einige kräftige Flüsse. Sie sorgen dafür, dass ausreichend Wasser für den Betrieb des Panamakanals zur Verfügung steht. Dies war einer der Gründe für die Schaffung des Parks im Jahr 1985. Denn die Erhaltung des Waldes gewährleistet eine ausreichende Menge Wasser in guter Qualität. Neben dem Betrieb des Panamakanals hängt auch die Trinkwasserversorgung der Städte Panama, Colón und La Chorrera sowie die Stromerzeugung für die Städte Panama und Colón vom Chagres Nationalpark ab.

Das Gebiet des Nationalparks ist darüber hinaus die Heimat einiger Emberá und Wounaan Stämme.

Emberá und Wounaan

Das indigene Volk der Emberá und Wounaan stammt ursprünglich aus dem Darién Gebiet. Einige Stämme übersiedelten in den 1950er Jahren in das Terrain des heutigen Chagres Nationalparks. Die Gründung des Nationalparks 1985 entzog ihnen jedoch ihre Lebensgrundlage, da fortan landwirtschaftliche Tätigkeit und Jagd in ihrem Lebensraum verboten waren. Die Indigenen waren nun auf Supermärkte und damit aufs Geldverdienen angewiesen. Sie öffneten sich dem Tourismus, um neue Einnahmequellen zu schaffen. Reisende haben die Möglichkeit, ohne weite Wege in den Darién zurückzulegen, einen Einblick in die Kultur und Traditionen der Emberá und Wounaan zu erhalten. Diese wiederum verdienen so nicht nur Geld, sondern haben einen Grund, stolz auf ihre Wurzeln zu sein und ihre Sprache und Tradition zu pflegen. Die Dörfer leben heute zwar nach wie vor weitestgehend im Einklang mit der Natur, aber auch mit der modernen Gesellschaft. Die Besuche im Dorf sind zwar touristisch ausgerichtet, nichts desto weniger authentisch. Noch authentischer erlebst du die Emberá und Wounaan aber im Darién. Übernachtungen in den Dörfern sind auch möglich. Mehr zu den Emberá und Wounaan siehe S. 47.

Emberá Drúa

Die Emberá Drúa bitten auf ihrer Webseite darum, eine Tour direkt mit ihnen zu organisieren statt über einen Tourveranstalter. So erhältst du nicht nur den besten Preis, sondern auch die Gemeinschaft der Emberá mehr Geld. Sie organisieren auch einen Transport zum Dorf sowie einen englischsprechenden Guide. ✉ emberachagres@yahoo.com 📞 333–2850 (für Englisch nach Johnson fragen) 💻 http://www.trail2.com/embera/

Emberá Puru

Touren zu einem Emberá Puru Dorf können über das Unternehmen von Anne Gordon organisiert werden, einer US-amerikanische Tiertrainerin, die in den Stamm hineinheiratete. ✉ Tours@EmberaVillageTours.com 📞 6758–7600 💻 http://www.emberavillagetours.com/

Ella Puru (Soberanía Nationalpark)

📞 6704–0380 (für Englisch Elvira Cabrera anfragen) ✉ Ellapuru@gmail.com 💻 http://ellapuruembera.weebly.com/

Emberá im Darién besuchen

Das Unternehmen Panama Travel Unlimited bietet auch 2-Nächte-3-Tage-Touren zu einer Emberá Gemeinschaft an der Grenze zum Darién an. Es werden u. a. Dschungelausflüge und Ausflüge zu einer Fledermaushöhle im Lago Bayano angeboten. 💻 http://panamatravelunlimited.com/

Colón

Es gibt nicht viel, was einen Reisenden in die Stadt Colón führt. Einige kommen hier auf dem Weg zu den Gatún Docks vorbei. Die meisten Reisenden kommen wahrscheinlich von Kreuzfahrtschiffen, die hier regelmäßig anlegen, und gehen auf Touren in die Umgebung oder zum Shoppen ins Einkaufszentrum Colón 2000. Noch ist Colón ein sozialer Brennpunkt und ein unsicheres Pflaster. Das spürt man bei der Ankunft sofort. Die Taxifahrer warnen vor dem Herumspazieren in Colón. Selbst bei kurzen Strecken, z. B. im **Casco Histórico** (Altstadt) Colóns, wird empfohlen, Teil einer Gruppe zu sein. Dennoch war diese Stadt einst ein wichtiger Handelsknotenpunkt.

Colóns Geschichte

Die geographische Lage war ein ausschlaggebender Punkt für die Entwicklung der Stadt Colón, die eine wichtige Rolle in Panamas Geschichte und Wirtschaft spielte. Als die Panama Railroad Company für ihre interozeanische Eisenbahn ein **Terminal am Atlantik benötigte,** entschied sie sich für den Standort auf der Insel Manzanillo im Osten der Bahía Limón, wo heute Colón liegt.

Im Mai 1850 begann man mit der Trockenlegung der mit Moskitos übersäten **Sumpflandschaft.** Viele der Arbeiter erkrankten an Malaria. Im August 1850 begannen dann schon die Arbeiten am Terminal an der Atlantikseite.

Von den US-Amerikanern wurde die Stadt am Terminal eine Zeit lang **Aspinwall** genannt; zu Ehren des Direktors der Pacific Mail, einer Firma, die die Panama Railroad Company finanziell unterstützte. Die Panamaer waren gegen diesen Namen. Sie nannten sie Colón, und seit 1890 ist der Name offiziell.

Als 1914 der Bau des Panamakanals beendet wurde und viele Arbeitskräfte nicht mehr benötigt wurden, führte die hohe Arbeitslosigkeit zum Zerfall der Wirtschaft Colóns und so auch nach und nach der Stadt. Die einstige koloniale Schönheit der Stadt versteckt sich hinter vernachlässigten Fassaden der vor einem Kollaps stehenden historischen Häuser.

Orte in der Umgebung

Colón 2000

Colón 2000 ist ein Kreuzfahrtschiffhafen mit einem Duty-Free-Einkaufszentrum. Die Zone ist mit ungefähr 70 Kreuzfahrtschiffen, die pro Jahr hier anlegen, ein sehr populäres Ziel in der Karibik.

Playa La Angosta

Ein bei Einheimischen beliebter Strand platzt an Wochenenden aus allen Nähten, wenn volle Busladungen aus Panama Stadt die Wochenendausflügler hierherbringen. Viele Unterstände mit Strohdach stehen für ein Picknick zur Verfügung.

Fuerte San Lorenzo

Geschichte des Forts San Lorenzo

Im 16. Jh. wurde auf Befehl des spanischen Königs Philip II. eine Festung gebaut, um die Mündung des Río Chagres zu überblicken. Der Fluss war ein Abschnitt des Camino de las Cruces (S. 196), der Goldroute über den Isthmus. Er wurde häufig von Sklaven- und Handelsschiffen benutzt und bot einen einfachen Zugang für plündernde Piraten und Freibeuter. Die Lage der neuen Festung bot einen hervorragenden Blick auf alle sich dieser strategischen Stelle nähernden Schiffe. Der einzige Nachteil war, dass das Fort aus Holz gebaut worden war und somit aufgrund des vielen Regens in Panama schnell zu verfallen begann.

Die Festung durchlebte eine rege Geschichte. **1596** wurde sie **von Francis Drake angezündet.** Nach ihrem Wiederaufbau nahmen **Henry Morgans Truppen 1670 die Festung ein.** Die Truppen verwendeten San Lorenzo als Basis, nachdem sie Panamá Viejo im Jahr 1671 zerstört hatten. Nach ihrem Abzug wurde die Festung **auf Befehl Morgans bis auf die Grundmauern abgebrannt.** Die Spanier bauten das Fort an einer etwas höheren Stelle wieder auf, dieses Mal als Mauerwerk. 1739 wurde San Lorenzo von **Edward Vernon angegriffen,**

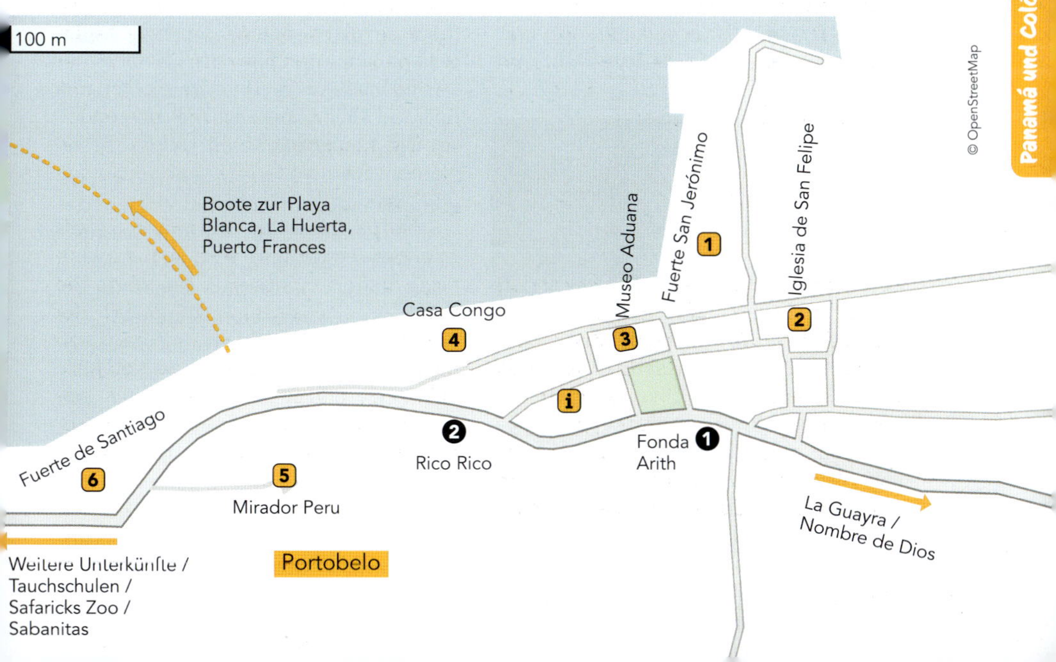

eingenommen und teilweise zerstört. 1761 wurde die Festung erneut aufgebaut und nie wieder angegriffen. Sie verlor an Bedeutung und wurde im 19. Jh. als Gefängnis verwendet. Somit sind es die Ruinen dieses dritten Wiederaufbaus, die heutzutage besichtigt werden können. San Lorenzo wurde 1980 zum **UNESCO Weltkulturerbe** erklärt.

Anfahrt

Leider gibt es keine öffentlichen Verkehrsmittel zum Fort San Lorenzo. Am besten mit Touren ab Panama. Ein Taxi ab Colón könnte für Gruppen eine Alternative sein.

Portobelo

Portobelos Geschichte

Die Bucht, an der Portobelo heute liegt, wurde bereits 1502 von Christoph Columbus entdeckt. Sie wurde »Puerto Bello« (=Schöner Hafen) getauft, aus dem mit der Zeit der Name Portobelo wurde.

Blick auf den Glockenturm der Iglesia de San Felipe

Einst war Portobelo **einer der wichtigsten Häfen Zentral- und Südamerikas**. Das durch die Spanier v.a. in Südamerika eroberte Silber, Gold und andere Reichtümer wurden neben Handelswaren nach Portobelo gebracht, um nach Europa verschifft zu werden. Das Gold stammte hauptsächlich aus Peru und wurde mit Mauleseln über den Camino de las Cruces (S. 196) und Booten über den Chagres Fluss nach Portobelo gebracht. Der Hafen wurde von mächtigen Forts geschützt, denn dieser Reichtum lockte häufig Piraten an. 1596 versuchte sich der englische Freibeuter Francis Drake an dem Hafen, starb aber an Fieber, bevor er ihn einnehmen konnte. Kurz nach Drakes Angriff wurde die Stadt Portobelo offiziell im Jahr 1597 neben dem Hafen gegründet. **1668** nahm der Freibeuter **Henry Morgan** die Stadt von der Landseite ein. Im War of Jenkins' Ear, einem Kolonialkrieg zwischen Großbritannien und Spanien, zerstörten die Briten im Jahr 1739 unter der Leitung des Admirals **Edward Vernon** Portobelo. Die Stadt wurde einige Jahre danach wiederaufgebaut und mit einem neuen Verteidigungssystem versehen. Mit dem Bau des Panamakanals verlor der Hafen jedoch an Bedeutung.

Portobelo heute

Von dem einst wichtigsten Hafen der spanischen Krone ist heute nichts mehr zu spüren. Das kleine Karibikdorf beheimatet neben einfachen Behausungen die Ruinen der früheren Festungen, die heute ein UNESCO Weltkulturerbe sind. Aufgrund von Zerfall und unzureichenden Erhaltungsmaßnahmen steht das Kulturerbe jedoch auf der roten Liste des gefährdeten Welterbes. Die Ruinen der Forts liegen auf dem Gebiet des **Parque Nacional Portobelo,** der sich bis auf die Portobelo direkt vorgelagerte Halbinsel sowie in den Südosten der Stadt erstreckt.

Feste und Veranstaltungen

Festival de Cristo Negro

Das jährlich am **21. Oktober** stattfindende Festival des Cristo Negro (Fest des schwarzen Christi) in Portobelo ist in ganz Panama bekannt. Tausende Panamaer pilgern jedes Jahr zum Festival nach Portobelo. Sie suchen die Kirche von San Felipe auf, in der sich die lebensgroße Holzskulptur des Schwarzen Christus befindet. Viele gehen die Strecke ab Sabanitas zu Fuß und einige gehen das letzte Stück vor der Kirche auf allen Vieren. In der Nacht wird die Statue durch die Straßen getragen, gefolgt von einer Prozession der Anhänger.

Festival de Diablos y Congos

Dieses bunte Festival voller Geschichte, Folklore, Tänze und Schauspiel schenkt jedem Teilnehmer einen Moment voller kultureller Erfahrung. Das Festival de Diablos y Congos gedenkt der Geschichte der **Vorfahren der heutigen Einwohner Portobelos** und Umgebung. Sie waren **afrikanische Sklaven** unter der spanischen Herrschaft. Die sogenannten ***Cimarrons*** entkamen in die umliegende Landschaft. An dem Ort ihrer geglückten Flucht bauten sie befestigte Dörfer – *Palenque* genannt –, von denen

Auf dem Fuerte San Jerónimo

Der Cristo Negro

Die **Figur des schwarzen Christi** wurde an Portobelos Küste gefunden. Sie ist das zentrale Objekt des jährlichen *Festival de Cristo Negro.* Rund um die Figur ranken sich einige Legenden. Die Herkunft der Statue ist unbekannt.

Eine Erzählung besagt, dass die Figur von **Seglern ausgesetzt** worden war, die auf ihrem Weg von Spanien nach Kolumbien einen Zwischenstopp in Portobelo einlegten. Jedes Mal, wenn sie wieder lossegeln wollten, kam ein Sturm auf, der sie an ihrer Abfahrt hinderte. Erst als die Segler eine Kiste, in der die Jesusfigur lag, ins Meer vor Portobelo warfen, beruhigte sich das Wetter und sie konnten ungehindert Richtung Kolumbien lossegeln. Die Kiste wurde später von Fischern gefunden.

Eine weitere Erzählung besagt, dass die Bewohner Portobelos von einer Cholera Epidemie dank der *Nazareno* Figur verschont wurden. Die Epidemie grassierte Anfang des 19. Jh. in weiten Teilen Panamas. Die Bewohner Portobelos kamen am 21. Oktober 1821 zusammen, um zum *Cristo Negro* zu beten. Sie blieben von der Krankheit verschont.

Die Jesus Statue trägt eine Robe, die zweimal jährlich gewechselt wird (vor dem *Festival de Cristo Negro* und in der heiligen Woche). Sie wird nur einmal getragen. Die Kleidungsstücke werden meist anonym gespendet und reichen von einfachen bis hin zu aufwändigen und teuren Gewändern. Die Roben werden in der Kirche **San Juan de Dios** ausgestellt.

Alte Boote in der Bucht von Portobelo

aus sie erfolgreich heftige **Freiheitskämpfe** gegen die Spanier starteten. Die Spanier erkannten darauf die Freiheit der einstigen Sklaven an.

Mit dem Congo Tanz und dem dazugehörigen komplexen Schauspiel wird die Geschichte dargestellt und die spanische Herrschaft verspottet. Der Tanz, dessen Durchführung von Generation zu Generation weitergegeben wurde, hat alte afrikanische Wurzeln. Er ist ein Ausdruck von Trauer, Zorn und Freude. Ausgewählte Personen stellen mit ihrer überwiegend schwarz-roten Verkleidung und Masken die *Diablos* (Teufel) dar, ein Abbild der spanischen Kolonialherren. Sie peitschen die *Congos* (Sklaven), die durch Personen in zerlumpten Kostümen dargestellt werden. Die *Congos* bekämpfen ihrerseits die *Diablos*. Engel versuchen die Teufel einzufangen. Zum Schluss rettet die *Reina Conga*, die Königin der *Congos*, zusammen mit dem Vöglein *(»Pájarito«)* und mit *Juan Dios* (Johann Gott) die Congos vor den Teufeln.

Das Festival findet meist **während oder nach der Karnevalszeit (Feb. / Mrz. / Apr.)** statt. Das Datum ist flexibel. Das aktuell verlässlichste Datum erfährst du auf der Facebook Seite des Festivals https://www.facebook.com/Festival-de-Diablos-y-Congos-206862242779012/

Sehenswürdigkeiten

Fuerte San Jerónimo

Direkt an der Bucht, nördlich des kleinen Zentrums von Portobelo, liegen die Ruinen des Fuerte San Jeronimo. Über die Ruinen kannst du spazieren. Jeronimo war das größte in Portobelo erbaute Fort. Der Wall, ein Wachturm und Offiziersquartiere sind noch teilweise erhalten. Ebenso sind zahlreiche Kanonen ausgestellt.

Iglesia de San Felipe

Diese katholische Kirche in Portobelo enthält die lebensgroße hölzerne Statue des ***Cristo Negro*** (auch *Nazareno* genannt), eine Abbildung Christus aus dunkelbraunem Holz.

Museo de La Real Aduana

Das Museum befindet sich in einem alten Handelshaus. In dem Haus wurden einst die Schätze vor der Verschiffung nach Spanien gezählt und gelagert. Es gibt eine Ausstellung und Videovorführung zur Geschichte Portobelos.

La Casa de la Cultura Congo

Direkt vor der Bucht Portobelos liegt dieses – für jeden geöffnete – Haus. Es wurde gegründet, um Platz für Workshops und zur Schaffung von Kunstwerken zu bieten. Verschiedene Formen der **Kongo-Kunst** können dort besichtigt werden.

Fuerte Santiago de la Gloria

Die Ruinen dieser Festung liegen auf der Meerseite kurz vor Portobelo. Sie wurde 1753 gebaut und in den 150 Jahren ihrer Verwendung mehrfach zerstört und wiederaufgebaut. Vom Mirador Perú hast du einen guten Blick auf das Fort.

Panamá und Colón

Mirador Perú

Zu diesem ehemaligen Wachturm führt kurz vor Portobelo, schräg gegenüber vom Fuerte Santiago, ein Treppenpfad. Von oben bietet sich eine schöne Aussicht auf das Fuerte de Santiago, Portobelo und die Bucht. Achtung beim Betreten des Aussichtspunkts, der sich auf den überwachsenen Ruinen eines Wachturms befindet und daher eine Stolperfalle aus Gruben und Vertiefungen bildet.

Fuerte San Fernando

Heute ist nicht mehr viel von dieser Ruinenfestung übrig, weil unter anderem einige ihrer Steine für den Bau des Kanals verwendet wurden. Sie stand auf der anderen Seite der Bucht gegenüber den anderen beiden Forts. Die Ruinen bieten eine schöne Aussicht. Um dorthin zu kommen, musst du ein Boot ab Portobelo nehmen.

Strände bei Portobelo

Portobelo selbst hat zwar einen Meerzugang, jedoch keine Strände. Nahegelegene Strände haben meist klareres Wasser zum Schnorcheln als die Bucht Portobelos. Sie sind aber nur mit dem Boot zu erreichen.

Der **weiße Sand der palmengesäumten wilden Playa Blanca** ist allemal einen Ausflug wert. Der Strand ist am weitesten entfernt und meist am wenigsten besucht, obwohl er der größte der erwähnten Strände ist.

Die **Playa La Huerta** mit gelb-braunem Sand ist klein und buchtig angelegt und meist frequentierter als die Playa Blanca.

Mit dem Boot wird auch die **Playa Puerto Frances** angesteuert. Sie trumpft mehr mit dem Unterwasserleben als mit dem Strand auf.

Alle drei Strände eignen sich gut zum **Schnorcheln** aufgrund ihres meist klaren Wassers und vorgelagerter Korallenriffe.

Anfahrt: Taxiboote findest du am Pier in der Nähe des Santiago Forts. Zur Playa Blanca musst du mit ca. 50 $ pro Boot und zu den beiden anderen Stränden mit 25 $ rechnen (für Hin- und Rückfahrt). An Wochenenden kommen viele Einheimische her.

Safaricks Zoo

Der Safaricks ist kein Zoo im eigentlichen Sinne, sondern ein **Rettungs- und Rehabilitationszentrum** für Tiere. Die Tiere bleiben hier aus verschiedensten Gründen, z. B. weil sie als exotische Haustiere gehalten wurden und nicht mehr in der Wildnis überleben können. Das Safaricks verfügt über eine Tierklinik, die verletzte Tiere rehabilitiert und nach Möglichkeit wieder aussetzt. Das Aushängeschild des Zoos ist das große begehbare Vogelhaus. Der Zoo war Anfang 2019 noch aufgrund von Renovierungsarbeiten geschlossen. Mehr Informationen und ein Impressionsvideo findest du hier. 💻 www.safarickszoo.com **Anfahrt:** Der Zoo liegt nicht in Portobelo, sondern beim Dorf **María Chiquita** zwischen Sabanitas und Portobelo. Wenn du von Sabanitas Richtung Portobelo fährst, liegt er nach ca. der Hälfte der Strecke auf der rechten Seite. Der Sabanitas-Portobelo Bus kann dich hier aussteigen lassen.

Aussicht vom Fuerte San Jerónimo auf Portobelo und das Museo Aduana

Panamá und Colón

Das Fuerte Santiago de la Gloria

Aktivitäten und Touren

Bootstouren und mehr

Über Touren können verschiedenste Aktivitäten rund um Portobelo unternommen werden. Zwei Veranstalter bieten u.a. Exkursionen zu (einsamen) Stränden an, zum San Fernando Fort, Ausflüge mit dem *Cayuco* in die Mangroven sowie Workshops zur eigenen Herstellung von Kokosnussöl.

Panamore: 💻 https://panamore.org/

Portobelo Explorers 💻 https://www.facebook.com/portobeloexplorer/.

Tauchen

Wo das Karibische Meer ist, ist die nächste Tauchschule nicht weit. Die Sicht vor Portobelo ist unvorhersehbar. Aber den Taucher erwarten über 15 verschiedene Tauchplätze mit Korallenriffen, Wracks, tropischen Fischen, Ammenhaien, Barrakudas, Adlerrochen etc. Die Tauchschulen befinden sich verstreut entlang der Straße vor Portobelo aus Richtung Sabanitas kommend. Informationen zur Feuerfischinvasion, siehe S. 63. **Tauchschulen:** Portobelo Dive Center 📞 6663–0001 | Golden Frog Scuba 💻 http://www.goldenfrogscuba.com/ | Scuba Portobelo (auch ein Büro in Panama Stadt) 💻 http://www.scubapanama.com/ | Panama Dive Adventure 💻 http://dive.com.pa/

Schlummern

Direkt im Zentrum von Portobelo und entlang der Straße von Sabanitas nach Portobelo befinden sich zahlreiche Unterkünfte. Eine günstige Unterkunft ist das Luna Llena Hostel ($) direkt in Portobelo (**Booking.com**). Die Unterkunft kümmert sich auch um Projekte in der Gemeinschaft wie z.B. die bunten Recyclingtonnen in Portobelo zur Förderung der Müllsammlung und Mülltrennung. Wer zum Tauchen kommt, sollte lieber eine Unterkunft vor Portobelo suchen, um tägliche Wege (ca. 3 km, je nach Tauchschule) von Portobelo zu sparen.

Schlemmen

In Portobelo findest du einige *Fondas* mit einfachen und günstigen regionalen Gerichten, z.B. die **Fonda Arith,** wo Hausmannskost im mit Stroh überdachten und mit Netzen geschmückten Restaurant serviert wird. Im **Café y Panadería Rico Rico** bekommst du nicht nur einen guten Kaffee auf der luftigen Dachterrasse mit Ausblick auf Portobelos Dächer und die Bucht, sondern auch günstige Mittagsmenüs und Snacks. An der Hauptstraße Richtung Park befindet sich ein Stand, der authentische *Cocadas* (eine Art Keks aus Zucker und Kokos) verkauft. Zahlreiche Restaurants befinden sich auf der zuführenden Straße von Sabanitas in der Nähe der Tauchschulen.

Panamá und Colón

Weitere hilfreiche Informationen

Die Website http://www.coloncity.com/ enthält auch einige Informationen zu Portobelo.

Anfahrt und Abreise

Anfahrt: Ab Colon fährt ein Portobelo oder ein la Guaira Bus direkt nach Portobelo (1,5 h / 1,60 $).

Von Panama City nimmst du einen Colón Bus und steigst in Sabanitas am El Rey Supermarkt aus (1 – 1,5 h / 1,70 $). Du erkennst den Supermarkt am großen rot-weißen Schild auf gelben Sprossen auf der rechten Seite. Vor dem Eingang zum El Rey Supermarkt steigst du in den Portobelo oder la Guaira Bus um (0,5 h / 1,20 $).

Rückfahrt: Für die Rückfahrt aus Portobelo kannst du überall entlang der Straße einen Colón oder Pilón Bus heranwinken und zusteigen. Du steigst an der Sabanitas Kreuzung aus und nimmst auf der gegenüberliegenden Straßenseite der kreuzenden Hauptstraße (über die Brücke) einen der zahlreichen »Panamá« Busse bis nach Albrook. Du erhältst einen Jeton, der deinen zugestiegenen Ort kennzeichnet. Den gibst du beim Aussteigen zum Bezahlen wieder ab.

Isla Grande

Um das entspannte Leben auf einer karibischen Insel zu genießen, musst du nicht bis nach Bocas del Toro fahren. Die kleine, widersprüchlich benannte Isla Grande (= große Insel) wartet mit klarem Wasser und einer gediegenen Inselatmosphäre (unter der Woche) nur 5 Bootsminuten von Guaira und ca. 2,5 Stunden Busfahrt von Panama Stadt entfernt. Erwarte aber keine einsamen Traumstrände. Sie ist ein beliebtes Wochenendziel, weswegen die Preise an Wochenenden meist deutlich steigen und die kleine Insel aus allen Nähten platzt. Du kannst zwar auf Isla Grande karibische Stimmung erwarten, aber auch das volle Unterhaltungsprogramm mit Jet-Ski, Bananenboot usw. Tauchschulen findest du ebenfalls vor Ort sowie Restaurants direkt am Wasser.

Schlummern

Auf Isla Grande sind sowohl günstige Unterkünfte (z. B. das Macondo Hostel Booking.com) als auch teurere Hotels vertreten.

Schlemmen

Restaurants findest du auf Isla Grande in allen Preislagen.

Anfahrt und Abreise

Vom Albrook Terminal in Panama Stadt nimmst du einen der häufig fahrenden Colón Busse und steigst in Sabanitas beim El Rey Supermarkt in den La Guaira Bus um. Den El Rey Supermarkt erkennst du auf der rechten Seite am großen rot-weißen Schild auf gelben Sprossen. Die gesamte Fahrt dauert ca. 2,5 h je nach Verkehr. In La Guaira warten Boote am Pier, die dich auf die Isla Grande übersetzen.

Etwas Taboga Geschichte

Bis in die 1500er, bevor die Spanier auftauchten, war Taboga eine indigene Siedlung. Die Spanier versklavten die Einwohner und nahmen sie mit nach Panama Stadt. Später wurden die Sklaven freigelassen und zurück nach Taboga gebracht.

1513–1840: Spanische- und Piraten-Periode.
Taboga war der Startpunkt vieler Expeditionen zur Eroberung Südamerikas. So befindet sich auf Taboga noch heute das Haus des spanischen Konquistadors Francisco Pizarro González, der im 16. Jh. das Inkareich eroberte. 1530 verließ er die Insel Richtung Peru. Taboga war ebenso ein beliebter Zufluchtsort für Piraten und Freibeuter, u. a. hielten sich Francis Drake und Henry Morgan auf Taboga auf.

1840–1882 Englische Periode.
Taboga war der Verwaltungssitz aller Inseln im Golf von Panama.

1882–1904 Französische Periode.
In dieser Periode wurde das Aspinwall Sanatorium zur Genesung der während des Baus des Panamakanals erkrankten Arbeiter erbaut. 1887 hielt sich Paul Gauguin auf Taboga auf, um sich von der Malaria zu erholen.

1905–1960 Amerikanische Periode.
Taboga wurde zum Stützpunkt für das US-Militär.

1980: Fund eines Piratenschatzes.
Arbeiter fanden über 1000 spanische Silberstücke während der Bauarbeiten an der neuen Gesundheitsklinik.

Inseln im Pazifik: Isla Taboga

»Wo ist der nächste Strand?«, fragst du dich, während du die Cinta Costera (S. 184) in Panama Stadt entlang spazierst. Ich sage es dir: Auf der Insel Taboga. Taboga wird auch die Insel der Blumen genannt aufgrund der schön blühenden Flora im ganzen Dorf. Einst hieß die Insel »San Pedro« und erhielt später ihren heutigen Namen. »Taboga« leitet sich vom indigenen »Aboga« ab und bedeutet »mächtiger Fisch« oder »viel Fisch«.

Möchtest du schnell dem Stadtchaos entfliehen, so ist die Insel eine gute Möglichkeit dafür. Aber Achtung: Taboga ist das Wochenendziel der Einwohner von Panama Stadt. Auch hat Panama viele schönere Strände zu bieten.

Die Anfahrt nach Taboga ist ein kleines Highlight. Denn die Fähren fahren

Strand und Boote auf Taboga

vorbei an den großen Tankerschiffen und an den Containergiganten der Meere, die hier auf ihre Passage durch den Kanal warten. Zwischen Juli und Oktober solltest du die Augen nach Walen offenhalten, denn in dieser Zeit leben Buckelwale vor der Küste Panamas.

Feste und Veranstaltungen

Fiesta del Mar
Dieses Kulturfestival lockt immer im **Januar** tausende von Besuchern auf die Insel. https://www.facebook.com/fiestadelmartaboga/

Nuestra Señora del Carmen
Die Schutzpatronin der Insel wird jährlich am **16. Juli** mit einem Wasserfest gefeiert. Die Statue der Nuestra Señora del Carmen wird in einer Prozession zu einem Boot getragen und um die Insel gefahren. Ihr folgt eine Prozession aus Booten. Auf der Insel wird mit Musik und Tanz gefeiert.

Sehenswürdigkeiten

El Morro
Die kleine Insel, die an den Hauptstrand anschließt, ist heute mit dichtem Dickicht überdeckt. Doch bis 1950 war dort noch eine 100 m lange Werft. Überreste der Werft können bei einem Spaziergang entdeckt werden. Das Wasserrad, das die Werft mit Strom versorgte, ist noch vorhanden.

San Pedro Kirche
Die San Pedro Kirche wurde 1524 gebaut und ist die **zweitälteste Kirche Lateinamerikas.**

Aktivitäten

Wandern
Drei unterschiedliche Wanderrouten haben auch für Aktive etwas auf Taboga zu bieten.

Cerro Vigia
Entlang einer alten Straße geht es für ca. 90 Min. bergauf, bis man am höchsten Punkt der Insel ankommt. Dort wirst du mit einer 360°-Aussicht auf Panama Stadt, die Küste, den Kanal und die umliegenden Inseln belohnt. Bei gutem Wetter reicht die Sicht sogar bis zu den Las Perlas Inseln. Die Buchung einer Tour

Aussicht auf Taboga und El Morro vom La Cruz Aussichtspunkt

Strand von Taboga und Insel El Morro

mit Allradfahrzeug bis zu diesem Punkt ist auch möglich. Diese Wanderung kann mit der Tres Cruces Wanderung kombiniert werden.

La Cruz

Die leichteste Wanderung führt zuerst eben durch die Stadt, bis es auf Pfaden langsam und später steil bergauf zum Aussichtspunkt geht (ca. 40 Min. in eine Richtung).

Tres Cruces

Auf dieser Wanderung geht es ca. 1 h moderat bergauf durch den Dschungel bis zu den drei Kreuzen. Wenn du dem Weg weiterfolgst, stößt du auf die Straße, die dich zum Cerro Vigia Aussichtspunkt bringt.

Andere Aktivitäten

Canopy Zip Line Tour

Eine Zipline Anlage ist auf Taboga seit einer Weile im Ausbau. Zeitpunkt der Eröffnung unbekannt.

Schnorcheln

Schnorchel-Equipment wird zum Beispiel durch die Fähre Taboga Express verliehen.

Schlummern

Auf Taboga gibt es nicht viel zu unternehmen, um damit viel mehr als einen Tag zu füllen. Wer aber für ein paar Tage dem Großstadttrubel entfliehen will, findet Unterkünfte für jedes Budget. Günstig übernachten kann man in Hostels vor Ort, z. B. im Hostal Zoraidas Cool. Es liegt ein Stück den Hang hinauf vom Hauptweg mit Ausblick auf das Meer. 6566–9250 / 471–1123

Mehr Informationen zu allen Unterkünften findest du unter https://www.tabogapanama.com/

Schlemmen

Auf dem Weg zum Strand, rechts vom Pier, befinden sich viele Stände, die vor allem Erfrischungen anbieten. Links geht es Richtung Dorf. Entlang der Hauptstraße finden sich einige Restaurants und *Fondas*, teilweise direkt über dem Wasser oder mit schönem Blick aufs Meer.

Fortbewegung vor Ort

Es gibt eine Hauptstraße, mehrere Nebenstraßen und kaum Verkehr. Daher ist die beste Fortbewegungsart: zu Fuß gehen.

Weitere hilfreiche Informationen

Es gibt nur kleine Läden zum Einkaufen. Die Preise sind etwas höher als in Panama Stadt. Eine Polizeistation ist vor Ort.

Reisepass oder Reisepasskopie für Check-In auf die Fähre mitbringen!

Mehr Informationen rund um die Insel findest du unter https://www.tabogapanama.com/.

Anfahrt und Abreise

Bus: Die Fähren fahren ab Panama Stadt am Calzada de Amador Causeway los. Mit dem Metrobus fährst du ab Albrook Richtung **Amador** (ca. jede halbe Stunde) und steigst an der Smithsonian Haltestelle (Calypso Fähre) oder Isla Flamenco Haltestelle (Taboga Express) aus.

Taboga Express

20 $ hin und zurück; Fahrtzeit in eine Richtung: 30 Min. Der Taboga Express fährt tgl. um 8:00 / 9:30 / 11:00 / 15:00 und zurück um 8:45 / 10:15 / 14:30 / 16:00. Am Sa & So sowie Feiertagen zusätzlich um 16:30 hin und 17:00 zurück. Auch Tagespässe (Liege & Schirm,

Walkingtour, Schnorchelausrüstung und Mittagessen) und Exkursionen können gebucht werden. Bis Anfang 2019 befand sich Taboga Express noch auf der Isla Perico am Brisas de Amador Dock. Anfang 2019 sind sie auf die Isla Flamenco umgezogen. Der Ticketverkauf und Check-In befindet sich vor Ort am Flamenco Marina Dock. Fahrscheine und Pakete können auch online gekauft werden. https://tabogaexpress.com/

Barcos Calypso

16 $ hin und zurück (häufig Angebote für 10 $); Fahrtzeit in eine Richtung: 1 h. Mo–Do um 8:30 und zurück um 16:30. Fr um 8:30 / 9:30 und zurück um 15:00 / 16:30. Sa–So und an Feiertagen um 8:00 / 10:30 / 16:00 hin; zurück um 9:00 / 15:00 / 17:00. Die Calypso Fähre fährt ab der Punta Culebra. Nach dem Aussteigen bei der Smithsonian Haltestelle an der nächsten Kreuzung rechts halten. Nach ca. 500 m (ausgeschildert) bei la Playita befindet sich der Pier. 314–1729/30 https://www.facebook.com/CalypsoBarcos/

Inseln im Pazifik: Archipiélago de las Perlas (Perleninseln)

Die im südlichen Golf von Panama gelegenen Islas de las Perlas bestehen aus 90 benannten Inseln und weiteren über hundert unbenannten Inselchen. Sie sind allesamt vulkanischen Ursprungs. Neben den größten Inseln Isla del Rey, Isla de San José und Isla Pedro Gonzalez sind alle weiteren Inseln kleiner als einen Quadratkilometer. Ihren Namen haben die Inseln dem Perlenvorkommen in den Gewässern des Archipels zu verdanken.

Zahlreiche Strände schmücken den Archipel. Beim Schnorcheln bietet sich eine bunte, artenreiche Unterwasserwelt. Auf den paradiesischen und teilweise unbewohnten Inseln wurden u. a. drei Staffeln der US-amerikanischen Serie Survivor gedreht.

Die Geldbörse eines Budgetreisenden wird durch das Bereisen der Inseln jedoch stark belastet. Wer in der Nebensaison kommt, kann das Inselreich deutlich günstiger erleben.

Ein bisschen Perleninselgeschichte

Die **indigenen Einwohner** der Inseln waren **geübte Perlentaucher** und betrieben Handel mit der kugeligen Kostbarkeit. Der Reichtum der Inseln kam den Spaniern auf ihren Beutezügen durch die pazifischen Gewässer schnell zu Ohren. **1513** wurde die Inselgruppe vom Konquistador **Vasco Núñez de Balboa erobert.** Wenige Jahre später wurden die Inseln ausgeraubt und die **indigene Bevölkerung vollständig ausradiert.** Nachdem die Inseln nun unbewohnt waren, die Spanier aber Interesse an ihrem Perlenvorkommen hatten, wurden in den Folgejahren **Sklaven aus Afrika** in das Inselreich gebracht. Die Sklaven wurden als Perlentaucher und zur Bewirtschaftung der Inseln eingesetzt. Die zahlreichen unbewohnten Inseln des Archipels wurden auch als Unterschlupf von Piraten und Freibeutern benutzt.

Isla Contadora

Auf der Insel Contadora wurden früher die im Inselreich gefundenen Perlen gezählt und verbucht, bevor sie nach Spanien verschifft wurden. Das verschaffte ihr den Namen Contadora, zu Deutsch: Buchhalterin. Contadora ist heute die Insel mit der besten touristischen Infrastruktur des Archipels. Mit ihrem Tourismusangebot bietet sich die Insel gut als Basis an, um von ihr das restliche Inselreich zu erforschen. Aber auch auf weiteren Inseln gibt es Übernachtungsmöglichkeiten.

Aktivitäten und Touren

Segeltouren

Unterschiedliche Segeltouren im Archipel (und anderen Regionen), z. B. in Kombination mit Tauchen, bietet Ocean Trips an. https://oceantrips.com/

Tauchen, Bootstouren und mehr

Coral Dreams bietet Bootstouren zu weiteren Inseln, Vogelbeobachtungen, Tauchgänge, Schnorchelausflüge und Walbeobachtungen an. https://coral-dreams.com/

Walbeobachtungen

Buckelwale migrieren von Juli bis Oktober die pazifische Küste Panamas entlang. In diesem Zeitraum können sie manchmal sogar direkt von den Inseln aus gesehen werden oder aber bei Bootstouren und Fährfahrten. Fischer bieten am Strand Bootsfahrten zur Walbeobachtung an. Alternativ kannst du im Rahmen von Walbeobachtungstouren ab Panama Stadt (s. S. 186) hinkommen.

Schlummern

Die Unterkünfte richten sich überwiegend an Urlauber mit gehobenem Budget.

Schlemmen

Auf Contadora findest du sowohl einige einfache *Fondas* mit lokalem preiswertem Essen als auch mehr auf Touristen ausgelegte Restaurants mit gehobenen Preisen, schöner Stimmung und teilweise direkt am Meer (z. B. das Mar Y Oro).

Die Geschichte einer Perle

Über Jahrhunderte ist sie gepilgert und hat dabei die Hälse von Königinnen und Berühmtheiten geschmückt: »La Peregrina«, die Pilgerin. Eine Erzählung besagt, dass die damals größte Perle der Welt vor ungefähr 500 Jahren auf den Perleninseln gefunden wurde. Sie wurde von einem als Perlentaucher tätigen Sklaven gefunden, der daraufhin die Freiheit erlangt haben soll. Eine andere Überbringung meint, dass die birnenförmige Perle aus Fischereien in Venezuela stammte. Sicher ist nur, dass sie dem spanischen König Philipp II überreicht wurde. Daraufhin blieb sie jahrhundertelang im spanischen Königshaus und wurde Teil der Kronjuwelen. Alte Gemälde zeugen davon, dass sie von spanischen Königinnen getragen wurde. Im 19. Jh. gelangte die Perle mit Joseph Bonaparte nach Frankreich. Später wurde sie verkauft und gelangte in englische Adelshäuser. Im Jahr 1969 wurde sie versteigert und von Elizabeth Taylors damaligem Mann Richard Burton gekauft. Er schenkte die Perle seiner Frau zum Hochzeitstag. Nach Taylors Tod wurde die Perle 2011 erneut versteigert.

Veranstaltungen

Pepe's Island Boogie

Jährlich ca. im März findet eine Skydiving Veranstaltung über Contadora statt, die über 150 der weltbesten professionellen Fallschirmspringer nach Contadora zieht. Es findet ein Contest statt, bei dem die Skydiver ihre besten Tricks vorführen. Es bieten sich auch Möglichkeiten, den ersten eigenen Fallschirmsprung zu versuchen. Mehr Informationen siehe 💻 http://www.pepesislandboogie.com/.

Fortbewegung vor Ort

Die Insel ist nicht groß, so dass prinzipiell alles ergangen werden kann, wenn man gut zu Fuß ist. Golfautos dienen auf der Insel als eine Art Taxi, können aber auch gemietet werden (z. B. 30 $ für 6 h für einen Zweisitzer im Contadora Welcome Center). Quads werden ebenfalls verliehen.

Weitere Perleninseln

Isla Saboga

Auf Saboga überwiegen Palmen und Dschungel, an der Küste warten schöne Strände. An der Ostseite der Insel leben die Einwohner in einer Ansiedlung mit Zugang zur Playa Grande, die in einer Bucht gelegenen ist.

Schlummern

Auf Saboga findest du ein paar Unterkünfte, u. a. ein Bed & Breakfast im Westen der Insel an der Playa El Encanto 💻 http://sabogavacations.com/de/. **Zelten** ist direkt **an der Playa Grande** im Osten möglich.

Isla San José

Die zweitgrößte Insel des Archipels wurde durch das US-Militär von 1945 bis 1947 als **Testgelände für Chemiewaffen** genutzt. Es verblieben 8 Blindgänger auf der Insel. Nach einem jahrelangen Disput mit den USA über die Kostenübernahme für die Räumung und Vernichtung der Bomben sagte die US-Regierung unter Präsident Obama zu, die Kosten für die Beseitigung zu tragen. Die endgültige Räumaktion im Jahr 2017 kostete die USA 13 Mio. $. Heute ist die **Privatinsel** vor allem für das weitläufige **Luxusresort Hacienda del Mar** bekannt. 💻 http://www.haciendadelmar.net/

Isla del Rey (San Miguel)

Die größte Insel des Archipels ist kein primäres Touristenziel. Sie hat mehrere Strände und ein dschungelbewachsenes Inselinnere. Die wahrscheinlich zu Ehren Christus, dem König (El Rey = der König), benannte Insel ist mit vier Dörfern bevölkert.

Isla Mogo Mogo

Die kleine unbewohnte Insel Mogo Mogo war der Drehort für eine niederländische und eine deutsche Staffel der Serie Adam sucht Eva.

Weitere hilfreiche Informationen zu den Perleninseln

Banken: Es gibt keine Banken und **keine Geldautomaten** auf den Perleninseln.

Weitere Informationen rund um die Inseln findest du hier https://pearl-islands.com/.

Anfahrt und Abreise Perleninseln

Fähre

Die Inseln Contadora, Saboga und Bolanos können 7 Tage die Woche mit der Fähre erreicht werden. Viveros und San Miguel werden am Fr, Sa, So, Mo & Mi angesteuert. Sea las Perlas fährt um 7:30 (Boarding 6:45) vom Flamenco Marina Dock los (Dauer: 1,5 h). Um 15:30 geht es zurück ab Contadora. Von den anderen Inseln fährt die Fähre entsprechend früher los. 49 $ in eine Richtung und 90 $ für die Hin- und Rückfahrt. Buchungen sind online möglich. info@ferrypearlislands.com 391 – 1424 (8:00 – 19:00 Uhr) https://ferrypearlislands.com/en/. Anfahrt zum Flamenco Marina Dock siehe Taboga (S. 210).

Fliegen

Isla Contadora: Air Panama fliegt mehrmals die Woche ab Panama Stadt (Albrook) in weniger als einer halben Stunde nach Contadora https://www.airpanama.com/.

Isla San José: Flüge ab Panama City gehen auch direkt nach San José und können über das Luxusresort Hacienda del Mar organisiert werden. Der Transport vor Ort sowie Tagesausflüge werden ebenso durch das Hotel organisiert. http://www.haciendadelmar.net/

9°33'31.6"N 78°56'51.7"W

Guna Yala

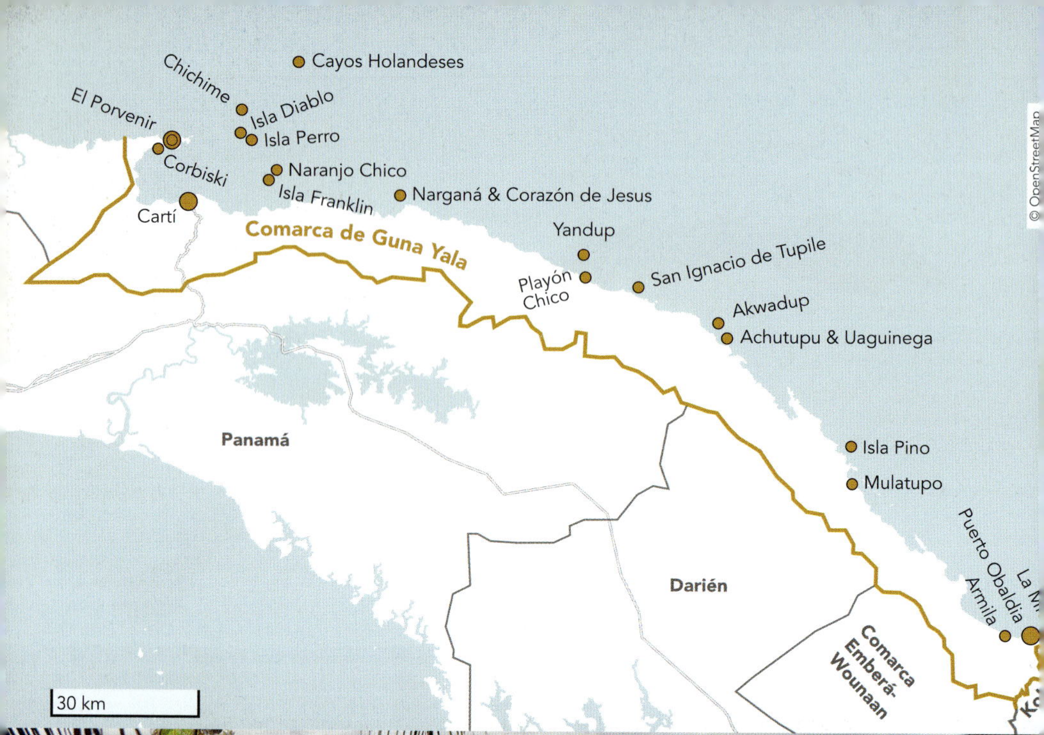
Cayos Holandeses
Chichime
El Porvenir
Isla Diablo
Isla Perro
Corbiski
Naranjo Chico
Isla Franklin
Cartí
Narganá & Corazón de Jesus
Comarca de Guna Yala
Yandup
Playón Chico
San Ignacio de Tupile
Akwadup
Achutupu & Uaguinega
Panamá
Isla Pino
Mulatupo
Puerto Obaldia
Armila
Darién
Comarca Emberá-Wounaan
30 km
© OpenStreetMap

Comarca de Guna Yala

Was macht Guna Yala besonders?

Ein Traum aus weißem Sand und türkisfarbenem Meer – die Inseln der Comarca Guna Yala. Bescheidene Hütten und Hängematten schmücken die palmengesäumten Eilande. Das Wasser ist glasklar und das Leben einfach aber authentisch. Viel gibt es nicht zu tun. Einfach die himmlische Schönheit der Inseln aufsaugen und entspannen.

Nicht jede Insel ist jedoch das Paradies auf Erden. Einige sind reine Wohninseln der Guna, ohne Strand und Palmen, auf denen sich eine Hütte an die nächste reiht. Auf den dazwischenliegenden staubigen Wegen begegnet man den Guna, dem indigenen Volk, das semi-autonom in diesem Stück vom Paradies lebt. Mit ihrer bunten Kleidung schmücken die Frauen der Guna jedes noch so graue Dorf und bilden einen farbenfrohen Kontrast zur grünen Palmenlandschaft. Viele Inseln in Guna Yala sind völlig unbewohnt, und ihr Anblick erfüllt die sehnlichsten Tropenträume. Andere sind mit einfachen Hütten und Hängematten für Touristen übersät. Doch bei insgesamt über 365 Inseln, wovon ca. 49 bewohnt sind, ist sicher für jeden die richtige dabei – auch für dich.

Nicht verpassen in Guna Yala

- Gehe Schnorcheln, z. B. vor den **Cayos Holandeses**
- **Piscina natural**: Beobachte Seesterne und kühle dich im klaren Wasser auf einer der Sandbänke mitten im Meer ab
- Erfahre etwas über den **Lebensstil der Guna** in einer lokalen Gemeinschaft
- Kaufe ein echtes ***Mola***
- **Feiere mit den Guna**, wenn sich eine Gelegenheit ergibt
- Erlebe abgelegene Dörfer und Inseln auf einem **Trip über die San Blas Inseln nach Kolumbien**

Die Geschichte der Guna von Guna Yala

Was heute noch als **San Blas** bekannt ist, war bis 1998 die offizielle Bezeichnung der gesamten Region. Danach hieß das Gebiet **Kuna Yala.** Seit 2010 wird es aber auf ausdrücklichen Wunsch der Guna, Guna Yala geschrieben, weil es in der Sprache der Guna keinen Laut für den Buchstaben »K« gibt. **Guna Yala** heißt auf Guna in etwa **»Das Land der Guna«.**

Das »Land der Guna«, so vermuten Historiker, lag aber nicht immer auf dem heutigen Gebiet. Die Guna kamen einst aus Richtung Kolumbien und lebten in Wäldern, bevor sie zu Inselbewohnern wurden.

Als Panama noch eine Provinz **Großkolumbiens** war, gehörte das heutige Gebiet der Guna zum **Tulenega Reservat.** Die Trennung Panamas von Großkolumbien 1903 teilte das frühere Guna-Gebiet in zwei Teile. Eines gehörte nun zu Panama, das andere zu Kolumbien. Für die Guna endete die Zeit, in der sie sich zwar am Handel beteiligten, sich dem Einfluss von außen aber überwiegend entziehen konnten.

Plötzlich drangen Fremde auf der Suche nach einer Einkommensquelle in ihr Gebiet ein. Verbote, die sich gegen ihre traditionelle Lebensführung richteten, wurden eingeführt und Polizeitruppen im Gebiet stationiert. Die hohe Unzufriedenheit der Guna mündete **1925** in einer **Revolution.** Sie endete in einem Friedensvertrag, in dem die panamaische Regierung zusicherte, die Gebräuche der Guna zu schützen. Im Gegenzug versprachen die Guna, das panamaische Schulsystem auf ihrem Gebiet einzuführen.

1938 wurde die Region San Blas gegründet, die Grenzen und die Art der Verwaltung wurde aber erst 1953 festgehalten. Die Guna erlangten als erstes indigenes Volk Lateinamerikas Autonomiestatus.

Die Guna heute

Die indigene Provinz Comarca de Guna Yala ist heute ein **semi-autonomes Gebiet,** in dem sich die Guna im Einklang mit der panamaischen Rechtsprechung selbst verwalten und Gesetze erlassen. Sie sind mit gewählten Abgeordneten auch im Parlament Panamas vertreten.

Neben Guna Yala gibt es noch die Comarca Madungandí westlich des Bayano Sees und die Guna de Wargandí in der Provinz Darién. Diese sind jedoch der Provinz, in der sie liegen, untergeordnet.

Guna Yala ist in Gemeinden aufgeteilt, die sich **zweimal jährlich zu einer Hauptversammlung** treffen. Dort werden u. a. die Gesetze erlassen. Innerhalb der Gemeinden der Guna finden die Versammlungen meist täglich statt.

Die Guna sprechen innerhalb der Comarca überwiegend die gleichnamige **indigene Sprache Guna,** die innerhalb der Comarca meist als erste Sprache gelernt wird. Spanisch kommt in der Schule hinzu. Während die meisten jüngeren Guna Spanisch sprechen und viele außerhalb der Comarca lebende Guna die indigene Sprache erst gar nicht mehr lernen, kann es sein, dass ein älterer Guna kein einziges Wort Spanisch versteht. Englisch ist selten und wird überwiegend von den im Tourismus arbeitenden Guna gesprochen.

Die Guna, die sich selbst *Dule* (= Person) nennen, versuchen ihren Lebensstil und ihre Kultur zu bewahren. Doch der Einfluss von außen ist nicht zu übersehen. Oft erlebt man eine interessante Mischung aus Tradition und Moderne.

Braucht diese Aussicht aus dem Wasser noch Worte?

Zwei Guna-Jungen im typischen Langbaumboot

Küste einer Guna Community Insel

Einfache Hütten und Solarpanels

Betonhäusschen zwischen Hütten auf San Ignacio de Tupile

Viele Guna leben noch in ihren einfachen Strohbehausungen. Drinnen sieht man jedoch nicht selten einen Fernseher flackern, der von Solarpanels versorgt wird. Während einige Guna keine Toilette in den eigenen vier Wänden haben, leben andere Guna in Betonhäuschen, die so nicht ins Bild passen wollen. Dies sind meist die Familien der Abgeordneten des panamaischen Parlaments. Viele Guna leben auch direkt in Panama Stadt oder pendeln immer wieder in die Großstadt, um ihre *Molas* zu verkaufen und Einkäufe zu tätigen.

Albinos in Guna Yala

Unter den Guna leben besonders viele Albinos.

Schätzungen gehen davon aus, dass auf 150 Kinder der Guna eines als Albino auf die Welt kommt. Im Vergleich dazu ist im weltweiten Maßstab das Verhältnis 1 zu 17 000.

Hautkrebs ist unter den Guna Albinos leider sehr verbreitet, da der Selbstschutz der Haut aufgrund der geringen Pigmentation fehlt, die Sonne im karibischen San Blas aber sehr kräftig ist.

Albinos stechen mit ihrer hellen Haut und den weißen Haaren zwischen den anderen Guna hervor. Im Vergleich zu manch anderen Ländern sind sie in Guna Yala gleichwertige Mitglieder der Gesellschaft. Ihnen wurde aber früher auch eine mythische Rolle zugesprochen.

Albino-Kinder wurden einst Mondkinder genannt. Nicht nur, weil das Sonnenlicht für sie gefährlich war und ist. Sie galten als Beschützer des Mondes. Während einer Mondfinsternis hielten sie nachts draußen Wache, um den Mond, bewaffnet mit Pfeil und Bogen, vor dem Verschlingen durch ein geflügeltes Wesen zu schützen.

Molas

Molas in traditionellen Mustern aufgehängt zum Verkauf

In der Sprache der Guna bedeutet »*Mola*« **Kleidung** bzw. **Shirt.** Das *Mola* ist auch ein **Alltagskleidungsstück** für die Guna-Frauen. Die bunten, handgenähten *Molas* sind echte Kunstwerke. Frauen, die das **Handwerk** besonders gut beherrschen, genießen ein hohes Ansehen unter den Guna. Die Herstellung eines komplexen *Molas* kann mehrere Monate in Anspruch nehmen.

Molas werden in der Regel im Doppelpack hergestellt, mit themenähnlichen aber nie gleichen Mustern. Dann werden sie mit bunten luftigen Blusen vernäht, so dass sie später den Bauch und den unteren Rücken der Guna-Frauen zieren.

Molas bestehen aus **mehreren ineinander vernähten Lagen Stoff.** Je mehr Lagen vernäht wurden, desto komplexer ist die Herstellung und auch der Preis eines *Molas.* Es gibt traditionelle *Molas* mit **geometrischen Mustern.** Der Ursprung der Muster liegt in der früheren **Körperbemalung** der Guna. Viele Guna Frauen nähen und tragen heutzutage aber **komplexe modernere Motive.**

Molas sind das wohl beliebteste Souvenir Panamas. Rein für Verkaufszwecke genähte *Molas* sind zwar auch authentisch, aber es werden häufig auch ausrangierte Molas von den Guna verkauft. Diese sind an kleinen Abnutzungserscheinungen zu erkennen (ausgeblichene Stellen, Nähstiche am Rand), die nichts mit Qualitätsmängeln zu tun haben. Sie zeigen die Authentizität des *Molas,* das zu seinem ursprünglichen Zweck gefertigt und verwendet wurde. Die Hochwertigkeit eines *Molas* erkennst du u.a. an der Anzahl der Lagen, die vernäht wurden, einer ebenmäßigen Verarbeitung der Ränder, an der Genauigkeit und Feinheit der Naht und am Design und den künstlerischen Ausarbeitungen.

Mehr Infos unter: 💻 http://www.molasfrompanama.com/

Kleidung der Guna

Während die Guna-**Männer** sich mit **Jeans oder Shorts und T-Shirts** der westlichen Welt angepasst haben, sieht man viele **Guna-Frauen,** ob in Guna Yala oder Panama Stadt, noch in ihrer traditionellen Kleidung. Sie tragen ein **rotes Tuch auf dem Kopf,** ihre bunte, meist **luftige Bluse** mit Ärmeln bis zum Ellbogen ist vorne am Bauch und auf gleicher Höhe am Rücken mit ***Molas*** vernäht. *Molas* sind farbenfrohe, von den Guna-Frauen selbst genähte, Stoffstücke. Dazu wird ein **Wickelrock** getragen und die **unteren Arme und unteren Beine** mit mehrreihigen bunten und dünnen **Perlenbändern** geschmückt. Vor allem die älteren Frauen tragen noch einen **Goldring in** und einen **schwarzen Strich auf der Nase.** Das Piercing wurde ihnen im Rahmen der Pubertätsfeier gestochen.

Wirtschaft der Guna

Wirtschaftlich sind die Guna unabhängig von Panama. Die Haupteinnahmequellen bestehen u.a. im Handel mit **Kunsthandwerk,** z.B. *Molas.* Eine noch immer wichtige Geldquelle der Guna ist der **Handel mit Kokosnüssen.** Diese exportieren sie nach Kolumbien. Früher der wichtigste Handelszweig, wird er heute vom Handel mit Molas übertroffen. Weitere Einnahmequellen sind der **Tourismus** (u.a. Eintrittsgebühren, Übernachtungen, Transport) sowie **Fisch-** und **Hummerfang,** bzw. -züchtung. Auf dem Festland sind Guna auch **landwirtschaftlich** tätig und bauen dort u.a. Bananen, Mangos und Kakao, vor allem zum Eigenbedarf, an.

Die Guna schützen die Comarca vor Fremdsteuerung, indem niemand, der kein Guna ist, ein Grundstück in Guna Yala kaufen darf. Der Tourismus wird ebenso von den Guna selbst verwaltet.

Mit entsprechenden Gesetzen schützen die Guna eigene Verdienstmöglichketen. Zum Beispiel müssen Guides in Guna Yala per Gesetz von den Guna abstammen und eine Lizenz besitzen; jegliche gewerbliche Tätigkeit in der Comarca ist den Guna vorbehalten. Aus ökonomischen Gründen und aufgrund fehlender Guna-Facharbeiter brechen viele Dienstleister, z.B. Segelanbieter, die Gesetze der Guna.

Geschlechterrollen bei den Guna

In Guna Yala wird die Arbeit nicht hierarchisch betrachtet. Ob gefischt, gejagt oder gekocht und auf die Kinder aufgepasst wird, alles zählt als **Arbeit** und ist **gleichwertig.** Manchmal ist die Näharbeit der Frauen sogar höherwertig, da mit dem Verkauf der Molas ein sehr gutes Einkommen erzielt werden kann.

Alle heimischen Entscheidungen werden von den Frauen getroffen, sie sind auch die **Grundbesitzer und Hauseigentümer.**

Wenn ein junger **Mann heiratet, zieht er traditionell bei seiner Frau ein.** Was der Mann erwirtschaftet, steht der Familie der Frau zu. Da die Frau die Entscheiderin über die **Lebensmittelverteilung** ist, kann sie auch entscheiden,

Das Geld wächst auf den Bäumen in Guna Yala

Die Guna sind Großexporteure von Kokosnüssen. Die Palmfrucht ist nach wie vor eines der wichtigsten Handelsgüter der Guna. Früher waren Kokosnüsse die Währung in San Blas. Deshalb haben sie auch heute noch einen besonderen Stellenwert. Daher darf auch keine Kokosnuss in Guna Yala ungefragt gepflückt und getrunken werden. Jeder einzelne Baum gehört einer Guna-Familie, die diesen auch in regelmäßigen Abständen aberntet. Womöglich lebt die Familie, der die Palme gehört, unter der du liegst, eine Insel weiter, aber einen Besitzer hat der Baum mit Sicherheit.

Guna Yala

Omeggid: Das dritte Geschlecht unter den Guna

Verglichen mit den Guna, scheint unsere Kultur, was Diversität betrifft, sich gerade erst aus dem Staub zu erheben. In Guna Yala sind sogenannte *Omeggid,* das dritte Geschlecht, etwas ganz Alltägliches. Sollte ein Kind eine Tendenz aufweisen, sich *transgender* zu verhalten, so wird es nicht davon abgehalten. Es wird von der Familie und deren Umgebung dabei unterstützt, seinen eigenen Weg zu gehen. Häufig werden dazu den *Omeggid* typische Fähigkeiten des anderen Geschlechts beigebracht. Deutlich häufiger sind es die Jungs der Guna, die ein *transgender*-Verhalten aufweisen. Ein Junge würde so z. B. die Kunst des Nähens eines *Molas* beigebracht bekommen. Der erwachsene *Omeggid* verhält sich wie andere Frauen aus der Gemeinschaft und geht denselben Tätigkeiten nach, jedoch hat er im Vergleich zu einer Frau oft keine definierte Rolle in der Gesellschaft. Die Modernisierung der Guna-Gesellschaft bringt leider auch immer mehr Diskriminierung, was Diversität betrifft, nach Guna Yala.

ob der Mann den gefangenen Fisch, die Kokosnüsse usw. überhaupt mit seiner Familie teilen darf.

Für die Frauen werden Feiern zu speziellen Anlässen arrangiert, für den Mann keine. So gibt es eine **Feier zur Geburt einer Tochter,** eine **Pubertätsfeier,** an der traditionell der Nasenring gestochen wurde oder noch wird, und eine Feier für die Frau, wenn sie heiratet. Die Frauen sind in der Gesellschaft der Guna aber nie politische Anführer, weswegen es etwas übertrieben wäre, Guna Yala ein Matriarchat zu nennen. Außerdem gehen diese Regelungen in modernen Guna-Dörfern auch immer mehr zurück.

Zu Besuch in Guna Yala

Stelle dich auf ein einfaches Leben im Garten Eden ein, dann wirst du nicht enttäuscht! Erwarte nicht zu viel vom Tourismus oder vom Service in Guna Yala. Versuche lieber, die Lebensweise der Guna kennenzulernen, dann kommst du glücklich aus Guna Yala zurück.

Toiletten

Viele Toiletten, v. a. der Guna-Behausungen gehen direkt und ungefiltert ins Wasser. Daher solltest du darauf achten, keinerlei Müll, aber auch kein Toilettenpapier in die Toilette zu werfen. Achte ebenso darauf, wo du ins Wasser gehst. In der Nähe von am Wasser liegenden Guna-Behausungen ins Wasser zu gehen, wäre keine gute Idee. Zum Standard der Unterkünfte siehe auch Schlummern (S. 231).

Kleidung in Guna Yala

Auch wenn du dich gerade im Paradies wähnst, denke daran, dass du nicht Adam oder Eva bist. Eine anständige Kleidung beim Besuch eines Guna-Dorfes zeugt von Respekt gegenüber den Guna. Strandkleidung sollte wirklich dem Strand vorbehalten bleiben.

Fotos in Guna Yala

Mit dem Tourismus kamen auch die »Paparazzi«. In der Hauptsaison strömen »Massen« an Reisenden, jeder mit einer Kamera bewaffnet, durch die Dörfer. Und wie eine Waffe wirken sie dann auch, denn nirgends ist man vor ihnen sicher. Da ist es nicht verwunderlich, dass die sonst so freundlichen Guna den Reisenden gegenüber ziemlich kühl oder gar forsch werden. Du wirst Guna-Frauen sehen, die vor einem Haus stehen und sich zurückziehen, sobald sie Touristen sehen. Fotos von Personen sollten nur mit vorheriger Erlaubnis geschossen werden. Viele Guna verlangen dafür auch eine **Bezahlung.**

Guna-Kinder

Während die Erwachsenen in den häufig besuchten Dörfern eher eine Distanz zu Reisenden aufgebaut haben, findet man zu den Kindern der Guna einen noch wunderbaren Zugang. Gerne spielen und unterhalten sie sich mit dir. Über Geschenke freuen sich die Guna-Kinder sehr. Besser als Süßigkeiten, die die Zähne der Kinder schädigen, ungesund sind und Müll verursachen, sind Bücher, Mal- und Spielsachen. Die Freude über solche Geschenke hält auch länger.

Lokale Unternehmen

Bei der Organisation deines Guna Yala Trips solltest du darauf achten, ein lokales Unternehmen zu wählen. Nicht nur, weil die gewerblichen Aktivitäten in der Comarca nur Guna erlaubt sind, sondern auch, um die Guna zu unterstützen. Alle Unterkünfte werden lokal betrieben.

Feiern in Guna Yala

Solltest du je die Möglichkeit haben, an einem Fest der Guna teilzunehmen, dann setze alles in Bewegung, um dabei zu sein. Nichts ist authentischer als mit den Guna zu feiern. Feste gibt es viele in Guna Yala, z. B. zur Geburt eines Mädchens. Daher kannst du bei deinem Tourguide oder deiner Unterkunft nachfragen, ob sich vielleicht eine Möglichkeit bietet und du eine Einladung erhältst.

Wie lustig es bei einer Guna Feier zugehen kann, liest du in unserem persönlichen Einblick:

https://blogaufmeer.de/guna-yala/

Respekt und Gelassenheit

Das Wichtigste ist, Respekt mitzubringen. Du bist im Gebiet der Guna, hier läuft auch die Uhr nach Guna-Zeit. Bleib also entspannt, wenn etwas nicht auf Anhieb hinhaut. Gerade Bootstouren sind stark von den Wetterbedingungen abhängig. Bedenke auch, dass alle Aktivitäten unter die Gesetze der Guna fallen und alle Zahlungen, auch wenn sie übertrieben scheinen, den Guna helfen.

Guna-Jungs beim Spielen

Müllproblematik in Guna Yala

Mit der Zivilisation und mit dem Tourismus kam auch der Müll. Die Müllentsorgung in Guna Yala ist ein großes Problem, da es kein koordiniertes System gibt. Wir Reisenden kommen, konsumieren, lassen unseren Müll vor Ort und gehen. Ebenso versorgen sich die Guna selbst mit vielen Dingen, für deren korrekte Entsorgung es vor Ort keine Lösung gibt. Müll aus dem offenen Ozean wird an die Paradiesstrände Guna Yalas angeschwemmt. Den Guna ist das Erhalten ihres Paradieses wichtig, aber ihre Möglichkeiten sind beschränkt. Einige Inseln werden von den Guna gepflegt, andere nicht. Du wirst an vielen Ecken und auch im Wasser gehäuft Müll finden oder brennende Müllberge se-

Guna Yala

hen. Mit dem Befolgen von ein paar kleinen Regeln leistest du deinen minimalen Beitrag zur Behebung des Problems:

- Nimm alles, was du mitgebracht hast, wieder mit (oder mehr).
- Nimm einen großen Kanister Wasser mit.
- Konsumiere am besten möglichst wenig, was nicht-abbaubaren Müll verursacht. Lieber eine Kokosnuss als eine Dose Cola.

Inseln und Orte in Guna Yala

Guna Yala besteht aus ca. 365 Inseln, von denen nur ein Bruchteil bewohnt ist. Sie können in Tagesausflügen mit dem Boot von dir erkundet werden. Viele Inseln sind so klein, dass sie in wenigen Minuten umrundet werden können. Wichtig bei der Auswahl deiner Übernachtungsinsel ist zu wissen, wo dein Fokus liegt. Möchtest du hauptsächlich die Insel als Ausgangspunkt für Tagesausflüge nutzen? Soll es eine kleine Paradiesinsel werden? So können einige mit Hütten vollgepackte Inseln enttäuschend sein. Die Wahl einer etwas weiter von Cartí entfernten Insel wäre dann überlegenswert. Wen Menschengruppen beim Paradiesfeeling stören, der sollte typische Ausflugsziele wie die Isla Perro meiden. Ist dir der Kontakt mit den Guna besonders wichtig, so ist eine Insel mit einer Gemeinschaft vor Ort die wahrscheinlich bessere Wahl. Für einen ersten Eindruck und Überblick findest du hier einige Orte und Inseln, die jedoch nicht das volle Spektrum Guna Yalas wiedergeben. Beachte auch, dass manche Inselnamen doppelt belegt sind, damit du nicht die falsche Insel besuchst.

In der Nähe von Cartí

Cartí

Cartí liegt auf dem Festland und ist der Ausgangspunkt zum Archipel. Hier kommen Reisende in Geländewagen an und steigen auf Boote um, die sie zu den Inseln bringen. Direkt vor Cartí liegt auch die Community Insel mit gleichem Namen. Unterkunft bietet u. a. 💻 http://cartihomestaykunayala.blogspot.com/

Isla Aguja (Icodub)

Als eine der nächstgelegenen Inseln bei Cartí bietet sie den Vorteil der schnellen Erreichbarkeit, wenn du z. B. nur einen Tagesausflug planst. Sie ist aber auch eine touristische Insel mit einem Verkaufsstand für Handwerk direkt auf der Insel.

Corbiski

Corbiski, auch Pelican genannt, ist eine der Community Inseln, auf der eine Hütte an der nächsten steht, und die du zu einem Besuch der Guna ansteuern kannst.

Am Strand von Naranjo Chico

El Porvenir (Gaigirgordub)

El Porvenir ist die Hauptstadt der Comarca Guna Yala. Die Insel hat einen Flughafen, der von Panama Stadt mit Air Panama angesteuert wird. Auf der Insel befindet sich neben den Verwaltungsgebäuden noch ein **Guna-Museum.**

Cayos Limones und Chichime

Chichime

Die Insel Chichime ist umgeben von einem Riff. Das kristallklare Wasser um Chichime ist aufgrund der buchtigen Lage des Riffs ein beliebter Ankerplatz für Segelboote. Nicht selten wird Chichime eine der schönsten Inseln des Archipels genannt. In der Nähe, auf dem offenen Meer, findet sich eine **Piscina Natural** (eine Sandbank im Meer). Unterkunft bietet Ogobnega 💻 https://ogobnega.com/.

Isla Diablo (Niadup), Perro Chico und Tortuga

Vor der Isla Perro liegt ein mit Korallen bewachsenes **Wrack,** das gut beim Schnorcheln erkundet werden kann. Die Hundeinsel ist daher eine der am meisten frequentierten Inseln. Viele Tagesausflügler kommen zur Isla Perro, so kann es in der Hochsaison sehr voll werden. Direkt nordwestlich daneben befindet sich die größere Isla Diablo (Niadup) und das winzige Eiland Isla Tortuga, auf dem Übernachtungen im Zelt gebucht werden können.

Östlich / nordöstlich von Cartí

Isla Franklin / Senidup

Die Insel ist durch einen Zaun in zwei Hälften geteilt. Die Eine Hälfte nennt sich Franklin, die andere Senidup. Auf der gesamten Insel sind, verteilt zwischen Palmen, einfache Hütten für Reisende aufgestellt. In der Hochsaison kann es daher recht voll werden. Die Insel ist eine der **Budget-Optionen.** Kein Strom.

Naranjo Chico

Auf der kleinen Insel findet sich auf einem Abschnitt eine teilweise abgezäunte Guna Community, Unterkünfte für Reisende sowie ein noch nicht bewohnter Grasflächenabschnitt mit Palmen. Strom aus einem Generator ist abends vorhanden. Auch wenn sie nicht

Das Bagga Dub Restaurant auf der Isla Pino

die schönste Insel ist, ermöglicht sie eine gute Mischung aus Kontakt zu den Guna und Paradiesleben. Unterkünfte sind u. a. hier buchbar 💻 https://www.sanblasfrontera.com/ 💻 https://sanblaskunayala.com/ (Cabañas über Wasser).

Isla Estrella

Die Insel ist nach den orangefarbenen Seesternen in den umliegenden Gewässern benannt. Nahe der Insel befindet sich die **Piscina Natural,** eine Sandbank mit klarem Wasser und Seesternen. Der natürliche Pool, wie der Ort genannt wird, wird gerne im Rahmen von Touren angesteuert. Um die Seesterne nicht zu gefährden, sollten sie nicht angefasst und nicht aus dem Wasser gehoben werden. Mehr dazu siehe S. 58.

Narganá und Corazón de Jesus

Diese beiden Inseln sind mit einer Holzbrücke verbunden. Es sind zwei Community Inseln, u. a. mit Betonhäuschen, beide ein Beispiel für das eher modernere Guna Yala.

Cayos Holandeses (Gaimaudubgan)

Diese Inselgruppe besteht aus mehreren unbewohnten Inseln und liegt ungefähr zwei Stunden nordwestlich vom Hafen in Cartí entfernt. Segelboote kommen hier vorbei, aber ansonsten sind die Inseln wenig von Touristen besucht und gelten als der am wenigsten entwickelte Bereich und der Schatz von San Blas.

Nahe Playón Chico Flughafen

Yandup

Die gras- und palmenbewachsene Insel ist etwas für Reisende, die sich auf Einfachheit in gehobener Variante einlassen möchten. Auf der Insel liegt eine Lodge mit teilweise über Wasser gelegenen großen Oktagonhütten mit eigenem Bad und ganztägigem Strom aus Solarpanels. Sie liegt fernab der Massen, aber nah am Flughafen. 💻 http://www.yandupisland.com/

San Ignacio de Tupile

Tupile ist eine mit einfachen Hütten zugepflasterte Community Insel. Eine Versammlungshalle, Kirche, Schule und einige Wohnhäuser aus Mauerwerk bilden einen deutlichen Kontrast. Die Insel wird mit Korallenschrott ausgebaut, wenn neuer Platz benötigt wird. Aufgrund ihrer Lage wird die Gemeinschaft nicht zu sehr von Touristen überrannt.

Nahe Achutupu Flughafen

Akwadup

Die grasbewachsene Insel hat einen schmalen Strandabschnitt, und diese Gegend wird von wenigen Reisenden besucht. Die über dem Wasser liegenden Holzhütten mit privatem Bad bieten etwas mehr Komfort im Vergleich zu den meisten Unterkünften im Archipel. Gemessen am Weltstandard, sind auch diese Unterkünfte immer noch einfach.

Achutupu

Achutupu ist eine der eng mit Hütten besiedelten Community Inseln. Zwischen den Häusern schauen jedoch einige Palmen hervor, und ein Strand säumt die Insel. Sie ist ein gutes Ausflugsziel für Reisende, deren Unterkunft in der Umgebung liegt.

Guna-Frau beim Wäschewaschen am Fluss vor Armila

Uaguinega

Gleich gegenüber von Achutupu liegt die Insel Uaguinega. Das grasbewachsene Eiland hat wenige Palmen und keinen Strand. Dafür bietet eine Treppe direkten Zugang ins Hausriff. Die Häuser aus Holz mit innenliegendem Bad und Terrasse mit Blick aufs Meer sind schon in die Jahre gekommen. Eine kleine Bauruine verschönert nicht das Bild der Insel. Strom aus Solarpanels ist vorhanden. Unbedingt Moskitospray einpacken.

Nahe Mulatupo Flughafen

Isla de Pinos

Diese große Insel beheimatet eine Gemeinde, einen hügeligen Dschungel, der sich zum Wandern anbietet, sowie zahlreiche schöne Strandabschnitte und das **Restaurant Bagga Dub.** Im Vergleich zu den meisten Inseln in Guna Yala ist diese hier deutlich größer und kann nicht in kurzer Zeit zu Fuß umrundet werden. Sie wird u. a. von den Touren Richtung Kolumbien als Zwischenstopp zum Mittagessen angesteuert.

An der Grenze zu Kolumbien (Festland)

Armila

Armila ist das letzte Guna Dorf vor der kolumbianischen Grenze. Dank der Entfernung zu touristischen Inseln kann in der auf dem Festland gelegenen Siedlung ein relativ unbeeinflusster Austausch mit den Guna stattfinden. Armila ist durch die Mündung des gleichnamigen Flusses von einem kilometerlangen gelben Strand getrennt, der eine **Brutstätte für Meeresschildkröten** ist. Die Guna kümmern sich in ihrer einfachen Schildkrötenschutzstation um das Sichern und Ausbrüten der Eier sowie um das Freilassen der geschlüpften Babyschildkröten. In Armila kann in einem rustikalen Holzhaus mit mehreren Zimmern direkt am Fluss übernachtet werden oder in einem etwas weiter in der Gemeinschaft gelegenen Gästehaus. Die SENAFRONT ist in Armila präsent, da Armila auf einer der Flüchtlingsrouten von Kolumbien nach Panama liegt.

Puerto Obaldía

Puerto Obaldía ist keine Guna-Siedlung mehr. Der Ort hat wenig Charm, und doch müssen viele Reisende hierher, um einen Ausreisestempel vor der Weiterfahrt nach Kolumbien zu bekommen.

La Miel

La Miel (=der Honig) ist eine kleine Siedlung mit vorgelagerten honigsüßen tropischen Badestränden und einigen Snackständen vor Ort. Mit dem Boot erreicht man La Miel von Puerto Obaldía oder von Sapzurro in Kolumbien. Nach Ankunft mit dem Boot aus Richtung Kolumbien wird eine Gebühr von 7 500 Pesos / ca. 2,50 $ kassiert. Zu Fuß kann La Miel auch über einen Dschungelpfad von Sapzurro aus erreicht werden. La Miel ist ein beliebtes Ausflugsziel für Kolumbianer. Eine Grenzkontrolle wird auf der Strecke nicht vorgenommen.

Feste und Veranstaltungen

Nogagope

Mit vielen Tänzen wird vom 10.–12. Okt das Fest des traditionellen Tanzes auf der Isla Tigre gefeiert, zu dem auch die Bewohner anderer Inseln kommen.

Guna Revolution von 1925

Der 25. Feb. ist der wichtigste Feiertag in der Comarca Guna Yala.

Aktivitäten

Die Aktivitäten in der Comarca sind weitgehend auf das Meer und den Strand beschränkt: **Schnorcheln** (Ausleihen tlw. vor Ort möglich), in der Hängematte Abhängen und die Schönheit der Inseln genießen. Auch Ausflüge zu anderen Inseln, auf denen dasselbe getan werden kann, stehen auf dem Programm. Einige Unterkünfte haben auch ein **Volleyballfeld oder** einen **Basketballkorb** sowie Brettspiele zum Verleih. Geführte Ausflüge zu **Community Inseln** sind nicht nur eine willkommene Abwechslung, sondern auch ein Muss, um einen kleinen Einblick in die Gemeinschaft der Guna zu erhalten. Auf manchen Inseln oder auf dem Festland kann man wandern. Ausflüge in die **Mangroven** auf dem Festland sind an einigen Orten ebenfalls möglich. Auch Angelausflüge sowie Ausflüge mit einem traditionellen *Cayuco* können auf einigen Inseln unternommen werden. Ansonsten ist es eine gute Idee, ein Buch einzupacken. Tauchen und Speerfischen ist in Guna Yala verboten.

Touren

Vor Ort können Tagesausflüge zu anderen Inseln (inklusive Schnorcheln) oder geführte Ausflüge zu Community Inseln gebucht werden. Kostenfaktor: 5–25 $.

Für online Vorbuchungen von Touren empfehlen sich diese lokal geführten Unternehmen:

— 💻 https://www.sanblastourspanama.com/: Tagestouren, Camping auf Isla Tortuga, Übernachtungen in schönen Cabañas.

— 💻 http://panamatravelunlimited.com/: Touren, Übernachtungen, Tagestouren, Camping auf den Cayos Holandeses.

Guna Yala

- https://www.gunayalaexplorer.com/: Tagestouren, Unterkünfte.
- https://www.sanblasfrontera.com/: Tagestouren, Übernachtung auf Naranjo Chico, Bootstour nach Kolumbien.

Segeln in San Blas

Segeln ist eine wunderbare Alternative für den größeren Geldbeutel, um die San Blas Inseln in ihrer Vielfalt zu erleben. Beachte jedoch, dass Übernachtungen auf Segelbooten per Guna-Gesetz verboten sind.

San Blas Sailing ist ein Unternehmen, das u. a. Guna als Crewmitglieder einstellt. https://www.sanblassailing.com/

Motorboot-Touren nach Kolumbien

Es ist ein wahres Highlight, entlang des kompletten Archipels zu fahren und Inseln weit abseits der Massen zu erleben. Dabei handelt es sich um mehr als nur einen reinen Bootstransfer ins Nachbarland. Der Fokus bei den Touren liegt darauf, die unterschiedlichsten Inseln zu besuchen, zu schnorcheln, Guna-Dörfer zu erleben und die köstlichen Gerichte aus dem Meer zu verkosten.

Selbst wer nicht nach Kolumbien reisen will, aber ein paar Tage Zeit mitbringt, sollte es in Betracht ziehen, Guna Yala auf diese Art zu erleben.

Eine Rückreise nach Panama ist mit dem Flugzeug über Medellín oder Cartagena möglich.

Die Touren werden auch von Kolumbien nach Panama gefahren.

Anbieter: Mit vier Tagen und drei Nächten bietet San Blas Adventures die längere und größere Tour von beiden (bis zu 27 Reisende) sowie die Partyvariante dieser Reise. Geschlafen wird in einfachen Hütten und in Hängematten. Wer das wahre Guna Yala erleben will, kleinere Gruppen bevorzugt und höchstens spontan zu einer authentischen Guna-Party möchte (wenn gerade eine stattfindet), der wählt das einheimische Unternehmen San Blas Frontera von Luis (Dauer: drei Tage und zwei Nächte).

San Blas Frontera: https://www.sanblasfrontera.com/ bzw. auch buchbar über Mia San Blas https://www.miasanblas.com/.

San Blas Adventures: https://sanblasadventures.com/.

Beginn der Tour: Die Touren starten um ca. 5:00 in Panama Stadt jeden Mo (San Blas Frontera) und an wöchentlich wechselnden Tagen (San Blas Adventures).

Bezahlung: Beachte, dass die gesamte Tour, abzüglich der Anzahlung, in bar gezahlt werden muss. In Capurganá in Kolumbien gibt es Wechselstuben aber keine Geldautomaten.

Rückreise nach Panama / Weiterreise: Ab Capurganá in Kolumbien gehen mehrmals täglich Speedboote nach Necoclí, von wo aus man einen Bus nach Medellín oder Cartagena de Indias nehmen kann. Von beiden Städten kannst du günstig zurück nach Panama Stadt fliegen. In Capurganá können Kombitickets für Boot und Bus gekauft werden, z. B. im Hostal Capurganá (auch Kreditkartenzahlung möglich). Von Capurganá fahren auch Speedboote nach Turbo.

Segeln nach Kolumbien

Eine Alternative, um nach Kolumbien zu kommen und Guna Yala zu besuchen, ist das Segelboot. Die Boote segeln bis nach Cartagena de Indias. Geschlafen wird auf dem Boot. Von fünf Tagen auf See werden drei auf den Inseln verbracht. Der Rest der Zeit wird für die Fahrt auf offener See benötigt, was auch sonst nicht empfindlichen Reisenden zusetzt. In der Zeit von ca. April bis Oktober ist die See überwiegend ruhiger, und es weht häufig zu wenig Wind fürs Segeln. Aber es kommen auch Stürme vor. Von Januar bis ca. April sind die Winde besser fürs Segeln.

Beachte, dass Übernachtungen auf Segelbooten per Guna-Gesetz in Guna Yala verboten sind. Ebenso unternehmerische Tätigkeiten, die nicht von Guna durchgeführt werden. Die meisten Segelboote starten daher nicht in Cartí sondern in Colón.

Vor Buchung: Die Überfahrt sollte am besten mind. einen Monat im Voraus gebucht werden. Über die Anbieter können verschiedenste Boote gebucht werden, die in ihrer Ausstattung und in ihrem Preis (ab 400 $) variieren. Gestaltung der Kajüten, angesteuerte Ziele in Guna Yala, vorhandene Versicherung und Zulassungsstatus in Panama etc. sollten vor der Buchung erfragt werden, um Enttäuschung oder gar Probleme zu vermeiden.

Bezahlung: Nach Abzug der Anzahlung muss meist der gesamte Segeltrip in bar gezahlt werden. Buchungen sind möglich über: https://www.bluesailing.net/ https://www.sanblasdreams.com https://sailcolombiapanama.com/

Schlummern

Willst du dieses Stück Paradies erleben, so bringe einen Funken Abenteuerlust mit. Wer nicht mit **einfachsten Verhältnissen** zurechtkommt, sollte einen Ausflug nach San Blas lieber zweimal überdenken oder ggf. nur einen Tagesausflug buchen.

Die Standards der Unterkünfte sind in ganz San Blas sehr niedrig. Lass dich nicht von dem Namen »Hotel« und von den teils hohen Preisen beirren. Alles ist **sehr rustikal** in Guna Yala. Luxus gibt es nicht. Die aktuellen Unterkünfte mit dem höchsten Standard sind anständige Holz-Cabañas, meist direkt am oder über dem Wasser mit eigenem Badezimmer und Terrasse. Außer dem Bett ist nicht viel Ausstattung zu erwarten. Diese Unterkünfte sind eher ein seltenes Vergnügen und liegen bei über 100 $ pro Person und Nacht (inkl. Verpflegung).

In vielen Fällen wirst du in einer einfachen Hütte übernachten, in der vielleicht sogar das **Bett direkt im Sand** steht. Die meisten Unterkünfte teilen sich ein einfaches **Gemeinschaftsbad** (kaltes Wasser). Die Toiletten funktionieren mit automatischer Spülung, Eimerspülung oder ohne

Aus dem Bett direkt in den Sand: eine der einfachsten Unterkünfte in Guna Yala

Tipp für Budgetbucher / Naturliebhaber: Hast du die Wahl zwischen der einfachsten Hütte oder **Zelt,** ist Zelt häufig eine schöne Variante. Die Budgetunterkünfte mit Bett im Sand sind sowieso nicht viel gehobener. Das Zelt ist dafür günstiger und liegt meist in der ersten Reihe, nah am Wasser.

Spülung, wobei dein Geschäft direkt ins Meer fällt. Bevor du eine Unterkunft buchst, solltest du dich somit gründlich mit ihrer Ausstattung auseinandersetzen.

Die wichtigsten Unterschiede bei der Auswahl deiner Unterkunft sind:

- Bastwände oder Holzwände
- Sandboden oder Holzboden
- Toiletten ohne oder mit Spülung
- Gemeinschaftsbad oder eigenes Bad
- Kein Strom, Strom am Abend (Generator) oder ganztägiger Strom (Solarpanels)
- Stark besuchte Insel oder einsames Paradies

Guna Yala Erfahrung: Die Erfahrung in Guna Yala kann sehr unterschiedlich sein, je nachdem auf welcher Insel du dich befindest und zu welcher Jahreszeit. Manche Inseln **quellen über vor Reisenden** und **Müll.** Da sich die Lage schnell ändern kann, auch je nach Saison, gilt: Hole dir vor deiner Buchung unterschiedliche Meinungen bei Rückkehrern von San Blas ein und frage im Hostel nach der aktuellen Lage.

Kosten: Übernachtung im Schlafsaal ab 20 $ (unterste Budgetoption), im Privatzimmer ab 25 $ bis deutlich über 100 $ pro Person und Nacht. Alle inkl. drei Mahlzeiten. Für Verlängerungen des Aufenthalts wird häufig ein hoher Rabatt gewährt.

Buchung: Am besten buchst du deine Unterkunft inkl. Transport direkt **in einem Hotel / Hostel in Panama Stadt.** Das Angebot ist meist unterschiedlich, so dass es sich lohnt, auch in anderen Unterkünften anzufragen. Es sind Buchungen einzelner Optionen oder vorgefertigter Touren (Übernachtung auf verschiedenen Inseln und Ausflüge) möglich. Einige Guna bieten ihre Unterkünfte auch über AirBnB oder **Booking.com** an. Websites einiger weniger Unterkünfte sind direkt bei den jeweiligen Inseln verlinkt. Einen guten Überblick über viele Übernachtungsmöglichkeiten auf San Blas gibt es auf der Seite: http://panamatravelunlimited.com/page/panama-hotels/san-blas-hotels/.

Schlemmen

Jede Unterkunft hat ein zugehöriges Restaurant, in dem 3xtgl. die mit der Übernachtung gebuchten Speisen serviert werden. Bei den Guna kommen vor allem Fisch, Meeresfrüchte sowie Hühnchen auf den Teller. Morgens gibt es Ei in verschiedenen Variationen. Die Qualität und Quantität der Speisen schwanken von Unterkunft zu Unterkunft sehr. Während die einen Reisenden sich über kleine Portionen und fade Speisen beschweren, schwärmen die anderen von Festmahlen. Ebenso können die Abendessenzeiten recht früh sein. **Snacks und Obst einzupacken,** ist daher sicherlich eine gute Idee. In vielen Unterkünften kann auch frischer Hummer gegen Auf-

Ein paar Guna Wörter

Hallo	Na
Danke / Bitte	Dot Nuet / Uis anga saet
Ja / nein	Elle / Suli
Gut	Nabir, nuedi
Wie heißt du	Igi be nuga?
Kokosnuss	Ogob / Koibir

Mehr Wörter gefällig?

preis gegessen werden (nicht von März bis Juni) oder ist sogar im Preis inbegriffen. **Vegetarier** sollten sich darauf einstellen, in Guna Yala überwiegend Beilagen zu essen. **Getränke:** Softdrinks, Wasser und Bier können vor Ort gekauft werden (1–2 $ pro Dose). Wir empfehlen jedoch, eigenes Wasser in Kanistern mitzunehmen oder Kokosnüsse zu trinken, um möglichst wenig Müll zu produzieren. Wer einen **Coco Loco** bestellt, erhält eine frisch gepflückte Kokosnuss mit einem Schuss Rum.

Weitere hilfreiche Informationen

Nützliche Informationen rund um Guna Yala finden sich u. a. hier: https://sanblas-islands.com/ und auf der offiziellen Seite der Comarca http://www.gunayala.org.pa/ (ES)

Nachhaltigkeit: Nimm deinen Müll (und gerne mehr) wieder mit (siehe Müllproblematik S. 224). Bringe am besten ausreichend eigenes Wasser in einem großen Kanister mit, nicht, um den Guna das Geschäft zu schmälern, sondern der Umwelt zuliebe. Kaufe alternativ Kokosnüsse zum Trinken.

Buchungen: Fast jede Unterkunft in Panama Stadt unterstützt dich bei der Planung und Buchung deines San Blas Trips. Es ist nicht nötig und teilweise nicht möglich, einen San Blas Trip lange im Voraus zu planen. Am besten funktioniert eine direkte Buchung in Panama Stadt wenige Tage vorher.

Gebühren: Territorialgebühr 20 $ + Hafengebühr 2 $ + Eintritte auf die Inseln.

Geld: In ganz Guna Yala gibt es **keinen Geldautomaten.** Versorge dich deshalb mit ausreichend Bargeld und packe auch kleine Scheine ein.

Kommunikation: Auf den Inseln gibt es kein Internet. Selten bieten Community Inseln bezahlten Zugang zu schwachem WLAN und Telefonzellen an. Auch der Handyempfang ist nicht überall gegeben.

Supermärkte: Einige größere Community Inseln haben Geschäfte, jedoch lediglich für den Grundbedarf.

Verbote: In Guna Yala ist es verboten zu rauchen, auf dem Segelschiff zu übernachten, zu tauchen, professionell zu filmen und Drohnen zu fliegen. Ebenso sollten Kokosnüsse nie selbst gesammelt und verzehrt werden.

Sandfliegen können auf manchen Inseln zur Plage werden, besonders in den schwach windigen Sommermonaten.

Pass einpacken!

Anfahrt, Abreise und Fortbewegung vor Ort

Es gibt **keine öffentliche Busverbindung** in die **Comarca Guna Yala.** Für die in der Nähe von Cartí liegenden Ziele ist es die beste Variante, mit dem Auto und weiter mit dem Boot anzureisen. Der komplette Transport kann über alle San Blas vermittelnden Hotels gebucht werden. Einige Guna-Unterkünfte sind auch online vertreten und bieten ebenso die Organisation des Transports an. Wer auf den weiter entfernten Inseln übernachtet, kann einen Flug buchen.

Allrad-Shuttle

Von der Interamericana bis nach Cartí führt eine sich durch den Dschungel windende Straße. In Cartí warten die Boote auf die Reisenden. Die Straße kann nur mittels eines Allradfahrzeugs befahren werden. Einfahrt in die Comarca wir nur autorisierten Fahrzeugen gewährt. Abholung ist in Panama Stadt direkt in der Unterkunft ab ca. 5:00 morgens. Die Fahrzeuge können **bis zu 7 Passagiere** mitnehmen, was die Fahrt zu einer engen Angelegenheit machen kann. Hinzu kommt, dass empfindliche Personen auf der Fahrt über die **kurvige Straße häufig an Übelkeit** leiden. Mit dem Auto passiert man eine Grenzstation des Guna Yala Gebiets. Hier muss der **Pass vorgezeigt** und die Territorialgebühr von 20 $ gezahlt werden. Dauer: 2,5–3 h (inkl. kurzer Pause). **Kosten:** 60 $ hin und zurück.

Fliegen

Air Panama fliegt regelmäßig folgende Ziele in Guna Yala an: El Porvenir, Achutupu, Corazón de Jesús, Ustupu-Ogobsucum, Playón Chico, Malatupo und Puerto Obaldía **ab Albrook Flughafen** in Panama Stadt. Die Flughäfen werden mit kleinen Maschinen angeflogen, die maximal 14 kg Gepäck erlauben. Rechne damit, dass auch du dich auf die Waage stellen musst. Mehrfache Stopps sind möglich, und die Flugdauer beträgt je nach Ziel 0,5–1 h. Flüge sollten mind. einen Monat im Voraus gebucht werden. www.airpanama.com

Boot

Ab Cartí oder ab dem Flughafen transportieren Motorboote die Reisenden zu den jeweiligen Inseln. Ab 20 $ (nahe gelegene Inseln).

Vor Ort ist das Boot das einzige Transportmittel. Reguläre Taxiboote stehen nicht zur Verfügung. Es gibt einen irregulären Transport zwischen einigen Inseln, der von den Einheimischen genutzt wird. Der Transport auf andere Inseln kann am besten über die Unterkünfte geregelt werden, meistens werden Tagestouren angeboten.

8°17'08.8"N 78°10'45.3"W

Darién

© Malte Schostak

Darién

Der Darién ist auch heute noch eine **wenig erschlossene und hauptsächlich vom Dschungel bedeckte Region.** Die große Provinz beheimatet den **größten Nationalpark Panamas.** Zugleich ist sie die am wenigsten besiedelte Provinz des Landes. Sie ist **Heimat der indigenen Emberá und Wounaan** (s. S. 47) sowie einiger Guna. Der Darién umschließt die zwei Bezirke der Comarca Emberá-Wounaan und grenzt im Osten an den Dschungel Kolumbiens. Die Provinzhauptstadt ist La Palma. Abseits der Grenzgebiete zu Kolumbien ist Darién eine sichere Provinz.

Anmerkung: Die Darién Provinz wird in diesem Reiseführer nur stiefmütterlich behandelt. Wir haben diese Provinz nicht selbst bereist, weswegen wir – im Vergleich zu den anderen Kapiteln – keine Informationen aus erster Hand liefern können. Für deinen Ein- und Überblick fassen wir hier einige wichtige Informationen zusammen.

Emberá Frau mit traditioneller Körperbemalung
Gracias ©visitpanama.com

Der Darién Nationalpark

1980 gegründet, ist der Darién Nationalpark mit ca. 5790 km² der größte Nationalpark Panamas und das **größte Schutzgebiet in ganz Zentralamerika und der Karibik.** 1981 wurde der Park zum **UNESCO Weltnaturerbe** erklärt. Der Darién ist einer der **Top-Orte für Vogelbeobachter.** Die Harpyie, der Nationalvogel Panamas, kann in einigen Regionen gesichtet werden. Im Nationalpark leben darüber hinaus Ozelote, Jaguare, Tapire, Ameisenfresser, Faultiere, Nasen- und Wickelbären, Pfeilgiftfrösche und mehr.

Der Darién Gap: die Lücke in der längsten Straße der Welt

Die längste Straße der Welt, die **Interamericana** oder auch Panamericana genannt, ist eigentlich keine durchgängige Straße, wie die meisten glauben. Sie **endet in Yaviza** in der Provinz Darién und wird erst wieder **in Turbo, in Kolumbien, »fortgesetzt«.**

Sie wurde als durchgängige Straße von Alaska bis nach Feuerland geplant. Bis heute bildet der Dschungel an der Grenze Panamas und Kolumbiens aber eine über 100 km lange Unterbrechung in der ansonsten durchgängigen Verbindung: den Darién Gap (Darién Lücke), spanisch **Tapón del Darién** (Darién Stopfen) genannt. Die Straße wurde aufgrund des Naturschutzes als auch aus finanziellen Gründen noch nicht fertiggebaut. Zusätzlich erschwerten die kolumbianischen Guerillatruppen in den Grenzbereichen das Unterfangen. Die lokale indigene Bevölkerung erwartet mit der Fertigstellung negative Einflüsse auf ihre Kultur. Auch eine mögliche Einschleppung der Maul- und Klauenseuche spricht gegen die Fortsetzung des Baus.

Illegale Abholzung im Darién

Welche Auswirkungen der Bau einer Straße auf die Natur haben könnte, zeigt die Vergangenheit. Bis die Straße nach Yaviza gebaut wurde, waren Boote das Hauptfortbewegungsmittel in der Provinz. In den abseits der Panamericana gelegenen Gebieten ist es das noch immer.

Entlang der Panamericana wird noch heute **illegal Holz gefällt.** Mit der Abholzung entsteht Platz für neue Transportwege, und es werden noch tiefere Eingriffe in den Wald ermöglicht.

Lateinamerikanische Farmer zogen in den Darién, um landwirtschaftliche Flächen zu erschließen. Sie beteiligten sich mit großflächiger Brandrodung an der Zerstörung der Natur.

Der Darién Gap: Ort für Abenteurer, Flüchtlinge und Drogenschmuggler

Der Darién Gap kann von und mit erfahrenen Expeditionsführern durchquert werden. Bevor Guerillabanden in dem Gebiet tätig wurden, war die Lücke ein Ort für Abenteurer, die versuchten, sich mit dem Auto, Fahrrad oder zu Fuß durch den Dschungel zu schlagen.

Auch heute noch zieht der Darién Gap Abenteuer-Touristen an. Nur sind es deutlich weniger als noch vor einigen Jahren.

Viele Pfade ziehen sich durch den Dschungel, allerdings sind diese weder beschildert noch in Karten verzeichnet. Lokale Guides, Schmuggler und Schlepper kennen die Wege. Der Dschungel in der Darién Lücke ist zu einem Ort des **Drogenschmuggels** und der illegalen Grenzüberquerung geworden. Der Dschungel kann für Unerfahrene gefährlich werden. Es gibt keine organisierten Rettungskräfte, die Verletzte aus dem Dschungel bergen könnten. Regelmäßig riskieren **Flüchtlinge** ihr Leben auf dem Weg durch den Darién.

Guerillabanden an der Grenze zu Kolumbien erhöhen die Gefahr in bestimmten Abschnitten des Regenwalds. In jüngster Zeit hat sich die Lage diesbezüglich aber etwas entspannt.

Wichtigste Orte im Darién

Im Darién dreht sich alles um das Erleben der Natur oder den kulturellen Austausch mit den Indigenen. Die Städte selbst haben Reisenden nicht viel zu bieten. Sie sind eher eine letzte Möglichkeit zum Aufstocken der Vorräte, Ort der Registrierung bei Polizei und ANAM sowie ein Ausgansort für dein Abenteuer.

Meteti

Meteti liegt **an der Interamericana** und dient als **Ausgangspunkt nach La Palma.** Hier befinden sich auch einige Lodges, z. B. von Canopytower, siehe Touren (S. 242).

Anfahrt und Abreise

4xtgl. ab Panama Stadt. Regelmäßig fährt ein Kleinbus nach Puerto Quimba, von wo aus Boote nach La Palma fahren.

Yaviza

Die **Stadt am Ende der Interamericana** ist ein Zwischenstopp auf dem Weg in den Darién.

Am Río Chucunaque liegt das **Fuerte San Jerónimo de Yaviza.** Es wurde im 18. Jh. zum Schutz der Goldminen in Cana gebaut.

Anfahrt und Abreise

4xtgl. (außerhalb der Regenzeit) ab Panama Stadt in ca. 7 h. In der Regenzeit fährt der Bus aufgrund von Überflutungen ggf. nur bis Meteti.

El Real de Santa María

El Real liegt südwestlich von Yaviza. Es dient als **Ausgangspunkt in die Region Rancho Frío.**

Anfahrt und Abreise

El Real kann mit dem Boot von Yaviza erreicht werden.

Rancho Frío und Pirre Station

Das Gebiet Rancho Frío liegt **südlich von El Real.** Dort befindet sich die Rangerstation der ANAM namens Pirre Station. Von hier sind zahlreiche Wanderungen im Primärwald, zu Wasserfällen und zum Cerro Pirre möglich. Vor Ort gibt es auch sehr einfache Unterkünfte ohne Strom. Die Ranger kochen manchmal gegen ein Trinkgeld aus deinen selbst mitgebrachten Vorräten.

Anfahrt und Abreise

Zur Pirre Station kommst du mit dem Boot oder zu Fuß aus El Real. El Real kann mit dem Boot von Yaviza aus erreicht werden.

Santa Cruz de Cana

Santa Cruz de Cana liegt fernab der nächsten Stadt **mitten im Darién Dschungel.** Im 17. Jh. entdeckten die Spanier hier **Gold.** Sie bauten **Minen,** in denen bis ins 18. Jh. Gold abgebaut wurde. Im 19. Jh. wurden die Minen durch ein englisch-französisches Unternehmen wieder in Betrieb genommen. In dieser Zeit wurde eine **Zugverbindung bis nach Boca de Cupé** am Fluss Tuira gebaut, die Cana mit dem Rest Panamas verband. Heute sind die Überreste der Mine vom Dschungel verschluckt worden – ein Geisterort mitten im Regenwald. Entlang der früheren Bahnverbindung kann gewandert werden. Cana ist einer der besten Orte für Vogelbeobachtungen. Verschiedenste Vögel und Affen lassen sich hier regelmäßig erblicken. Von Cana aus können mehrere Pfade mit einem Guide erwandert werden.

Anfahrt und Abreise

Cana hat eine kleine Landebahn. Mit gecharterten Flügen der Touranbieter kann diese angeflogen werden, was Aufenthalte in Cana teuer macht.

La Palma

Die **Provinzhauptstadt liegt im Golfo de San Miguel,** wo der Río Tuira auf den Pazifik trifft. Bunte Stelzenhäuser aus Holz schmücken die Küste und den Hügel. In La Palma findest du einige Unterkünfte und Gaststätten.

Emberá Junge bemalt mit Pflanzenfarbe aus der Jagua Frucht
Gracias ©visitpanama.com

Anfahrt und Abreise

La Palma kann mit dem Boot von Puerto Quimba erreicht werden. Nach Puerto Quimba fährt ein Kleinbus ab Metetí, welches an der Interamericana liegt.

Mogué

Mogué ist ein **Emberá Dorf,** in dem du übernachten kannst. Von hier starten auch einige Wanderungen.

Playa Muerto

An der schwarzen abgelegenen Playa Muerto am Pazifik liegt ein Emberá Dorf, das Besucher aufnimmt. Übernachtet wird in traditionellen Hütten und gegessen, was die Gastgeber kochen. Informationen zur Übernachtung, Anfahrt und mehr findest du hier: https://www.playamuerto.com/.

Bahía de Piñas

Wenn man das Fischen liebt, kommt man in die Bahía de Piñas an der pazifischen Küste. Die Tropic Star Lodge bietet in der Provinz Darién eine der wenigen Möglichkeiten einer gehobenen Übernachtung. http://www.tropicstar.com

Anfahrt und Abreise

Air Panama fliegt Mo & Fr ab Albrook Flughafen in Panama Stadt in die Bahía de Piñas.

Touren

Es gibt viele vorgeplante Tourenpakete, aber auch die Möglichkeit, individuelle Touren zusammenzustellen. Vor Buchung einer Tour sollte dein Fokus klar sein. Expeditionen meistern oft bestimmte Abschnitte des Dariéns, ohne großen Fokus auf Tierbeobachtungen zu legen. Touren und Wanderungen mit einem auf Natur spezialisierten Guide hingegen umfassen eher kurze Abschnitte und legen den Fokus auf Tiersichtungen. Leider sind Touren im Darién nichts für den kleinen Geldbeutel.

Ancon Expeditions
Ancon Expeditions unterhält an der südlichen Pazifikküste der Provinz eine Lodge im Punta Patiño Reservat sowie eine Unterkunft in Cana im Darién Nationalpark. Von beiden Unterkünften werden unterschiedliche geführte Exkursionen angeboten. www.anconexpeditions.com

Canopy Tower
Canopy Tower bietet ein Camp im Darién in der Nähe des Filo del Tallo Reservats bei Metetí. Tour mit Wanderung zum Rancho Frío und Cerro Pirre. www.canopytower.com

Ecocircuitos
Vier-Tagestour im Darién. Mit Besuch einer Wounaan Community und Wanderungen ab Pirre Station.

Jungle Treks
Geführte Expeditionen in den Darién Gap. Geplante Termine stehen online bzw. können ab einer bestimmten Personenzahl individuell gebucht werden.
www.jungletreks.com

Panama Exotic Adventures
Reisende können in einer Lodge in einem Wounaan Dorf in der Nähe von Metetí übernachten oder vier- bis fünf-Tagestouren in den Darién buchen. www.panamaexoticadventures.com

Panama Travel Unlimited
Der Tourveranstalter bietet 2-Nächte-3-Tage-Touren zu einer Emberá Gemeinschaft an der Grenze zum Darién an. Darüber hinaus: Dschungelausflüge, Besuch der Fledermaushöhle im Lago Bayano (Provinz Panamá) und mehr. http://panamatravelunlimited.com/

San Blas Experience
Darién Tour nach La Palma und Mogué. www.sanblasexperience.com

Weitere hilfreiche Informationen

Für Reisende ist die Erkundung des Darién Nationalparks und umgebender Gebiete mit einer organisierten Tour oder Expedition die beste Alternative. Aufgrund der Anreise, der Unterkünfte, der notwendigen Guides und der Organisation ist eine selbst organisierte Expedition wahrscheinlich nicht unbedingt günstiger.

Folgendes muss bei Reisen in den Darién beachtet werden:

- Indigene Dörfer, kleine Siedlungen und Unterkünfte im Nationalpark haben keine Einkaufsmöglichkeit. Lebensmittelmärkte finden sich u. a. in La Palma, Yaviza und El Real.
- Die meisten Unterkünfte in der Provinz sind sehr einfach, besonders diejenigen im Nationalpark.
- Vor Aufbruch in den Darién Dschungel ist offiziell eine Genehmigung der Grenzpolizei (SENAFRONT) notwendig. http://www.senafront.gob.pa/
- In den Städten sollte eine Registrierung bei der SENAFRONT vorgenommen werden und vor Aufbruch in den Park auch bei der ANAM.

- Die Anreise ist teilweise langwierig, Transporte nicht immer verlässlich (Boote fahren sobald sie voll besetzt sind).
- Wer in den Nationalpark möchte, sollte **immer mit Guide** unterwegs sein. Reisende ohne Guide dürfen manche Kontrollstellen nicht passieren. Lokale Guides sprechen häufig nur Spanisch und sind ggf. nicht naturwissenschaftlich ausgebildet.
- Die Wege im Dschungel sind nicht markiert und liegen fernab des nächsten gut ausgestatteten Krankenhauses. **Rettungskräfte sind nicht vorhanden!**

Mini-Sprachguide

In Panama kommst du besser voran und punktest bei den Einheimischen, wenn du zumindest einfache Spanischkenntnisse hast. Dieser minimalistische Wortschatz hilft dir dabei, mit wichtigen Redewendungen und Wörtern, die du unterwegs benötigst.

Unsere Aussprachehilfe in *kursiv* orientiert sich am Deutschen und hilft dir den Satz schnell und möglichst verständlich auszusprechen. In Panama wird nicht so stark »gelispelt« wie in Spanien ☺.

Aussprache

- »**ie**«, »**ei**«, »**eu**« werden getrennt gesprochen
- Sprich »**b**« und »**v**« wie einen sanften Mischmasch aus »b«&»w«
- Sprich »**c**« vor e & i wie »ss« (Kuss) sonst wie »k«
- Sprich »**g**« vor e & i wie »ch« in Bach
- »**h**« wird nicht gesprochen
- Sprich »**j**« wie »ch« in Bach
- Sprich »**ll**« wie »j« in Joghurt
- Sprich »**ñ**« wie »nj«
- Sprich »**qu**« wie »k« (u wird nicht gesprochen)
- »**r**« wird gerollt; »**rr**« besonders stark
- Sprich »**s**« und »**z**« wie »ss« (muss)

Wichtigstes

Hallo.	*Ola.*	¡Hola!
Ca. < 12 Uhr mittags: Guten Morgen / Tag.	*Buenos dias.*	¡Buenos días!
Ca. > 12 Uhr mittags: Guten Nachmittag.	*Buenas tardes.*	¡Buenas tardes!
Ab Dunkelheit: Guten Abend.	*Buenas notsches.*	¡Buenas noches!
Auf Wiedersehen. / Tschüss.	*Adjos.*	¡Adiós!
Bis später!	*Asta luego.*	¡Hasta luego!
Wie geht´s?	*Ke tal? / Komo estas?*	¿Qué tal? / ¿Comó estás?
ja / nein	*si / no*	sí / no
Danke / Bitte	*Grasias / Por fawor*	Gracias / Por favor
Keine Ursache.	*De nada.*	De nada.
Entschuldigung (um Verzeihung bitten).	*Lo sjento.*	Lo siento.
Entschuldigung (um Erlaubnis bitten).	*Perdon.*	Perdón.
Verzeihung (sich bemerkbar machen).	*Diskulpe.*	Disculpe.
Ich spreche kein Spanisch.	*No ablo Espanjol.*	No hablo Español.
Ich verstehe nicht.	*No entjendo.*	No entiendo.

Einkaufen

Wo kann ich ... kaufen?	*Donde puedo komprar ...?*	¿Donde puedo comprar ...?
Wie viel kostet es?	*Kuanto kuesta?*	¿Cuánto cuesta?
Das ist zu teuer.	*Es muj karo.*	Es muy caro.
Kann ich mit Kreditkarte bezahlen?	*Puedo pagar kon tarheta de kredito?*	¿Puedo pagar con trajeta de crédito?
(Super-) Markt	*(super-) merkado*	(super-) mercado

Unterwegs in Panama

Wo ist ...?	*Donde esta ...?*	¿Dónde está ...?
(Wo) Gibt es ...?	*(Donde) Aj ...?*	¿(Dónde) Hay ...?
Toilette	*banjo / servisjo*	baño / servicio
Frauen	*muheres / damas*	mujeres / damas
Männer	*ombres / warones*	hombres / varones
Eingang	*entrada*	entrada
Ausgang	*salida*	salida
Geschlossen	*serado*	cerrado
(nach) links / rechts	*(a la) iskjerda / deretscha*	(a la) izquierda / derecha
hier	*aka / aki*	acá / aquí
dort	*aja / aji*	allá / allí
geradeaus	*deretscho / rekto*	derecho / recto
Straße	*kaje*	calle
Halten Sie bitte hier!	*Pare aki por fawor!*	¡Pare aquí por favor!
Wann fährt der nächste Bus nach ...?	*Kuando sale el prohsimo bus a ...?*	¿Cuándo sale el próximo bus a ...?

Fragewörter

Wann?	¿Cuándo?
Warum?	¿Por qué?
Was?	¿Qué?
Welche/s/r?	¿Cuál?
Wie?	¿Cómo?
Wer?	¿Quién?
Wo?	¿Dónde?
Wohin?	¿Adónde?

Unterkunft

Haben Sie ein freies Zimmer?	*Tjene una abitasion libre?*	¿Tiene una habitación libre?
Kann ich es sehen?	*Puedo werlo?*	¿Puedo verlo?
Doppelbett	*Kama doble*	Cama doble
Gibt es warmes Wasser?	*Aj agua kaliente?*	¿Hay agua caliente?

Essen und Trinken

Guten Appetit!	*Buen Provetscho!*	¡Buen provecho!
Prost!	*Salud!*	¡Salud!
(Vegetarisches) Essen / Mittagessen	*komida (wehetarjana)*	comida (vegetariana)
ohne / mit	*sin / kon*	sin / con
Frühstück	*desajuno*	desayuno
Mittagessen	*almuerso*	almuerzo
Abendessen	*sena*	cena
Glas	*waso*	vaso
Gabel	*tenedor*	tenedor
Löffel	*kutschara*	cuchara
Messer	*kutschijo*	cuchillo
Teller	*plato*	plato

Hilfreiche Sätze im Restaurant

Kann ich bitte das Menü sehen?	*Puedo wer el menu por fawor?*	¿Puedo ver el menú por favor?
Haben sie …?	*Tjene …?*	¿Tiene …?
Die Rechnung bitte.	*La kuenta por fawor.*	¡La cuenta, por favor!
Zusammen bitte!	*Todo hunto por fawor.*	¡Todo junto, por favor!
Wir zahlen bitte getrennt!	*Pagamos por separado por fawor.*	¡Pagamos por separado, por favor!
Stimmt so!	*Esta bjen.*	¡Está bien!

Zahlen

¼	cuarto/-a	5	cinco	12	doce	19	diecinueve
½	medio/-a	6	seis	13	trece	20	veinte
0	cero	7	siete	14	catorce	21	veintiuno/-un/-una
1	uno/un/una	8	ocho	15	quince	22	veintidós
2	dos	9	nueve	16	dieciséis	23	veintitrés
3	tres	10	diez	17	diecisiete	24	veinticuatro
4	cuatro	11	once				

30	treinta	34	treinta y cuatro	60	sesenta	100	cien
31	treinta y uno / un / una	35	treinta y cinco	70	setenta	200	doscientos/-as
32	treinta y dos	40	cuarenta	80	ochenta	1000	mil
33	treinta y tres	50	cincuenta	90	noventa	2000	dos mil

Häufige Begriffe auf Panamas Speisekarten oder in Supermärkten

Für Spezialbegriffe aus der panamaischen Küche siehe Essen in Panama S. 27.

Fleisch und Fisch

Garnele	camarón
Hähnchen	pollo
Hummer	langosta
Lachs	salmón
(Venus)-Muschel	almeja
Rind	carne de vaca
Schwein	cerdo
Thunfisch	atún

Obst, Gemüse, Beilagen

Ananas	piña	Linsen	lenteja
Apfel	manzana	Mais	maíz
Avocado	aguacate	Nüsse	nueces
Banane	banana	Passionsfrucht	maracuyá /
Bohnen	frijoles	(süße Sorte)	granadilla
Erdbeere	fresa	Salat	lechuga
Gurke	pepino	Tomate	tomate
Kartoffel	papa	Zitrone	limón
Kochbanane	plátano	Zwiebel	cebolla
Kokosnuss	coco		

Getränke

Bier	cerveza
Kaffee (mit Milch)	café (con leche)
Milch	leche
Saft	zumo
Tee	té
(Trink- / Mineral-) Wasser	agua (potable / mineral)
Weiß- / Rotwein	vino blanco / tinto
Ohne Strohhalm bitte.	Sin carrizo por favor.

Sonstiges

Brot	pan
Ei	huevo
Käse	queso
Reis	arroz
Salat (Gericht)	ensalada
Salz / Pfeffer	sal / pimienta
Schokolade	chocolate
Torte / Kuchen	tarta
Zucker	azúcar

Glossar

A

AAMVECONA – *Asociación de Amigos y Vecinos de la Costa y la Naturaleza* = Vereinigung der Freunde und Nachbarn der Küste und Natur
Aguas termales – Thermalquellen
ANAM – *Autoridad Nacional del Ambiente de Panamá*. Name der früheren panamaischen Umweltbehörde. Heute Ministerio de Ambiente de Panamá (MiAmbiente).
Archipiélago – Archipel
Arribada – Das gleichzeitige Nisten zahlreicher Meeresschildkröten einer bestimmten Spezies

B

Bahía – Bucht
Balboa – Landeswährung Panamas; benannt nach Vasco Núñez de Balboa.
Baños – Toiletten

C

Cabaña – Hütte
Calle – Straße
Camino – Weg
Cascada – Wasserfall
Cayuco – Einbaum. Langes Boot indigener Völker.
Centro de Salud – Gesundheitszentrum / regionales Krankenhaus
Cerro – Hügel
Ceviche – In Zitronensaft marinierter roher Fisch
Chorro – Wasserfall
Cocada – Traditionelle, sehr süße Kekse aus Kokosnussraspeln
Colectivo – Sammeltaxi
Comarca – Indigene, semi-autonome Provinz
Comida del Día – Mittagsmenü / Tagesgericht

D

Darién Gap – Eine Unterbrechung der Interamericana zwischen Panama und Kolumbien, die aus wilder Sumpf- und Dschungellandschaft besteht.

E

Emberá – Indigenes Volk Panamas aus der Darién Provinz
Empanada – Teigtasche gefüllt mit Hähnchen, Hackfleisch, Käse oder Marmelade

F

Feria – Volksfest / Messe
Fonda – Einfaches lokales Restaurant
Fuerte – Festung / Fort

G

Gated Community – Eine gesicherte und geschlossene Wohnanlage
Glamping – Mischwort aus Glamour und Camping. Gehobene Art des Campens.
Gringo / Gringa – Umgangssprachliche Bezeichnung für Personen, die von Mitteleuropäern abstammen. Spezifisch sind jedoch meist US-Bürger gemeint.
Gruta – Höhle
Guna – Indigenes Volk Panamas, das überwiegend in der Comarca Guna Yala lebt.

H

Humedal – Feuchtgebiet

Iglesia – Kirche

Interamericana auch **Panamericana** – Eine nahezu durchgehende Fernstraße von Alaska bis Chile mit einer Unterbrechung im Darién.

Isla – Insel

Isthmus – Engster Punkt einer Landbrücke, die zwei größere Landmassen miteinander verbindet und von beiden Seiten an Wasser grenzt.

Kanalzone – Früheres Territorialgebiet der USA in Panama. Es bestand aus dem Panamakanal und einem Landabschnitt auf jeder Seite des Kanals sowie der Gesamtfläche des Gatúnsees.

Konquistador – Spanischer / portugiesischer Eroberer im 16. und 17. Jahrhundert.

Manati – Rundschwanzseekuh

Mercado – Markt

Mirador – Aussichtspunkt

Mola – Von Guna-Frauen handgestickte bunte Textlilien

Naso auch **Teribe** – Ein indigenes Volk, das überwiegend in Bocas del Toro lebt.

Ngöbe-Buglé auch **Ngäbe-Buglé** – Ein überwiegend in Chiriquí und der eigenen Comarca lebendes indigenes Volk

Panamericana – *siehe Interamericana*

Patacones – Plattgestampfte frittierte Kochbananenscheiben

Petroglyph – Felsenbild

Playa – Strand

Pollera – Landestracht Panamas. Ein ausladendes, spanisch beeinflusstes Kleid.

Pozo – Quelle

Reggaeton – Eine moderne Musikrichtung, die u.a. durch Reggae, Hip-Hop, karibische und lateinamerikanische Musik beeinflusst wird. Sie wird in Panama und ganz Lateinamerika häufig gehört.

Río – Fluss

Rip tides / rip currents – Brandungsrückströme

SENAFRONT – Grenzpolizei Panamas

Sendero – Wanderweg

Supermercado – Supermarkt

Transgender – Bezeichnung für eine Person, deren Geschlechtsidentität nicht mit ihrem biologischen Geschlecht übereinstimmt.

Valle – Tal

Volcán – Vulkan

Wounaan – Indigenes Volk Panamas aus der Darién Provinz

Index

A

AAMVECONA 76
Abholzung 38, 239
Adam sucht Eva (Fernsehserie) 213
Agua Clara Visitor Center 193
Aktivitäten *siehe Aktivitäten am entsprechenden Ort*
Albinos 220
Albrook Terminal 188
Almirante 75
Amphibian Rescue & Conservation Center 169
Árboles cuadrados 171
Archipiélago de
- Bocas del Toro 54
- Las Perlas 211
- San Blas 215

Arribada 157

B

Bankautomaten 31
Blauer Morpho 165
Boca del Drago 58
Bootstouren / -fahrten
- Bocas del Toro 63, 73
- Coiba 124
- Golf von Chiriquí 108
- Isla Cañas 152
- Isla Escudo 73
- Isla Grande 207
- Isla Taboga 210
- Kolumbien 230
- Panamakanal 195
- Perleninseln 212, 214
- Portobelo 205, 206
- San Blas Archipel 229, 230, 234

Boquete 87
Botschaft 43
Brandungsrückströme 56
Brüllaffe 21, 105, 106, 151
Budget (Reisekosten) 22
Busfahrten 29

C

Calovébora 137
Cangilones de Gualaca 85
Canopy (Baumwipfelpfad / Aussichtsturm)
- Panama Rainforest Discovery Center 198
- Soberanía Nationalpark (Canopy Tower) 197

Canopy (Ziplining)
- Boquete 92
- El Valle 169
- Isla Bastimentos 61
- Isla Taboga 210
- Playa Venao (Isla Cañas) 152

Cartí 225
Casco Viejo 184
Cayos Holandeses 227
Cayos Zapatilla 60, 63
Cayuco Race 193
Cerro Punta 103
Cerro Tute 132
Chagas Krankheit 32
Chagres Nationalpark 199
Changuinola 75
Chicheme (Getränk) 27
Chichime (Insel) 226
Chikungunyafieber 33
Chitré 144
Colón (Stadt) 200
Columbus, Christopher 49, 202
Comarca de Guna Yala 215
Costa Rica (Grenzübergang) 25
Cristo Negro 203

D

Darién Gap 25, **238**
David 86

Delfinbeobachtungen
Bocas del Toro 63
Parque Nacional Coiba 123
Dengue Fieber 33
Durchfallerkrankung 34

E

Einreise 12
El Grito de La Villa 29, 145
El Níspero Zoo 169
El Valle 164
Emberá Volk **47**, 199–200, 237
Essen 26–27, *siehe Schlemmen am entsprechenden Ort*
Spanischwortschatz 246
Events *siehe Feste*

F

Fahrrad
Boquete 95
El Valle 174
Isla Colón 61
Las Lajas 114
Panama Stadt 191
Pedasí 149
Santa Catalina 127
Farallón 175
Farm-Touren
Bienen-Farm 93
Bio-Farm 94, 135
Kaffee-Farm 82, 93
Kakao-Farm 64
Faultier 59, 63, 73, 169, 186, 196, 238
Feste 28
Festung *siehe Fuerte*
Feuerfische 63
Flüchtlinge 239
Fuerte San Fernando 205
Fuerte San Jerónimo 204
Fuerte San Jerónimo de Yaviza 239
Fuerte San Lorenzo 201
Fuerte Santiago 204

G

Gatún Locks (Schleusen) 193
Gefahr *siehe Sicherheit*
Geisha Kaffee 94
Gelbfieber 33
Geld 12, 31
Geschichte 49 *siehe auch entsprechende Orte*
Gesundheit 31–34
Golden Frog 169, 170
Golfo de Chiriquí 94, **105**
Granito de Oro 129
Grenzübergänge 25
Guabito 25
Guadalupe 103
Gualaca 85
Guna 48, **218–223**

H

Handwerk 97, 105, 147, 162, 173, 221, *siehe auch Mola und Panamahut*
Handy 42
Hantavirus 33
Harpyie 101, 238
Hepatitis A 33
Hepatitis B 33
Höhlen
Bat's Mouth 64
La Gruta 57
Nivida 64
Humedal de San San Pond Sak 76

I

Impfungen 32
Indigene Völker 46–48
Emberá & Wounaan 199
Guna 218
Naso 78
Ngöbe-Buglé 62, 64, 74, 112

Internet 12
Isla Bastimentos 55
Isla Boca Brava 106
Isla Cañas 157
Isla Carenero 55
Isla Coiba 128
Isla Colón 54
Isla Contadora 211
Isla Diablo 226
Isla Escudo 73
Isla Estrella 227
Isla Franklin 226
Isla Grande 207
Isla Iguana 150
Isla Niadup (Diablo) 226
Isla Parida & Palenque 109
Isla Saboga 213
Isla San Cristobal 55
Isla Santa Catalina 122
Isla Solarte 55
Isla Taboga 208

J

Jiu-Jitsu 151

K

Kaffee-Tour *siehe Farm-Touren*
Kaiman 59, 151
Kajak
 Calovébora 138
 Chagres Nationalpark 197
 Golf von Chiriquí 108
 Panamakanal / Gatúnsee 195
 Santa Catalina 122
Kakao-Tour *siehe Farm-Touren*
Kanalzone 191
Kapuzineräffchen 151, 153
Karneval 144, **147**, 162
Kitesurfen 176
Klettern 94
Klima 21
Kolibri 198
Kolumbien (Grenzüberquerung) 25, 230
Kosten 22–23
Kuna *siehe Guna*
Krankenversicherung 32
Kreditkarte 31

L

La Miel 229
La Palma 240
La Peregrina 212
Las Lajas 111
Las Tablas 145
La Villa de Los Santos 145
Leishmaniose 33
Leptospirose 33

M

Malaria 33
Manati 76
Marineparks *siehe Nationalparks*
Markt
 Boquete (Bauernmarkt) 97
 Boquete (Handwerkermarkt, Tuesday Market) 97
 El Valle (Handwerkermarkt, Bauernmarkt) 173
 Panama Stadt (Fischmarkt) 183
Maße 12
Medizinische Versorgung 31
Meeresschildkröten 21, 22
 Bocas del Toro 57, 60, 64, **66**, 76
 Chiriquí (Playa Barqueta, Parque Nacional Golfo de Chiriquí) 86, 107
 Guna Yala 228
 Halbinsel Azuero (Isla Iguana, Isla Cañas) 150, 157
 Veraguas (Playa Malena, Sunset Coast) 138
Meteti 239
Metro 189
Miraflores Visitor Center 193
Mobiltelefon *siehe Handy*
Mogué 241
Mola 221

Monumento Natural Isla Barro Colorado 199
Morgan, Henry 49, 184, 201, 202, 208
Müll 36, 72, 224
Museo de la Biodiversidad 184

N

Nachhaltiges Reisen 36
Naranjo Chico 226
Naso *siehe Indigene Völker*
Nationalparks und Reservate 39
Parque Internacional La Amistad (Las Nubes) 101
Parque Internacional La Amistad (Wekso) 77
Parque Nacional Altos de Campana 174
Parque Nacional Cerro Hoya 139
Parque Nacional Chagres 199
Parque Nacional Coiba 128
Parque Nacional Darién 238
Parque Nacional Marino Golfo de Chiriquí 107
Parque Nacional Marino Isla Bastimentos 55, 60
Parque Nacional Omar Torrijos 164
Parque Nacional Portobelo 202
Parque Nacional Santa Fé 134
Parque Nacional Sarigua 144
Parque Nacional Soberanía 195
Parque Nacional Volcán Barú 98
Reserva Natural de Isla Cañas 157
Reserva Forestal Humedal Laguna de Volcán 104
Ngöbe-Buglé *siehe Indigene* Völker
Noriega, Manuel 50
Notfall 42
Núñez de Balboa, Vasco 49, 211

O

Off the beaten path 73, 137
Old Bank 55, 68
Orchideen 88, 135, 168

P

Packliste 40
Pakete 41
Panama Canal Railway Company 194
Panamahut 162
Panamakanal 191
Panama Rainforest Discovery Center 198
Panama Stadt 180
Parita 144
Parque Nacional *siehe Nationalpark*
Parque Natural Metropolitano 186
Paso Canoas 25
Pedasí 148
Pedro Miguel Locks 193
Penomené 162
Perlen 211, 212
Petroglyphen 135, 170
Plastic Bottle Village 72
Playa Barqueta 86
Playa Bluff 56
Playa Las Lajas *siehe Las Lajas*
Playa Muerto 241
Playa Red Frog 59
Playa Venao 151
Polizei 43
Pollera 146
Portobelo 202
Post 41
Pozo Azul 170
Puerto Obaldía 229
Punta Chame 176

Q

Quad 61, 64
Quebrada Sal 64

R

Rafting 92
Rancho Frío 240
Reisekosten 22
Reisende mit Behinderung 31
Reisepass 12
Reiten
  Boquete 95
  Playa Las Lajas 112
  Playa Venao 151
  Santa Fé 135
  Valle de Hornito und Umgebung 82
Rip tides *siehe Brandungsrückströme*
Routen 16

S

Santa Catalina 120
Santa Fé 131
Santiago 120
Schmetterlinge 168
Schnorcheln
  Bocas del Toro 60, 61, 74
  Comarca de Guna Yala 217
  Isla Taboga 210
  Parque Nacional Coiba 129
  Portobelo 205
Seekuh *siehe Manati*
Segeln *siehe Bootstouren*
SENAFRONT 242
Sicherheit 41
SIM-Karten 42
Sixaola 25
Smithsonian Tropical Research Institute 57, 184, 199
Soná 120
Soposo 78
Sprache 42, 244
Strände *Strandorte siehe Playa*
Strom 12
Surfen
  Bocas del Toro Archipel 61
  Pazifikküste Westpanama 174
  Playa Venao 151
  Santa Catalina 122
Survivor (Fernsehserie) 211

T

Tauchen 20
  2 Ozeane an einem Tag ab Panama Stadt 186
  Bocas del Toro 62
  Isla Contadora 212
  Isla Grande 207
  Parque Nacional Coiba 129
  Portobelo 206
Taxis 30
Thermalquellen
  Boquete 92
  El Valle 171
Tiere 38, 39 *siehe unter individuellen Arten*
Toiletten 43
Tollwut 34
Touren *siehe unter Touren am entsprechenden Ort*
Touristeninformation 43 *siehe auch entsprechende Orte*
Trampen 30
Transport 29 *siehe auch unter Anfahrt & Abreise am entsprechenden Ort*
Trinkgeld 12
Tubing 136
Typhus 34

U

U-Bahn *siehe Metro*
Umwelt **36**, 72, 224
UNESCO Welterbe
  Casco Viejo 184
  Fuerte San Lorenzo 201
  Panamá Viejo 185
  Parque Internacional La Amistad 77, 101
  Parque Nacional Coiba 128
  Portobelo Festungen 204
Unsere Erde 2 (Dokumentarfilm) 74

V

Vogelbeobachtungen
- Darién Nationalpark 238
- Isla Pájaro 61
- Monumento Natural Isla Barro Colorado 199
- Sendero Los Quetzales 99
- Soberanía Nationalpark 196
- Parque Nacional Coiba 129
- Playa El Agallito 145

Volcán 104
Volcán Barú 98

W

Währung *siehe Geld*
Walbeobachtungen
- Golfo de Chiriquí 94, 108
- Isla Iguana 150
- Isla Taboga 208
- Parque Nacional Coiba 124
- Perleninseln 186, 212
- Playa Venao 152

Walhai 129, 130
Wandern
- Boquete 88
- Darién 240
- El Valle 166
- Isla Taboga 209
- Parque Internacional La Amistad (Las Nubes) 101
- Parque Nacional Coiba 123
- Parque Nacional Soberanía 196
- Parque Nacional Volcán Barú 99
- Parque Natural Metropolitano 186
- Playa Venao 153
- Reserva Forestal Fortuna 82
- Santa Fé 131

Wasser 32, 37
Wasserfall
- Alto de Piedra Wasserfall 131
- Cascada de Bermejo 131
- Cascada de la Golondrina 131
- Celestine Wasserfall 82
- Chorro El Macho 169
- Chorro Las Mozas 169
- Las Cascadas del Salto 134
- Lost Waterfall Trail 90
- Pozo Azul 170

Wechselkurs 31
Wetter 21
Wounaan **47**, 199, 237

Y

Yandup 227
Yaviza 239
Yoga 61, 123, 148, 152, 172, 182

Z

Zeit 12
Zika-Virus 34
Ziplining *siehe Canopy*
Zug 194

Ein ganz großes Gracias an:

Danke meine große Liebe Christoph Bochert für Motivation, Rat, Tipps und Unterstützung sowie die fantastische gemeinsame Zeit in Panama. Ohne dich wäre es nur halb so schön gewesen.

Gabriela Dennstedt. Danke Mama für den hilfreichen Input, viel positiven Zuspruch und vor allem deine Begeisterung beim Lesen. Yoda Danke sagen.

Meiner ganzen Familie und Freunden, insbesondere Natalia Grzywacz und Ernst Dennstedt danke ich für ehrliches und hilfreiches Feedback und die Motivation und Unterstützung. Natalia wie gerne würde ich dir all die Traumstrände Panamas zeigen und mit dir vor Coiba tauchen gehen.

Gunda, Lore und Mai: Danke ihr Lieben für eure Unterstützung beim Korrektorat. Gunda dir für deine unermüdliche und schnelle Korrektur sowie konstruktive Kritik, dir Lore für den wunderbaren Feinschliff und Mai für die Organisation im Hintergrund.

Liebe Sonja Sofeit, seit unserer gemeinsamen Costa Rica Reise träumte ich von Panama. Danke dir fürs Überfliegen des Buches, Antworten auf kleine Fragen zwischendurch, deine Fotos und die netten Worte. Kommst du nächstes Mal mit nach Panama?

Danke liebste Bianca Froese-Acquaye für all die Empfehlungen, die lieben Gespräche, deine Unterstützung und die Tipps rund ums Selbstverlegen.

Liebe Rita Reusch, ich danke dir, dass du mit deiner wunderbaren Gestaltung und deinen Ideen einen echten Hingucker aus diesem Buch gezaubert hast.

Für die schönen Fotos danke ich: Jerry Moreno, Jackson Groves, Malte Schostak, Sabine Schreck, Sonja Sofeit und visitpanama.com.

Für Tipps, Rat, Empfehlungen und hilfreiche Gespräche danke ich: Melissa Schumacher (https://indojunkie.com/), Sara Klüber (https://www.loveandcompass.de/), Christopher Schmidhofer und Stefan Engel.

Danke auch dir lieber Leser. Ich hoffe ich mache dir eine Freude mit diesem Buch und erleichtere dir deine Reiseplanung, so dass du dich voll aufs Genießen und Erleben Panamas konzentrieren kannst.

Und zu guter Letzt möchte ich all den liebenswerten Menschen, die wir vor Ort kennenlernen durften danken. All jenen, die uns den Weg gezeigt haben, uns unterwegs eingesammelt haben, mit uns das Land entdeckt haben, uns die Natur erklärt haben, uns mit Informationen versorgt haben, mit uns gefeiert oder uns einfach unsere Zeit in Panama versüßt haben.

Panama du und deine Menschen ihr seid wunderbar!

¡Muchas Gracias!